Pascal für Wirtschafts- wissenschaftler

Einführung in die
strukturierte Programmierung

Von
Dr. Judith Gebauer
und
Prof. Dr. Marcus Vögtle

3., überarbeitete Auflage

R. Oldenbourg Verlag München Wien

Bibliografische Information Der Deutschen Bibliothek

Die Deutsche Bibliothek verzeichnet diese Publikation in der Deutschen
Nationalbibliografie; detaillierte bibliografische Daten sind im Internet
über <http://dnb.ddb.de> abrufbar.

© 2006 Oldenbourg Wissenschaftsverlag GmbH
Rosenheimer Straße 145, D-81671 München
Telefon: (089) 45051-0
oldenbourg.de

Gedruckt auf säure- und chlorfreiem Papier
Gesamtherstellung: Druckhaus „Thomas Müntzer" GmbH, Bad Langensalza

ISBN   3-486-57577-5
ISBN 978-3-486-57577-4

Geleitwort zur 1. Auflage

Das vorliegende Buch entstand aus den Erfahrungen mit der Durchführung eines Programmierpraktikums zu Pascal an der Universität Freiburg. Das Praktikum wird nunmehr seit sechs Jahren regelmäßig im Grundstudium des Diplomstudiengangs Volkswirtschaftslehre angeboten.

Die Frage, ob das Erlernen einer allgemeinen höheren Programmiersprache wie Pascal im wirtschaftswissenschaftlichen Studium Sinn mache, ist bei den Fachvertretern und Studierenden gleichermaßen umstritten. Gibt es doch für die meisten methodischen Probleme in der Zwischenzeit geeignete, benutzerfreundliche Standardsoftware. Auch im späteren Berufsleben wird der Studierende der Wirtschaftswissenschaften kaum noch selbständige Programmieraufgaben zu lösen haben.

Die Beherrschung von Pascal ist für uns deshalb nicht das eigentliche Ziel des Kurses, sondern nur Mittel zum Zweck. Hauptsächlich wollen wir den Studierenden die Möglichkeit eröffnen, wirtschaftswissenschaftliche Methoden und Konzepte am Rechner nachzuvollziehen und deren Wirkungsweise experimentell zu erforschen. Das Potential des Computers zur konzeptionellen Durchdringung einer Disziplin wird in den Wirtschaftswissenschaften im Gegensatz zu den Naturwissenschaften und zur Mathematik noch zu wenig gewürdigt. Dies kann aber auch kein Programmpaket leisten, bei dem der methodische Lösungsweg in einer „black box" verborgen bleibt. Die black box-Sicht ist für die praktische Anwendung von immenser Bedeutung, wenn man einmal den Mechanismus der Methoden verstanden hat, nicht aber für die Methodenlehre. Aus diesem Grund ist die Vermittlung einer allgemeinen Programmiersprache wichtig und sollte auch stets fachbezogen erfolgen.

Ich bin meinen beiden Mitarbeitern und langjährigen Betreuern des Pascal-Praktikums, Frau Diplom-Volkswirtin Judith Gebauer und Herrn Diplom-Volkswirt Marcus Vögtle, dankbar, daß sie aus den bisherigen „fliegenden Blättern" zum Praktikum ein „strukturiertes" Einführungsbuch haben entstehen lassen. Ebenso dankbar bin ich dem R. Oldenbourg Verlag und insbesondere Herrn Diplom-Volkswirt Martin M. Weigert für den spontanen Entschluß, das Buch im Verlagsprogramm zu den Wirtschafts- und Sozialwissenschaften aufzunehmen. Ich bin sicher, daß es die Lehre in Freiburg bereichern wird, und erhoffe mir das auch andernorts.

Freiburg, im Februar 1995   Professor Dr. Franz Schober

Danksagung

Wir bedanken uns ganz besonders bei **Professor Dr. Franz Schober** für sein Engagement in allen Phasen des Projekts. Sowohl die organisatorische Unterstützung als auch die wertvollen inhaltlichen Anregungen haben uns sehr geholfen.
Herzlichen Dank auch an **Anton Behringer** für seine Unterstützung bei der Vorbereitung des Manuskripts für die 3. Auflage.

Inhaltsverzeichnis

Abbildungsverzeichnis

1 Einleitung

1.1 Ziele dieses Buches

Das vorliegende Buch beruht auf dem Konzept einer Veranstaltung „Grundlagen der Programmierung in Pascal", die wir seit mehreren Jahren als wissenschaftliche Mitarbeiter am Lehrstuhl für Wirtschaftsinformatik (Prof. Dr. Franz Schober) für Studierende der Volkswirtschaftslehre an der Universität Freiburg anbieten.

Zur Programmiersprache Pascal gibt es bereits eine Vielzahl von Büchern. Diese sind jedoch zum Teil eher für den mathematisch-naturwissenschaftlich orientierten Leser geschrieben. Zudem ist ihr Schwierigkeitsgrad für den Anfänger oft zu hoch. Daher fiel es uns in der Vergangenheit schwer, den Studierenden der Wirtschaftswissenschaften ein geeignetes Lehrbuch zu empfehlen. Deshalb haben wir uns entschlossen, auf der Basis der von uns für die Studierenden zusammengestellten Unterlagen ein Lehrbuch zu verfassen, das mit adäquatem Schwierigkeitsgrad und wirtschaftswissenschaftlichen Beispielen und Aufgaben in das Thema ein- und auch weiterführt.

Mit diesem Buch möchten wir nicht zuletzt die Motivation der Studierenden fördern, eine Programmiersprache zu erlernen, da uns dazu immer wieder bohrende Fragen der folgenden Art gestellt werden:

- Wozu braucht ein Wirtschaftswissenschaftler Programmierkenntnisse?
- Gibt es nicht schon für jedes Problem Softwarelösungen zu kaufen, wozu also noch selbst programmieren?
- Warum werden statt der Programmierung nicht Einführungskurse in allgemein verbreitete Anwendungssoftwarepakete angeboten?
- Ist Pascal nicht eine veraltete Programmiersprache?

Im folgenden möchten wir Antworten auf diese Fragen geben und gleichzeitig die Ziele erläutern, die wir mit diesem Buch verfolgen.

1. **Ziel:** Anleitung zum Umgang mit der Computertechnologie und Vermittlung grundlegender Kenntnisse über die Funktionsweise eines PC.

   Nahezu jeder Wirtschaftswissenschaftler wird heute in seiner beruflichen Tätigkeit von der Computertechnologie unterstützt. Dies fängt beim Schreiben von Briefen mit Hilfe eines Textverarbeitungsprogramms auf dem PC an und hört beim Erstellen von Spreadsheets mit entsprechenden Kalkulationsprogrammen noch lange nicht auf. Electronic Mail, Electronic Commerce, Customer Relationship Management und Supply Chain Management sind Stichworte, die in Zukunft weiterhin an Bedeutung gewinnen werden.

   Dieses Buch soll ein Grundverständnis für die Arbeit mit dem Computer vermitteln und so den Einstieg in die Welt der Informationstechnologie erleichtern. Denn wie so oft im Leben ist auch hier aller Anfang schwer. Eine solide Grundlage, wie sie das Erlernen einer Programmiersprache darstellt, sollte als flexibel ausbaubares Fundament angesehen werden. Es erleichtert die weiteren Schritte wie z.B. die Einarbeitung in Anwendungssoftware, die auf das jeweilige Aufgabenumfeld zugeschnitten ist.

2. **Ziel:** Allgemeine Anleitung zu analytischem und strukturiertem Denken.

Das vorliegende Buch soll als Teil einer Ausbildung im wirtschaftswissenschaftlichen Bereich gesehen werden. Der Programmierung eines Computers, sei es nun mit Pascal oder einer anderen strukturierten Programmiersprache, liegen nämlich ganz spezielle Denkmuster zugrunde. Denkmuster, die auch außerhalb des Bereichs der Programmierung zur Analyse und strukturierten Lösung von Problemstellungen verwandt werden können, wie sie im wirtschaftswissenschaftlichen Bereich häufig vorkommen. Wir betrachten die Programmiersprache Pascal aufgrund ihrer guten Verständlichkeit und Strukturiertheit als besonders geeignetes Hilfsmittel zum Training solcher Denkmuster und fragen erst in zweiter Linie nach der aktuellen Bedeutung im Bereich professioneller Programmierung.

Selbst im Zeitalter graphisch orientierter „Window"-Programme ist es nicht nur für Programmierfreaks nützlich, Programmierkenntnisse zu besitzen. Auch bei der Arbeit mit Standardsoftwaresystemen im Bereich Textverarbeitung, Tabellenkalkulation oder Datenbankabfragen lassen sich einfache Programmstrukturen an mancher Stelle gewinnbringend einsetzen.

3. **Ziel:** Förderung der Kreativität und Motivation, auch eigene Probleme mittels einfacher Programme selbständig zu lösen.

Die in diesem Buch angeführten Programmbeispiele und -aufgaben dienen zwar in erster Linie der Demonstration und als Hilfe beim Erlernen der Programmiersprache. Sie können auf der anderen Seite aber auch zur Lösung ganz konkreter Fragestellungen in der wirtschaftswissenschaftlichen Praxis eingesetzt werden, der sie entnommen sind.

Die Programme zeigen zugleich, daß der Lösung solcher Fragestellungen nicht immer hochkomplizierte oder/und teure Programme zugrunde liegen müssen, sondern daß ein „do it yourself" durchaus machbar ist. Wir wollen unsere Leser motivieren, die mitgelieferten Programme für die eigenen Belange zu modifizieren oder zu erweitern sowie nicht zuletzt dazu, individuelle Fragestellungen mit Hilfe selbstgeschriebener Programme zu lösen.

Unbestritten existieren Softwareprodukte zur computergestützten Lösung aller erdenklichen Problem- und Fragestellungen. Aber wer hat die zeitlichen und finanziellen Mittel, sich ständig Informationen über die Produkte beziehungsweise die Produkte selbst zu beschaffen? Ganz abgesehen vom Aufwand, der für die Installation der Software und die Einarbeitung in ihre Spezialitäten notwendig ist.

Wir hoffen, daß uns mit diesem Buch ein Beitrag zum Erreichen der gesteckten Ziele gelungen ist und möchten Sie als Leser ermuntern, uns Ihre Kritik und Anmerkungen zukommen zu lassen.

1.2 Aufbau

Das folgende **Kapitel 2** dient zur Orientierung und soll die Grundlagen für den Umgang mit dem PC schaffen. Wir geben außerdem einen kurzen Überblick über die Geschichte der Programmiersprachen unter besonderer Berücksichtigung von Pascal. Allgemeine Fragen des Softwareentwurfs werden anschließend in **Kapitel 3** behandelt.

Danach beschäftigen wir uns konkret mit der Programmierung in Pascal. **Kapitel 4** gibt eine Einführung in den Programmaufbau und einen Überblick über die wichtigsten Elemente der Programmiersprache, bevor wir in den **Kapiteln 5 und 6** auf die verschiedenen Arten von Anweisungen im Detail eingehen. In den folgenden Kapiteln behandeln wir speziellere Themen wie den Umgang mit selbstdefinierten und strukturierten Datentypen (**Kapitel 7 und 8**) sowie das Arbeiten mit Unterprogrammen (**Kapitel 9**).

Zu jedem „Programmierkapitel" bieten wir einen umfangreichen Fragen- und Aufgabenteil an, der dem Leser helfen soll, das Gelernte zu rekapitulieren und anzuwenden, um es so besser aufnehmen zu können. Die Lösungen zu den Programmieraufgaben, die in **Kapitel 10** zusammengestellt sind, lassen sich außerdem an mancher Stelle in der Praxis oder während des Studiums einsetzen. Darüber hinaus sollen sie auch zu weitergehender eigenständiger Programmierung motivieren.

Zur Programmierung verwendeten wir Turbo Pascal, ein eingetragenes Markenzeichen der Firma Borland Software Corp.

2 Grundlagen

2.1 Oft gehörte Bedenken

Vor dem ersten direkten Kontakt mit einem Computer steht oft Scheu oder sogar Abneigung gegenüber der Maschine. Die Akzeptanz stellt jedoch eine wichtige Voraussetzung für ein effektives Arbeiten mit der verwendeten Technik dar. Ihre Bedeutung sollte nicht unterschätzt werden. Dies gilt generell und nicht nur für den Bereich der Computertechnologie, erlangt hier aber eine besondere Bedeutung: Erstens kommt die Berührung mit der Technik für viele Menschen recht plötzlich und zweitens gibt es momentan wohl keinen Bereich, in dem ein rasanterer technischer Fortschritt zu beobachten wäre.

Umso wichtiger ist es, Akzeptanzprobleme zu erkennen, ernst zu nehmen und zu versuchen, sie zu lösen. Im folgenden gehen wir zunächst auf einige der Befürchtungen und Abneigungen ein, die in diesem Zusammenhang oft geäußert werden, bevor wir uns den wichtigsten Eigenschaften der Computer selbst zuwenden.

- „Da ich mich nicht auskenne, kann ich bestimmt leicht etwas kaputt machen, ohne in der Lage zu sein, dies wieder zu korrigieren."

Ein Computersystem setzt sich grundsätzlich aus zwei Arten von Komponenten zusammen: Alles, was man anfassen kann, bezeichnet man als **Hardware**. Hierzu gehören beispielsweise der Bildschirm, die Tastatur, die Maus, möglicherweise ein Drucker und die Kiste selbst, welche die Geheimnisse birgt. Beim Umgang mit einem Computer sind selbstverständlich eine gewisse Vorsicht und die Befolgung einiger Regeln geboten. Der Umfang dieser Regeln entspricht jedoch dem für die Handhabung anderer elektrischer und elektronischer Geräte, wie etwa eines Fernseh- oder Videogeräts oder einer elektrischen Schreibmaschine.

Meist bezieht sich die Angst vor der unbeabsichtigten Zerstörung auch nicht auf die Hardware, sondern auf die **Software**. Damit sind die Informationen gemeint, die auf den verschiedenen Speichermedien des Geräts für den Benutzer in der Regel unsichtbar abgelegt sind. Da die Informationen physisch kaum greifbar sind, braucht man Hilfsmittel, um sie sichtbar zu machen, Programme (ebenfalls Informationen in Form von Software) und Ausgabegeräte wie etwa den Bildschirm oder einen Drucker. Die Arbeit mit diesen Hilfsmitteln erscheint uns zunächst ungewohnt. Vor allem können wir nicht abschätzen, wann den unsichtbar abgelegten Informationen mittelbar oder unmittelbar Gefahr droht. Anders ist dies beispielsweise bei der Information, welche auf einem Blatt Papier gespeichert ist. Hier erkennen wir unmittelbar die Gefahr, wenn sich jemand anschickt, etwa einen Eimer Farbe oder eine Kanne Kaffee über dem Papier auszuleeren und wissen aus Erfahrung, was wir dagegen unternehmen können.

Da Informationen in Form von Software jedoch für jedermann in gleichem Maße unsichtbar sind und die Anbieter dieser Informationsprodukte normalerweise ein Interesse daran haben, daß diese nicht jedem Fehlgriff eines Benutzers zum Opfer fallen, steht vor der kompletten Zerstörung der Informationen meist eine ganze Reihe von optischen oder auch akustischen Warnungen. Solange ein Benutzer in der Lage ist, diese Meldungen zu registrieren, die über den Bildschirm oder den eingebauten Lautsprecher ausgegeben werden, dürfte es für ihn kaum möglich sein, unbeabsichtigt wesentliche Teile der gespeicherten Information zu zerstören.

- „Wie kann ich den Computer dazu bringen zu tun, was ich von ihm will?"

Wer beginnt, sich mit der Computertechnologie auseinanderzusetzen, hat zumeist das Gefühl, sich in eine völlig neue und für ihn fremde Welt zu stürzen. Der Technik werden jede Menge wunderbarer Fähigkeiten zugeschrieben, was zur Folge hat, daß sich der Anfänger überfordert fühlt und sich selbst nicht zutraut, diese Fähigkeiten auszunutzen. Man sieht „den Wald vor lauter Bäumen" nicht mehr.

Wir möchten Ihnen versichern: Mit einem Computer zu arbeiten, ist kein Hexenwerk, und Sie müssen auch nicht alle internen Abläufe verstehen, um ihn nutzen zu können. Sehr oft gilt, daß derjenige schon gewonnen hat, der die Meldungen aufmerksam lesen kann, die ihm auf dem Bildschirm ausgegeben werden. Da die meisten Software-Anbieter ein Interesse daran haben, daß ihre Kunden mit den Produkten korrekt umzugehen vermögen, bauen sie vielfältige Hilfefunktionen in ihre Programme ein. Diese klären den aufmerksamen Benutzer etwa über aktuelle Aktionsmöglichkeiten auf, über den Bearbeitungszustand, in dem sich eine Aktion gerade befindet oder möglicherweise auch über Fehler, die er gemacht hat und auf welche Weise er sie beheben kann.

In der Regel werden Software-Produkte außerdem mit einer Fülle an Dokumentationsmaterialien ausgeliefert, die entweder in Form von Handbüchern vorliegen oder als direkt am Bildschirm aufrufbare online-Hilfe Bestandteil des Produkts selbst sind. Sie erlauben dem Benutzer eine Einarbeitung in das Produkt und Weiterbildung in Bereichen, in denen er ein besonderes Interesse oder mit denen er besondere Schwierigkeiten hat.

Als Einsteiger sollten Sie sich anfangs nicht zuviel vornehmen, auf einer einfachen Stufe anfangen und sich dann langsam steigern. Außerdem sollten Sie nie vergessen, daß Sie als Computerbenutzer ein Kunde sind, dem das Gerät Dienste leisten soll und nicht umgekehrt.

- „Ich ziehe die Arbeit mit Papier und Bleistift und die direkte Kommunikation mit Menschen der Arbeit und Kommunikation mit einer Maschine vor."

Die Angst vor dem Unbekannten beziehungsweise vor der Überforderung durch die Maschine kann eine Ursache für die generelle Ablehnung der Auseinandersetzung mit einem Computer sein.

Grundsätzlich sollten wir und als Menschen unserer herausragenden Fähigkeiten ständig bewußt bleiben, uns so der Technik immer überlegen fühlen und vergegenwärtigen, daß wir die Technik benutzen und nicht umgekehrt. Computer sind nämlich durch einige Eigenschaften gekennzeichnet, die unsere menschlichen in hervorragender Weise ergänzen können und die wir „gnadenlos" ausnutzen sollten.

Im folgenden Abschnitt werden einige der speziellen Eigenschaften der Computer beschrieben.

2.2 Allgemeine Charakteristika von Computern

Provozierend kann man sagen: „**Computer sind schnell, dumm und penibel.**" Diese Charakteristika machen den Einsatz der Computertechnologie lohnenswert, solange sie in der richtigen Weise genutzt werden.

Was ist damit nun genau gemeint?

• Computer sind schnell.

Diese Aussage gilt vor allem für die Ausführung numerischer Aufgaben. Tatsächlich kommt das Wort Computer vom lateinischen computare, was berechnen bedeutet. Gerade in der Ausführung von Berechnungen wie Addition, Multiplikation und so fort lagen deshalb lange Zeit die Hauptanwendungsgebiete der Computertechnologie. Da sie außerdem sehr genau arbeiten und ihnen in technisch einwandfreiem Zustand in der Regel keine Rechenfehler unterlaufen, benutzte man sie vor allem als „Rechenknechte" oder „Number-Cruncher".

Beispielsweise braucht ein Pascal-Programm, das von eins bis eine Million zählt, abhängig von der verwendeten Hardware nur den Bruchteil einer Sekunde. Wir brauchen im Vergleich dazu ungefähr elfeinhalb Tage, wenn wir pro Sekunde nur eine Zahl zählen und uns nicht verzählen.

• Computer sind dumm.

Ohne genaue Anweisungen „können" Computer nichts. Hat ein Hersteller alle mechanischen und elektronischen Bauteile eines Computers (die Hardware) gefertigt und zusammengesetzt, so ist das Gerät noch nicht betriebsbereit. Es weiß noch nicht, aus welchen Teilen es besteht, woher es Eingaben zu erwarten hat, wie und in welcher Reihenfolge es Informationen verarbeiten soll, wohin es Ergebnisse ausgeben oder speichern soll und so weiter. Es braucht vom Start weg ständig Informationen darüber, was es „zu machen" hat. Die Software enthält diese Informationen, mit deren Hilfe einem Computer Ausführungsbefehle gegeben werden können.

Informationen, die einem Computer beispielsweise direkt nach dem Einschalten Anweisungen geben, stehen teilweise in einem Festwertspeicher, auch

ROM (Read-Only-Memory) genannt. Sie werden direkt bei der Herstellung festgelegt und können dann später nicht mehr verändert werden. Vom ROM werden Aufgaben übernommen wie etwa:

* Anmeldung der Einzelteile wie Bildschirm, Tastatur oder Laufwerke bei der Zentraleinheit des Rechners,
* Durchführung eines Funktionstests der Komponenten,
* Einladen weiterer Informationen wie z.B. des Betriebssystems in den Hauptspeicher.

• Computer sind penibel bzw. buchstabengläubig.

Jede Anweisung wird wörtlich genommen, und Rechtschreibfehler beim Programmieren werden nicht verziehen. Denn ein Computer führt genau das aus, was Sie ihm befehlen, nicht mehr und nicht weniger. Vor allem sollten Sie sich merken: **„Ein Computer tut das, was man ihm sagt, nicht das, was man von ihm will."**

Gerade als Anfänger wundert man sich oft, warum der Computer seltsam reagiert. Dies liegt jedoch zumeist nicht am Gerät, sondern an den (falschen) Anweisungen, die man ihm gegeben hat.

Erteilen Sie dem Computer mit Hilfe eines Programms beispielsweise die Anweisung „Zähle von null bis eine Million, dabei soll zwischen zwei Werten eine Schrittweite von null liegen", so zählt der Computer bis in alle Ewigkeit: 0,0,0,....

Sie müssen dem Computer mittels der Software also alles sagen:

* Was er genau tun soll.
* Auf welche Weise er es tun soll.
* In welcher Reihenfolge er die einzelnen Aktionen ausführen soll.

Die meisten Anwender können hierzu auf schon bestehende Software-Produkte zurückgreifen, was die Sache insgesamt doch sehr erleichtert.

2.3 Programmiersprachen

Eine Programmiersprache ist eine Sprache zur Formulierung von Anweisungen, die von einem Computer ausgeführt werden können. Damit bildet sie eine wichtige Schnittstelle zwischen Benutzer und Computer. Um Mehrdeutigkeiten zu vermeiden, ist es notwendig, die Strukturelemente einer Programmiersprache eindeutig zu definieren. Dies geschieht mit Hilfe von Syntax und Semantik. Vergleichen Sie dazu Kapitel 4.1. Man teilt die Programmiersprachen nach dem Grad ihrer Hardwareabhängigkeit in Generationen ein. Diese Klassifikation fällt in etwa mit den historischen Entwicklungsschritten zusammen, ohne daß jedoch eine Generation die andere völlig abgelöst hätte. Vielmehr existieren heute alle Generationen mit mehr oder weniger großer Bedeutung nebeneinander.

2.3.1   Erste Generation: Maschinensprache der „Computersteinzeit"

Als elektronisches Gerät arbeitet ein Computer intern nur mit zwei Zuständen, die man sich als „Strom fließt/Strom fließt nicht", „Schalter offen/Schalter geschlossen" oder einfach als 0 und 1 vorstellen kann. Dieses Grundprinzip gilt seit der Erfindung der elektronischen Rechenmaschinen bis heute.

Vor allem am Anfang der Programmierung (in den 50er und 60er Jahren) befaßten sich die Programmierer direkt mit diesen zwei intern darstellbaren Zuständen. Die Programmierung der Rechner erfolgte durch das Kippen von Schaltern, wodurch dann Verbindungen innerhalb des Computers hergestellt wurden. Das heißt, daß alle Operationen, Zahlen und Buchstaben usw. nur durch Ketten der beiden Zeichen 0 und 1 dargestellt werden mußten. Diese Art der Darstellung nennt man Binärcode.

Eine Programmierung für eine Addition der Zahlen 3 und 4 hätte z.B. folgende Form gehabt:

- Umrechnung beider Operanden in den Binärcode:
  3: 0011, 4: 0100

- Additionsbefehl für den Inhalt der Speicherplätze für die beiden Zahlen ebenfalls in Binärcode:
  Addition: 00011010

- Nach der Verarbeitung des Befehls konnte man das Ergebnis je nach Konfiguration der Rechenanlage beispielsweise als blinkende Lichterreihe in Binärcode ablesen und anschließend eventuell wieder in eine Dezimalzahl zurücktransferieren.
  0111: Binärcode für die Dezimalzahl 7.

Die Nachteile, in dieser Art zu programmieren, liegen auf der Hand: Programme in Maschinensprache sind wegen des auf zwei Zeichen beschränkten Zeichenvorrats für den Menschen kaum verständlich, extrem unübersichtlich, und die Programmierung ist deshalb sehr fehleranfällig.

2.3.2   Zweite Generation: Programmierkurzschrift Assembler

Die frustrierten Programmierer fanden im Laufe der Zeit Wege, den Computer Anweisungen ausführen zu lassen, die nicht direkt im Binärcode eingegeben werden. Statt dessen werden die Befehle und Operanden durch leichter verständliche mnemonische Abkürzungen dargestellt, durch Abkürzungen also, die etwas über die Bedeutung der von ihnen dargestellten Objekte aussagen. Diese Kurzschrift nennt man Assemblersprache. Durch ihre Verwendung werden die Programme für den Menschen verständlicher, leichter handhabbar und insgesamt etwas abgekürzt. Der maschinenorientierte Aufbau der Befehle wurde dabei jedoch beibehalten.

So könnte die oben angesprochene Aufgabe der Addition von 3 und 4 in Assembler folgendermaßen gelöst werden:

- Einladen der Zahl 3 in den Speicherplatz A:
  LOAD A,3

- Addition der Zahl 4 zum Inhalt des Speicherplatzes A:
  ADD A,4

Bevor ein Assembler-Programm vom Computer ausgeführt werden kann, muß die Kurzschrift weiterhin in Maschinensprache übersetzt werden, weil dies immer noch die einzige Sprache ist, die der Computer versteht. Das geschieht mit Hilfe entsprechender Übersetzungsprogramme (Compiler), die in diesem Fall, wie die zu übersetzende Sprache auch, Assembler genannt wird.

Assembler ist immer noch maschinenorientiert, d.h. die Programmierung in Assemblersprache verlangt immer noch genaue Hardwarekenntnisse. Für jeden Prozessortyp existieren spezielle, auf seinen Befehlsvorrat zugeschnittene Assembler-Sprachen. Dadurch erlaubt die Sprache ein optimales Programmieren, was Speicherbedarf und Verarbeitungsgeschwindigkeit der Programme betrifft, bietet dafür aber nur wenig Komfort sowohl bei der Programmierung als auch bei der späteren Wartung der Programme. Ihr Hauptanwendungsgebiet liegt in der Erstellung zeitkritischer oder häufig benutzter Programmteile.

Wegen der engen Hardware-Orientierung ist eine Übertragung (Portierung) der Programme problematisch. Das bedeutet, bei Herstellerwechsel oder Wechsel der Rechnerfamilie ist praktisch eine Neuprogrammierung der Problemlösungen erforderlich. Außerdem ist die Erstellung komplexerer Anwendungsprogramme kaum möglich, da Assembler-Programme mit zunehmender Größe schwer verständlich und unübersichtlich werden. Die Programmierung bleibt infolgedessen fehleranfällig.

2.3.3   Dritte Generation: Höhere Programmiersprachen

Die Entwicklung ging weiter, und es wurden auf der nächsten Stufe die höheren Programmiersprachen, die sogenannten Sprachen der dritten Generation entworfen.

Diese Programmiersprachen ermöglichen eine von der Hardware weitgehend unabhängige Programmierung. Das bedeutet, daß ein Programmierer keine Kenntnisse der technischen Details der Maschine, auf der das Programm laufen soll, mehr benötigt. Er muß nur noch die Sprache kennen. Gleichzeitig zeichnen sich höhere Programmiersprachen dadurch aus, daß sie sich an den zu bearbeitenden Problemfeldern ausrichten, weshalb man sie auch problemorientiert nennt. Aus diesem Grund ist das Programmieren mit Hilfe einer höheren Programmiersprache wesentlich bequemer als mit einer maschinenorientierten. Gleichzeitig sind die Programme leichter lesbar.

Der Befehl zur Addition der Zahlen 3 und 4 lautet in Pascal beispielsweise:

```
summe := 3 + 4
```

Wie bei der Assemblersprache muß auch ein Programm in einer höheren Programmiersprache in die Maschinensprache des Computers übersetzt werden, bevor er mit der Arbeit beginnen kann. Während bei Assemblerprogrammen eine Programmanweisung in jeweils einen Maschinenbefehl übersetzt wird, entspricht bei Programmen in höheren Programmiersprachen eine Programmanweisung jeweils einer ganzen Reihe von Befehlen im Maschinencode. Dies vereinfacht die Programmierung erheblich. Als Faustregel gilt: Ein einziger Programmierer erledigt in einer höheren Programmiersprache die Arbeit von zehn Assemblerprogrammierern. Durch die notwendige Übersetzung sind die resultierenden ablauffähigen Programme andererseits nicht so schnell wie direkt in Maschinensprache programmierte und brauchen gleichzeitig mehr Speicherplatz.

Das **Programm der höheren Programmiersprache** wird als **Quelltext**, Quellprogramm oder auch Quellcode bezeichnet, die **in Maschinensprache übersetzte Version** als **Objektcode**, Objektprogramm oder auch Maschinencode. Das **Übersetzungsprogramm** heißt **Compiler**, der Übersetzungsvorgang compilieren.

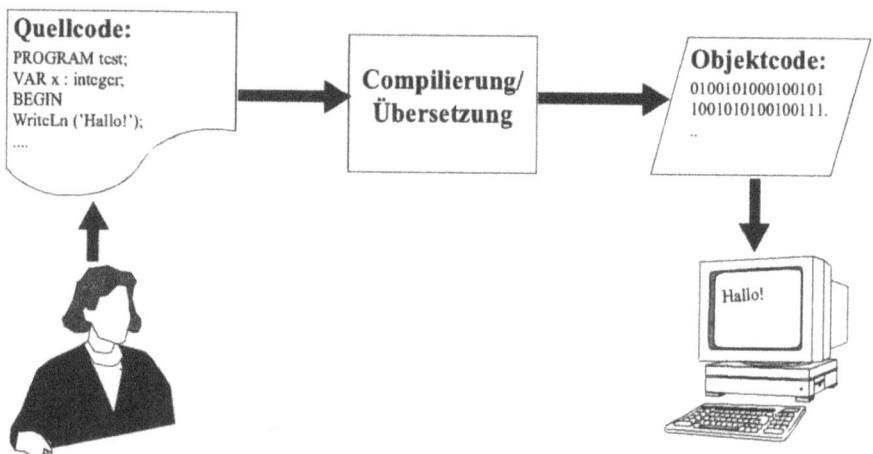

Abb. 1:   Arbeit mit einer höheren Programmiersprache

Beispiele für höhere Programmiersprachen, die zur Umwandlung des Quellcodes Compiler verwenden, sind Pascal, Cobol, Fortran oder C.

Daneben existiert noch eine zweite Art der höheren Programmiersprachen: Hier wird das Quellprogramm mit Hilfe eines Interpreters analysiert. Jede Anweisung wird einzeln in Maschinensprache umgewandelt und anschließend sofort ausgeführt. Dadurch wird die Programmausführung insgesamt flexibler als bei der Verwendung von Compilern, gleichzeitig aber auch langsamer. Beispiele für Interpretersprachen sind Basic oder APL.

Auf jeden Fall ist es wichtig, daß der Compiler bzw. Interpreter einen Objektcode erzeugt, der von der Maschine, welche die Anweisungen ausführen soll, verstanden wird. Deshalb muß bei der Verwendung einer geänderten Rechnerarchitektur nur der Übersetzer als Schnittstelle, nicht aber die einzelnen Quellprogramme angepaßt werden. Die Programme sind also übertragbar (portierbar). Außerdem ermöglichen höhere Programmiersprachen die sogenannte strukturierte Programmierung und damit ein ingenieurmäßiges Vorgehen bei der Softwareerstellung. Hierauf werden wir in Kapitel 3 noch ausführlicher eingehen.

2.3.4 Weiterentwicklungen

Die Geschichte der Programmiersprachen endet nicht in der dritten Generation. Man spricht inzwischen von Programmiersprachen der vierten und sogar der fünften Generation. Die Abgrenzungen sind hier im Gegensatz zu den vorhergehenden alles andere als eindeutig. Das kommt vor allem daher, daß die Entwicklungen auf diesem Gebiet noch in vollem Gange sind.

Eine mögliche Einteilung ist die folgende: Programmiersprachen und Softwaresysteme der **vierten Generation** werden unter der Zielsetzung „effiziente Anwendungsentwicklung" auf einen Nenner gebracht. Hierzu gehören beispielsweise Programmiersprachen, die eine deskriptive Programmierung erlauben. Dabei muß der Programmierer im Quellcode nicht mehr angeben, **auf welche Weise** ein Problem gelöst werden soll, sondern er legt in beschreibender Form fest, **was** geschehen soll. SQL ist ein weit verbreitetes Beispiel einer deskriptiven Programmiersprache zur Arbeit mit Datenbanken. Programmiersprachen der vierten Generation sind in der Regel auf ein enges Problemlösungsgebiet wie z.B. Datenbankanwendungen spezialisiert und nicht universell einsetzbar wie etwa eine strukturierte Programmiersprache der dritten Generation.

Hauptanwendungsbereich von Systemen der **fünften Generation** ist die künstliche Intelligenz. Hierunter versteht man den Versuch, mit Hilfe von Computertechnologie bisher dem Menschen vorbehaltene Intelligenzleistungen nachzubilden. Auf diesem Gebiet werden unter anderem logische Programmiersprachen wie etwa Prolog eingesetzt. Bisher konnten die hochgesteckten Erwartungen, die man in den 80er Jahren insbesondere von japanischer Seite aus an die Systeme der fünften Generation stellte, jedoch noch nicht erfüllt werden.

Im folgenden Abschnitt geben wir einen Überblick über die in diesem Buch behandelte Programmiersprache Pascal, eine Sprache der dritten Generation.

2.4 Die Programmiersprache Pascal

2.4.1 Entstehungsgeschichte

Die Programmiersprache Pascal ist nach dem französischen Mathematiker Blaise Pascal (1623-1662) benannt, der schon 1641 eine mechanische Addiermaschine für sechsstellige Dezimalzahlen konstruierte. Pascal wurde Anfang der 70er Jahre vom Computerwissenschaftler Niklaus Wirth an der ETH Zürich entwickelt. Wirth wollte seinen Studenten mit dieser Sprache vor allem ein effektives Erlernen des Programmierens ermöglichen.

Die konsequente Ausrichtung der Sprache auf die strukturierte Programmierung ist der Hauptgrund dafür, daß Pascal auch heute noch in der Datenverarbeitungs-Grundausbildung im Hochschulbereich weit verbreitet ist. Die Programme lassen sich leicht in übersichtliche Blöcke unterteilen, und Regeln bestimmen, welche Programmteile an welchen Stellen des Programms zu stehen haben. Insgesamt ist Pascal, verglichen mit anderen Programmiersprachen, leicht zu erlernen. Da die zugrunde liegenden Elemente außerdem zum großen Teil selbsterklärend sind, bleiben auch komplexe Programme relativ gut lesbar.

Seit Mitte der 70er Jahre wurde versucht, Pascal international zu normen. Dies führte 1982 zum Normenentwurf ISO 7185 (International Organization for Standardization), der von vielen nationalen Normungsinstitutionen übernommen worden ist. In Deutschland ist Standard-Pascal 1983 als Normentwurf DIN 66256 in deutscher Sprache veröffentlicht worden.

2.4.2 Bestandteile des Software-Pakets Turbo-Pascal

Wir behandeln in diesem Buch die strukturierte Programmierung am Beispiel von Pascal unter der Verwendung von Turbo-Pascal, einem recht weit verbreiteten Produkt der Firma Borland, dem das normierte Standard-Pascal zugrunde liegt. Die Programmelemente, die in diesem Buch vorrangig beschrieben werden, können sowohl in der letzten Version 7.0 als auch in älteren Versionen ohne Probleme angewendet werden.

Die für uns wichtigen Bestandteile der verwendeten Software Turbo-Pascal sind folgende:

1. **Compiler**

    Der Compiler ist das „Herzstück" von Turbo-Pascal. Wie oben schon gesagt: Egal welche Programmiersprache man verwendet, immer müssen die für uns verständlichen Worte des Quellcodes in die für den Computer verständliche Maschinensprache übersetzt werden, damit ein Programm „ablauffähig" wird. Dies ist die Aufgabe des Compilers.

2. Entwicklungsumgebung

Der zweite Bestandteil des Software-Pakets Turbo-Pascal ist die integrierte
Entwicklungsumgebung. Sie soll dem Programmierer Hilfestellung bei der Pro-
grammerstellung bieten und somit die Arbeit mit dem eigentlichen Compiler
erleichtern. Zu ihr gehören:

* Ein **Texteditor** nach der Art eines Textverarbeitungsprogramms unterstützt
  das Schreiben und Ändern der Quelltexte.

* Dem Benutzer werden Mechanismen zur **Dateiverwaltung** wie etwa zum
  Laden oder Speichern von Programmen zur Verfügung gestellt.

* Ein weiterer Bestandteil wird **Debugger** genannt. Er bietet Mechanismen zur
  Fehlersuche in den Quelltexten.

* Schließlich gibt es noch einen **Linker**, der nach der Compilierung den Objektcode mit zusätzlich benötigten Bibliotheksroutinen verbindet und so ein
  lauffähiges Programm erzeugt.

Bevor wir uns den Bestandteilen von Pascal zuwenden, soll im folgenden Kapitel
ein allgemeiner Überblick über das Vorgehen bei der Programmierung gegeben werden.

3 Programmierung und Programmiertechniken

3.1 Ablauf einer Programmentwicklung

Damit der Computer eine Aufgabe lösen oder ausführen kann, müssen ihm genaue Anweisungen gegeben werden, was er wie und in welcher Reihenfolge zu tun hat. Mehrere Anweisungen zur Lösung eines Problems werden zu einem Programm zusammengefaßt. Ein Programm wird auch als Software bezeichnet.

Je nach Art der zu lösenden Aufgabe besitzen die Programme eine unterschiedliche Komplexität. Insbesondere bei der Entwicklung großer und komplexer Programme ist es notwendig, daß der Programmentwickler eine **ingenieurmäßige Vorgehensweise** wählt. Dies erleichtert das Erstellen eines anforderungsgerechten Programms.

Ein ingenieurmäßiges Vorgehen zeichnet sich durch folgende Merkmale aus:

1. Es existiert ein **Entwicklungsprozeß**, der strikt verfolgt wird.
2. **Termin- und Kostenkontrollen** werden regelmäßig durchgeführt.
3. Die **Qualität** der bearbeiteten (Teil-) Aufgaben wird systematisch **kontrolliert**.
4. Bei Programmentwicklungen durch mehrere Personen werden Methoden zur **Teamentwicklung und -organisation** eingesetzt.
5. Es werden **Methoden und Werkzeuge** zur Unterstützung der Phasen des Entwicklungsprozesses (CASE-Tools) eingesetzt.
6. Die problemadäquate **Einbeziehung** des späteren **Benutzers** wird gewährleistet.

Dieses ingenieurmäßige Vorgehen soll sicherstellen, daß die mit der Programmentwicklung verbundenen Ziele erreicht werden. Wichtige Ziele, die das Programm als Endprodukt dieses Prozesses erreichen soll, sind dabei:

1. **Funktionalität**: Das Problem wird adäquat gelöst.
2. **Zuverlässigkeit**: Das Programm ist technisch fehlerfrei.
3. **Wartbarkeit**: Das Programm ist leicht änderbar und damit an veränderte Anforderungen anpassungsfähig.
4. **Effizienz**: Die Systemressourcen werden sparsam eingesetzt.
5. **Benutzerfreundlichkeit**: Das Programm ist leicht bedienbar.
6. **Kostentreue**: Die Entwicklungskosten bleiben im geplanten Rahmen.
7. **Termintreue**: Der geplante Zeitbedarf für die Systementwicklung wird nicht überschritten.

Obwohl das ingenieurmäßige Vorgehen eher für die Entwicklung umfangreicher Programme gedacht ist, sollten Sie es auch für die im Rahmen dieses Buches gestellten Aufgaben im Hinterkopf behalten. Schließlich wollen auch Sie gute Programme im Sinne der oben genannten Ziele schreiben.

Für die Entwicklung einfacher (Pascal-) Programme schlagen wir folgende Vorgehensweise vor:

1. **Definition der Aufgabe**:

   Die mit dem Programm zu lösende Aufgabe ist auf ihre Anforderungen hin zu analysieren und möglichst genau zu definieren.

2. Festlegen der **Programmstruktur** und ihrer Inhalte:

   Ein Programm sollte nach dem **EVA-Prinzip** aufgebaut werden. Das heißt es erfolgt zuerst das **E**inlesen bzw. Bereitstellen aller benötigten Daten. Dann werden diese Daten durch geeignete Lösungsalgorithmen **v**erarbeitet und schließlich die Lösung **a**usgegeben.

   In diesem zweiten Schritt sind somit auch die **Datenstrukturen** festzulegen und geeignete **Lösungsalgorithmen** zu finden.

3. Formulieren des Programms in einer **Beschreibungssprache**:

   Zu den Beschreibungssprachen gehören graphikorientierte Hilfsmittel, wie zum Beispiel Flußdiagramme und Struktogramme. Sie dienen der übersichtlichen Festlegung des Programmablaufs und erleichtern somit einen ersten Programmentwurf und dessen Überprüfung.

4. Formulieren des Programms in einer höheren **Programmiersprache**:

   Auf Grundlage der Beschreibungssprache wird das Programm im Quellcode geschrieben.

5. **Übersetzen** des Programms:

   Damit der Quellcode vom Computer verstanden wird, ist er in die Maschinensprache zu übersetzen. Dies erledigt der Compiler.

6. **Programmtest**:

   Das Durchführen dieses Schritts ist sehr wichtig. Denn ein Programm, auf dessen Ergebnisse man sich nicht verlassen kann, ist wertlos. Daher sollte ein Programm mehrmals mit unterschiedlichen geeigneten Werten getestet werden.

   Es lassen sich drei Fehlerarten unterscheiden:

   a) **Fehler zur Übersetzungszeit**: Beim Übersetzen des Quellcodes in die Maschinensprache werden die syntaktischen und die semantischen Fehler vom Compiler erkannt. Das sind in anderen Worten die Grammatik- und Aussagefehler im Quellcode (vgl. Kapitel 4.1.1).

   b) **Laufzeitfehler**: Diese Fehler treten beim Ablauf des Programms auf und führen zum Programmabbruch durch das Betriebssystem. Das sind z.B. eine Division durch 0 oder Wertebereichsüberschreitungen.

   c) **Logische Fehler**: Wird die Aufgabenstellung durch das Programm nicht gelöst, weil z.B. ein unbrauchbarer Lösungsalgorithmus gewählt wurde, handelt es sich um einen logischen Fehler. Dieser wird vom Compiler nicht erkannt.

7. Erstellen einer **Dokumentation**:

Insbesondere bei großen Programmen ist es wichtig, daß für den Benutzer und
für die spätere Wartung der Programme eine Benutzer- und Systemdokumentation erstellt wird. Dies kann teilweise bereits bei der Entwicklung der Programmstruktur (Punkt 2) und der Formulierung des Programms in einer Beschreibungssprache (Punkt 3) erfolgen.

Befolgen Sie bei der Programmentwicklung die vorgeschlagene Vorgehensweise.
Sie hilft Ihnen, gute Programme zu schreiben.

Merke: **Do it right the first time**!

Frei übersetzt: Mach's gleich beim ersten Mal sehr gut,
                          sonst packt Dich hinterher die Wut!

3.2 Strukturierter Softwareentwurf

Wie bereits gezeigt wurde, empfiehlt sich für das Entwerfen komplexer Programme
das systematische Verfolgen eines Entwicklungsprozesses. Für die im Entwicklungsprozeß erforderlichen Schritte der Problemanalyse, Problemsystematisierung
und Programmierung gibt es drei grundlegende Entwicklungsmethoden:

3.2.1   Top-Down-Methode mit schrittweiser Verfeinerung

Ausgehend vom Gesamtproblem werden bei der Top-Down-Methode die zu lösenden Aufgaben schrittweise in logisch zusammenhängende Teilaufgaben zerlegt. Die
Teilaufgaben werden solange weiter zerlegt, bis man kleine überschaubare Einheiten (Module) erhält, die dann als Grundlage für die Programmierung dienen können.
Auf diese Art wird die Komplexität des Problems reduziert.

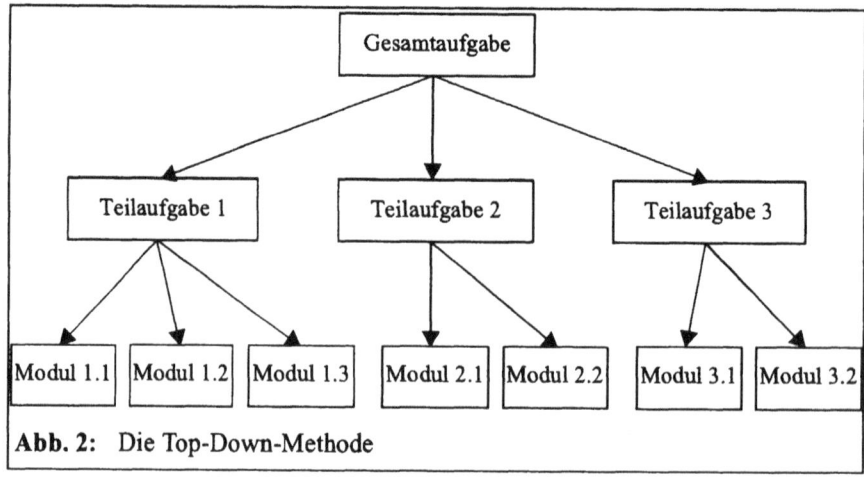

Abb. 2:   Die Top-Down-Methode

Aus dieser Vorgehensweise ergeben sich folgende Vorteile:

- **Wartungsfreundlichkeit**: Änderungen wirken sich nur in den logisch zusammengehörenden Einheiten aus.
- **Übersichtlichkeit**: Das systematische Aufbrechen der Teilprobleme erleichtert einen konsistenten Programmentwurf und die Programmdokumentation.
- **Produktivität**: Die Teilaufgaben lassen sich unabhängig voneinander durch Fachspezialisten bearbeiten.
- **Geringere Fehleranfälligkeit**: Werden alle Module gemeinsam geplant und in einem Projekt realisiert, lassen sich Schnittstellenprobleme zwischen den einzelnen Modulen von vornherein berücksichtigen und damit mögliche Fehlerquellen ausschalten.

Die Top-Down-Methode eignet sich insbesondere für Programmneuentwicklungen. Ihr Nachteil liegt in ihrer Aufwendigkeit und den damit verbundenen Kosten. Wenn bereits Programmkomponenten vorliegen, kommt deshalb eher die Bottom-Up-Methode in Frage.

3.2.2 Bottom-Up-Methode

Die Bottom-Up-Methode eignet sich für das Erweitern bereits vorhandener Programme, beispielsweise bei der Entwicklung neuer Produktversionen. Bei dieser Methode werden bereits vorhandene oder neu zu entwickelnde Programmkomponenten zu einem neuen Programmprodukt zusammengefaßt. Durch das „Software-Recycling" ist der entstehende Entwicklungsaufwand wesentlich geringer als bei der Verwendung der Top-Down-Methode, damit auch die benötigte Zeit und die anfallenden Kosten.

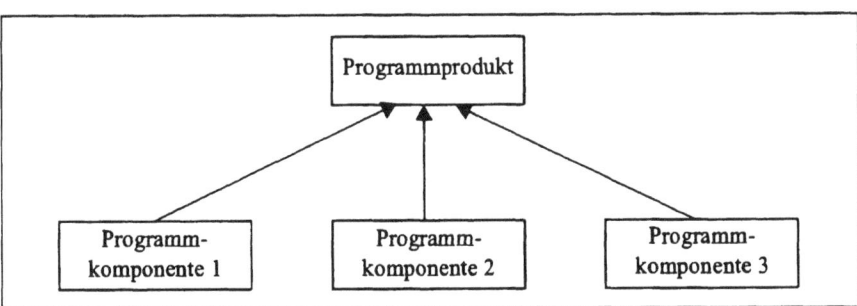

Abb. 3:   Die Bottom-Up-Methode

Da jedoch gleichzeitig eine systematische Gesamtstruktur fehlt, ergeben sich möglicherweise folgende **Nachteile**:

- **Wartungsproblematik**: Da die Programmkomponenten nicht einheitlich entworfen und programmiert werden, ist es möglicherweise problematisch, Änderungen durchzuführen.

- **Schnittstellenproblematik**: Das oft nicht einheitliche Schnittstellendesign erschwert den Datenaustausch zwischen den Programmkomponenten.
- **Fehleranfälligkeit**: Die bereits in der Praxis bewährten Programmkomponenten enthalten tendenziell zwar weniger Fehler als neu geschriebene Teile, die Wartungs- und Schnittstellenproblematik erhöht aber die Fehleranfälligkeit.

3.2.3   Up-Down-Methode

Bei der Verwendung der Up-Down-Methode wird versucht, die Vorteile der beiden Methoden zu vereinigen und auf diese Weise die Nachteile auszugleichen. Es werden zuerst die Kernprobleme der Gesamtaufgabe Top-Down entwickelt bzw. wiederverwertet und dann Bottom-Up zu einem Programmprodukt zusammengefaßt. Auf diese Weise soll auch gewährleistet werden, daß die schwierigen Teile einer Problemstellung zuerst gelöst werden.

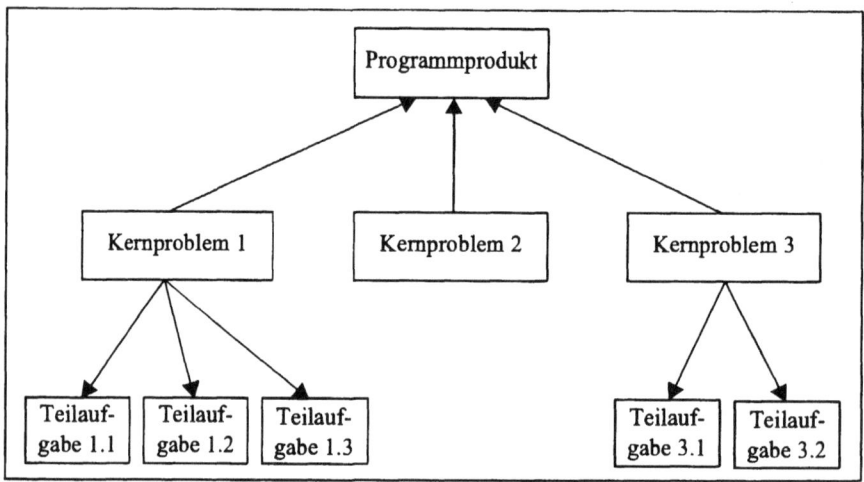

Abb. 4:   Die Up-Down-Methode

3.3   Grundbausteine zur Steuerung des Programmablaufs

Die Programme einer höheren Programmiersprache basieren auf den drei Grundstrukturen Reihung, Auswahl und Wiederholung. Diese werden im folgenden definiert und mit Hilfe von Struktogrammen, welche nach ihrem Erfinder auch Nassi-Shneiderman-Diagramme genannt werden und Flußdiagrammen graphisch dargestellt.

3.3.1   Reihung (Sequenz)

Bei der Verwendung der Reihung werden mehrere Anweisungen nacheinander ausgeführt.

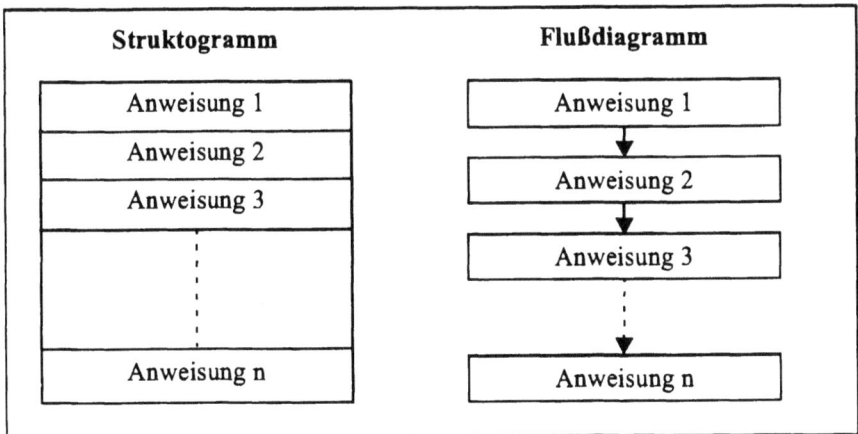

Abb. 5:   Graphische Darstellungsmöglichkeiten der Reihung

3.3.2   Auswahl (Selektion)

Die Auswahl ermöglicht die von einer logischen Bedingung abhängige Wahl zwischen einer oder mehreren Programmverzweigungen. In Pascal können hierfür beispielsweise die If- und die Case-Anweisungen verwendet werden (Abb. 6).

3.3.3   Wiederholung (Iteration)

Die Wiederholung ermöglicht die wiederholte Ausführung einer oder mehrerer Anweisungen. Die entsprechenden Programmteile werden Schleifen genannt. Es gibt zwei grundsätzliche Arten von Schleifen (Abb. 7):

- Die Verwendung einer **annehmenden Schleife** ermöglicht die wiederholte Ausführung von Anweisungen **solange, bis** eine Schleifenendebedingung zutrifft, das heißt wahr wird. Dazu ist in Pascal die Repeat-Anweisung vorgesehen.

- Die zweite Art nennt man **abweisende Schleife**. Ihre Verwendung ermöglicht die Wiederholung von Anweisungen, **solange** eine Schleifenausführungsbedingung gegeben ist. Pascal bietet hierzu die For- und die While-Schleife an, wobei die For-Schleife vor allem dann eingesetzt wird, wenn die Anzahl der Schleifendurchläufe bereits vor Beginn der Schleife feststeht.

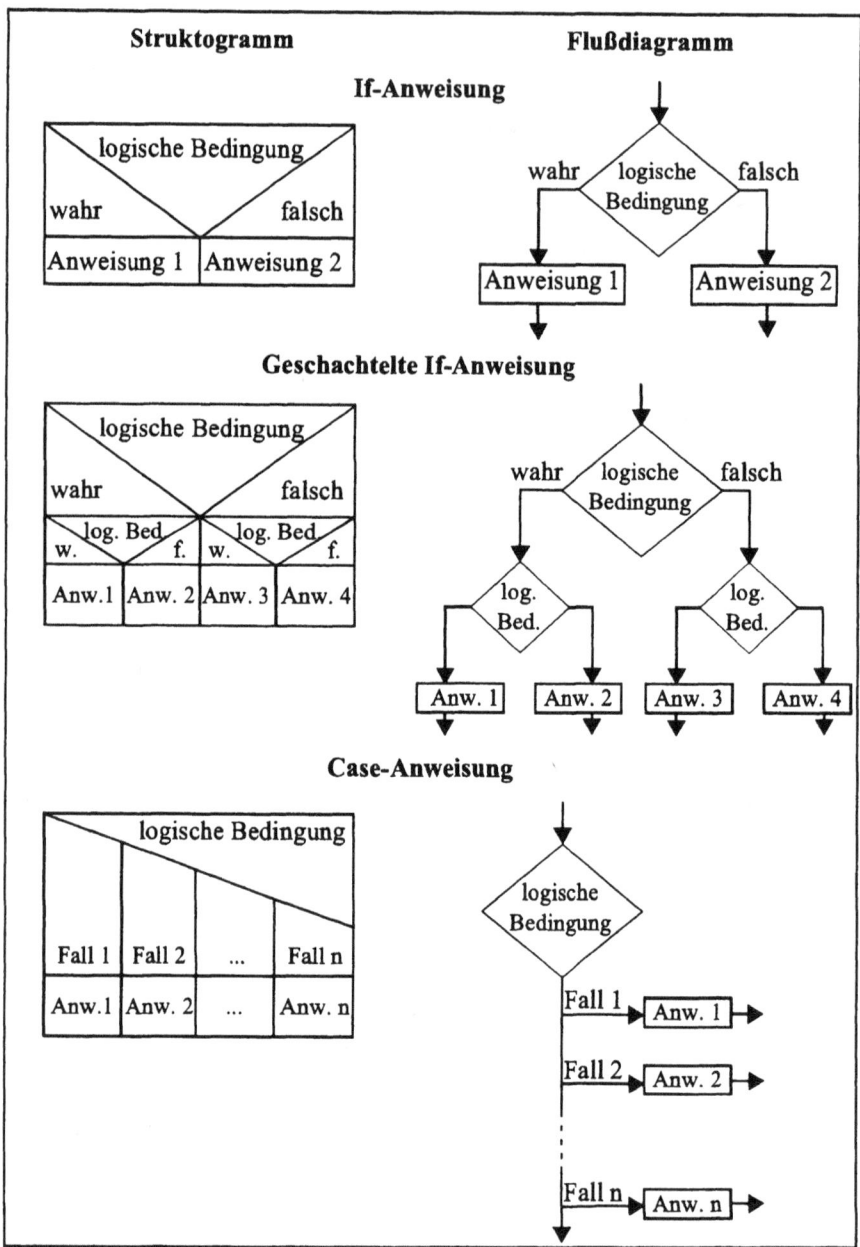

Abb. 6: Graphische Darstellungsmöglichkeiten der Auswahl

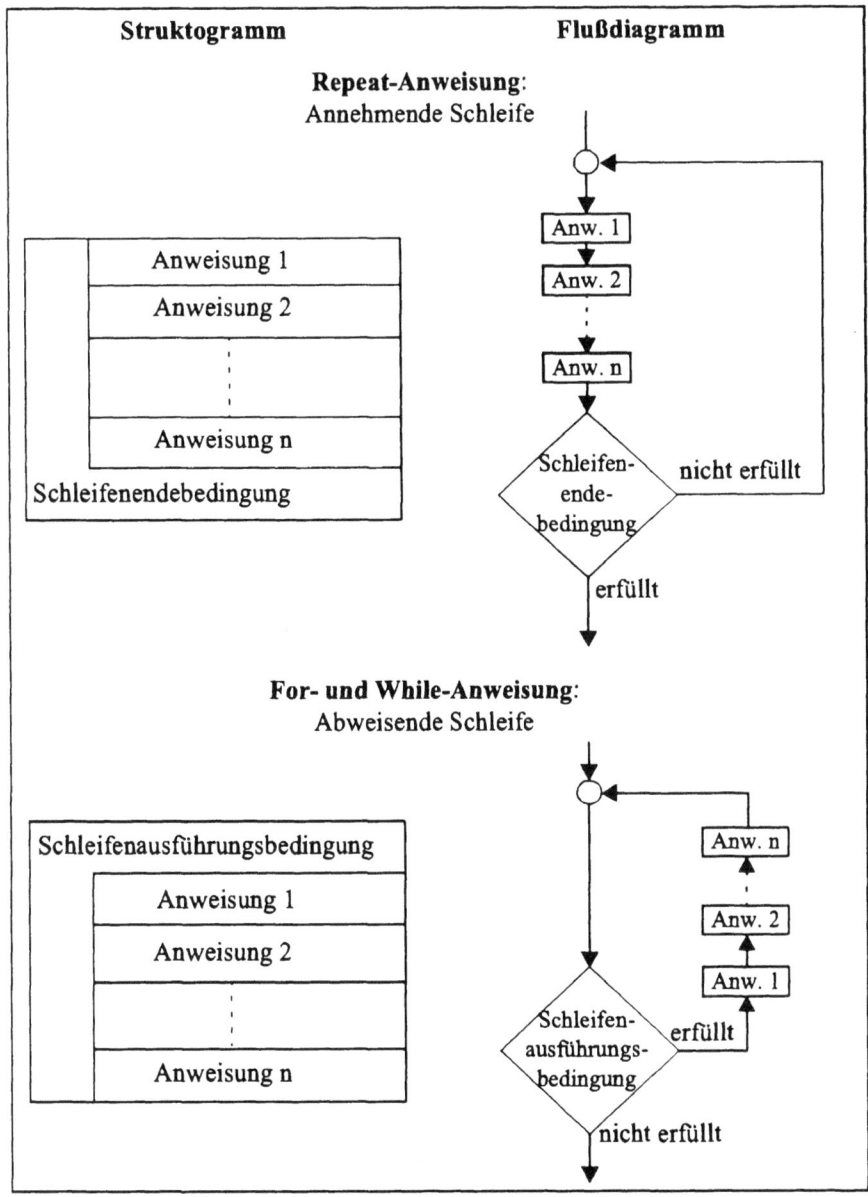

Abb. 7: Graphische Darstellungsmöglichkeiten der Wiederholung

Die gezeigten graphischen Darstellungsmöglichkeiten eignen sich zur ersten Formulierung eines Programms in einer Beschreibungssprache (siehe Kapitel 3.1). Sie sind nicht Pascal-spezifisch. Daher können sie auch als Vorlage zur Programmierung in anderen höheren Programmiersprachen verwendet werden.

4 Aufbau von Pascal-Programmen

Um ein Programm in Turbo-Pascal zu entwickeln, brauchen Sie grob gesagt zwei Dinge:

- Notwendig ist erstens eine **Programmidee**, also ein Problem, das mit Hilfe des Computers gelöst werden soll. Die Programmidee sollte vor der eigentlichen Programmierung in den Phasen der Systemspezifikation und des Systemdesigns umrissen und verfeinert werden. Sie läßt sich graphisch zum Beispiel mit Hilfe von Struktogrammen darstellen, die wir im vorhergehenden Kapitel vorgestellt haben.

- Zweitens brauchen Sie Kenntnisse über die **Regeln**, die der Struktur eines Quelltextes zugrunde liegen müssen, damit er vom Pascal-Compiler verstanden und in ein ablauffähiges Programm übersetzt werden kann.

Diese Regeln werden in den folgenden Kapiteln behandelt. Bevor wir jedoch konkret in die Programmierung einsteigen können, sollen zunächst einige allgemeine Sprachbegriffe geklärt werden.

4.1 Instrumente zur Sprachbeschreibung

Bei einer Programmiersprache handelt es sich um eine künstliche Sprache, deren Sätze, Zeichen und Wörter ebenso wie die einer natürlichen Sprache nach Regeln gebildet werden. Diese Regeln werden durch die Syntax und Grammatik beschrieben, welche sich im Gegensatz zu den Regeln der natürlichen Sprache im Laufe der Zeit normalerweise nicht verändern. Die Bedeutung der Wörter ist Gegenstand der Semantik.

4.1.1   Syntax, Grammatik und Syntaxdiagramme

Syntax

Das Wort **Syntax** leitet sich vom griechischen syntaxis ab, was für Zusammenbau oder die Lehre vom Satzbau steht.

Gegenstand der Syntax sind die Regeln, die bestimmen, aus welchen Grundelementen (= Zeichen) eine Sprache besteht und auf welche Weise diese Grundelemente zu zulässigen Wörtern und Sätzen beziehungsweise im Falle einer Programmiersprache zu Programmen zusammengesetzt werden können.

Diese Regeln lassen sich auf verschiedene Weise formal beschreiben:

- Man kann sie mittels einer **Grammatik** verbal definieren.
- Eine graphische Darstellung kann mit Hilfe von **Syntaxdiagrammen** erfolgen.

Grammatik

Die **Grammatik** einer Sprache wird allgemein durch die Angabe von vier Bestandteilen definiert:

1. Eine Menge von **Terminalsymbolen**

   Terminalsymbole sind die Grundelemente einer Sprache, also festgelegte Zeichen oder Zeichenfolgen, die wiederum zu zulässigen Wort-, Satz- oder Pro-
   grammkonstrukten kombiniert werden können.

Beispiele für Terminalsymbole	
aus der deutschen Sprache	aus der Programmiersprache Pascal
alle Wörter, wie z.B.:	Grundelemente und reservierte Wör-ter
`Haus,Beispiel,laufen,ißt,` `besser,breitesten,die,in`	`a, X, 3, :=, ., ), +, BEGIN, VAR,` `END`

2. Eine Menge von **Nichtterminalsymbolen**

   Nichtterminalsymbole sind Konstrukte, die aus den Grundelementen (Terminalsymbolen) zusammengesetzt sind. Das heißt, daß sich jedes Nichtterminalsymbol in Terminalsymbole oder weitere Nichtterminalsymbole zerlegen läßt.

Beispiele für Nichtterminalsymbole	
aus der deutschen Sprache	aus der Programmiersprache Pascal
Satz, Nebensatz, Artikel, Subjekt, Prädikat, Objekt	Programm, Ausdruck, Anweisung, Bezeichner, Typangabe, Vereinba-rung

3. Eine Menge von **Grammatikregeln**

   Mit Hilfe der Regeln wird festgelegt, wie man aus den Terminal- und Nichtterminalsymbolen neue Konstrukte erhält.

Beispiel für Grammatikregeln	
aus der deutschen Sprache	aus der Programmiersprache Pascal
„Verbindet man zwei Sätze durch die Zeichenfolge ' , und ' so erhält man wieder einen Satz."	„Wenn A eine Anweisung ist und B eine Bedingung, so ist die Zeichen-folge 'REPEAT A UNTIL B' eine Anweisung."

4. Ein **Startsymbol** oder Axiom

Das Startsymbol ist das umfassendste Nichtterminalsymbol der Sprache. Aus diesem Begriff lassen sich alle anderen Nichtterminal- und Terminalsymbole ableiten.

Für Pascal stellt das Startsymbol ein gesamtes Programm dar.

Syntaxdiagramme

Die **Syntaxdiagramme** sind ein Hilfsmittel zur graphischen Darstellung einer Grammatik. Dazu verwendet man gerichtete Graphen, die die nach den Regeln zulässigen Beziehungen zwischen den Grammatikelementen veranschaulichen.

Jeder Graph hat eine Eingangs- und eine Ausgangskante, die Knoten des Graphs repräsentieren die Symbole der Grammatik. Terminalsymbole werden als Kreise oder Ellipsen, Nichtterminalsymbole als Rechtecke dargestellt. Beim Durchlaufen eines solchen Graphen von der Eingangs- zur Ausgangskante entlang der gerichteten Kanten ergibt die Folge der Knoteninhalte, die dabei „aufgesammelt" werden, das zugehörige Nichtterminalsymbol.

Ein Beispiel soll diesen Zusammenhang verdeutlichen:

Bei der Formulierung eines Pascal-Programms ist es notwendig, bestimmten Elementen Namen zu geben. Diese Namen werden Bezeichner genannt, da sie beispielsweise Programme, variable oder konstante Größen bezeichnen. Das Syntaxdiagramm für die Bezeichner sieht folgendermaßen aus:

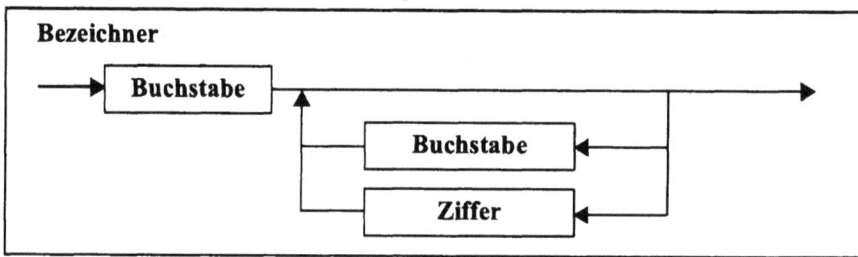

Man erkennt, daß ein Bezeichner mit einem Buchstaben beginnen muß und außerdem weitere Buchstaben (incl. Unterstrich) oder Ziffern enthalten kann.

Buchstabe und Ziffer deuten auf zwei weitere Syntaxdiagramme hin:

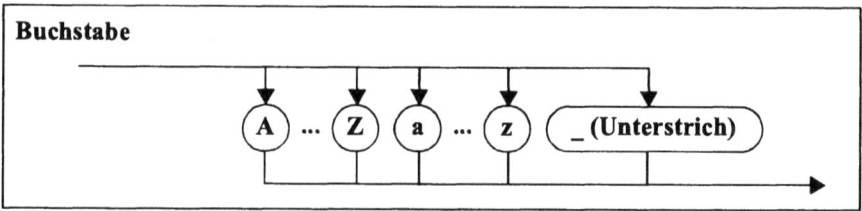

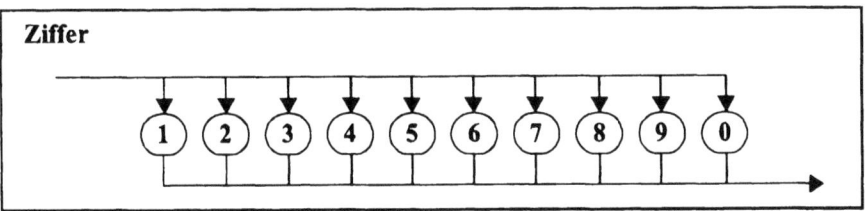

Nach diesen Syntaxdiagrammen sind in Pascal beispielsweise folgende Bezeichner syntaktisch korrekt:

```
praktisch,  B52,  J_1996,  VATER,  verfliXte_7,  _Aerger,
dies_ist_ein_Programmname.
```

Die folgendenden Bezeichner sind unzulässig:

```
7B, Nötigung, X*Y, mein-schönstes-programm, §204.
```

4.1.2 Semantik

Die Semantik ist die Lehre von der inhaltlichen Bedeutung einer Sprache.

Ein Text, der aus den Regeln der Grammatik gebildet wurde, ist zunächst eine Folge sinnleerer Zeichen. Ein Text beziehungsweise im Falle von Pascal ein Programmcode erhält erst dann einen Sinn, wenn die Zeichen, aus denen er besteht, und die Konstrukte, die aus diesen Zeichen gebildet werden, mit einer Bedeutung verknüpft werden. Dies ist Gegenstand der Semantik.

Eine formale Darstellung der Semantik ist nicht so einfach wie die der Syntax, weshalb sie auch bis Anfang der 70er Jahre meistens umgangssprachlich erfolgte. Inzwischen existieren einige formale Beschreibungsmethoden, deren Anwendung vor allem dann Sinn macht, wenn Programme daraufhin untersucht werden sollen, ob sie leisten, was der Programmierer beabsichtigt hat.

Die wichtigsten Ansätze zur Beschreibung der Semantik von Programmiersprachen sind:

- **Übersetzersemantik**: Die Bedeutung von Konstrukten einer neuen Programmiersprache wird auf die Bedeutung einer bereits bekannten zurückgeführt.
- **Operationale oder Interpretersemantik**: Hier wird ein Interpreter (Übersetzer) definiert, der aus den Eingabedaten durch die schrittweise Abarbeitung des Programms die Ausgabedaten erzeugt. Dies geschieht nach ganz konkreten Operationsanweisungen, die vom Interpreter ausgeführt werden können.
- **Denotationale oder Funktionensemantik**: Hier wird von konkreten Operationsanweisungen abstrahiert. Statt dessen definiert man die Wirkung, die Anweisungen auf Zustände (= Belegung von Variablen) haben.

- **Axiomatische oder Prädikatensemantik:** Sie ist noch eine Abstraktionsebene höher angesiedelt und arbeitet nur mit Eigenschaften (= Prädikaten) von Zuständen, welche durch die Ausführung von Anweisungen verändert werden können.

Die Anwendung der heute verfügbaren Methoden zur Beschreibung der Semantik führt schnell zu sehr komplexen Konstrukten, ohne jedoch das Verständnis für die Grundelemente der Sprache wesentlich zu erhöhen. Deshalb wollen wir in diesem Buch davon absehen und die Semantik der Programmelemente, die wir vorstellen, wie früher üblich umgangssprachlich beschreiben.

Ein Beispiel soll diesen Exkurs abrunden und verdeutlichen, daß korrekte Syntax und sinnvolle Semantik prinzipiell unabhängig voneinander sind und nicht zusammenfallen müssen:

Der Satz „Der Computer ist ein guter Mensch", ist zwar syntaktisch richtig, über seine Semantik läßt sich aber zumindest streiten.

Ähnliches gilt z.B. für „Der Regen raucht wärmer als ein Stein" oder „Der Tisch ist ein Säugetier".

Dagegen ist der Satz „Computer manchmal hilfreich sein kann" zwar syntaktisch falsch, semantisch aber schon eher zu akzeptieren.

Sie werden erkennen, daß bei der Semantik nicht so deutlich zwischen „richtig" und „falsch" unterschieden werden kann wie bei der Syntax, sondern daß es hier einen Bereich gibt, in dem eine solche Entscheidung zumindest umstritten sein kann und von den zugrundeliegenden Zielvorstellungen abhängt.

Gleiches kann auch auf Pascal-Programme übertragen werden.

Im folgenden Kapitel möchten wir zum besseren Verständnis des bisher Gesagten ein erstes Programm in Pascal vorstellen und seine Grundelemente kurz erklären. Anschließend folgt eine ausführlichere Systematisierung der wichtigsten Programmelemente.

4.2 Ein erstes Programm

Unser erstes Programm hat die Aufgabe, zu einem vom Benutzer eingegebenen Nettobetrag die Mehrwertsteuer zu berechnen und anschließend am Bildschirm auszugeben.

Eine Lösung für diese Aufgabe könnte etwa folgendermaßen aussehen:

```
{1.}  PROGRAM Mehrwertsteuer;                        {Programmkopf}

{2.}  CONST MwStSatz = 0.16;                      {Vereinbarungsteil}
      VAR nettobetrag, ergebnis : real;
```

```
{3.}  BEGIN                                         {Anweisungsteil}

                                                    {DatenEingabe:}
         WriteLn ('Das Programm berechnet die Mehrwertsteuer');
         WriteLn ('zu einem eingegebenem Nettobetrag.');
         WriteLn;
         Write ('Geben Sie den Nettobetrag ein: ');
         ReadLn (nettobetrag);

                                                    {DatenVerarbeitung:}
         ergebnis := nettobetrag * MwStSatz;
                                                    {DatenAusgabe:}
         WriteLn ('Eingegebener Betrag: ',nettobetrag:7:2,' EUR');
         WriteLn ('Mehrwertsteuersatz : ',MwStSatz*100:7:2,' %');
         WriteLn ('Mehrwertsteuer     : ',ergebnis:7:2,' EUR')
      END.
```

Dieser Text ist der Quellcode, der von einem Pascal-Compiler in ein lauffähiges Programm, den Objektcode, übersetzt und anschließend ausgeführt werden kann.

Die Teile des Programms, die von geschweiften Klammern ({ }) eingeschlossen sind, dienen dem Programmierer sowie weiteren Lesern dieses Quellcodes als Erläuterungen und werden vom Compiler nicht mitübersetzt. Man nennt sie Kommentare, und sie können (fast) an jeder Stelle im Programm auftauchen und beliebigen Text enthalten.

Das eigentliche Pascal-Programm besteht aus drei Teilen:

1. Programmkopf
2. Vereinbarungsteil
3. Anweisungsteil

Programmkopf

Der Programmkopf dient als Überschrift für das Programm. Er beginnt mit dem Wort PROGRAM, gefolgt von einem Namen (Bezeichner) - hier Mehrwertsteuer.

Abgeschlossen wird der Programmkopf mit einem Semikolon (;), was dem Übersetzer (Compiler) signalisiert, daß jetzt der nächste Teil beginnt.

Vereinbarungsteil

Der Vereinbarungsteil hat in einem Pascal-Programm eine ganz ähnliche Funktion wie die Zutatenliste in einem Kochrezept. Man listet hier alle Zutaten auf, die später (im Anweisungsteil) verarbeitet werden sollen. Man sagt auch, die Elemente werden angemeldet, vereinbart oder deklariert und statt Vereinbarungsteil wird häufig auch die Bezeichnung Deklarationsteil verwendet. Durch die Deklaration wird erreicht, daß den Elementen für die spätere Verarbeitung ein Platz im Speicher des Computers reserviert wird.

In unserem ersten Beispiel werden zwei Arten von Programmzutaten/Elementen verwendet, die wir auf diese Weise anmelden müssen:

- Es gibt eine feste Größe MwStSatz, die den Wert 0,16 hat und für den momentan gültigen Satz der Mehrwertsteuer steht. Daß dieser Wert bei jedem Programmablauf derselbe ist und nicht verändert werden kann, wird dem Compiler durch das Wort CONST signalisiert, das zu Beginn des Konstantendefinitionsteils steht.

- Außerdem gibt es zwei Größen, die bei jedem Programmablauf andere Werte haben werden. nettobetrag steht für den Betrag, zu dem das Programm die Mehrwertsteuer berechnen soll, ergebnis wird später den berechneten Mehrwertsteuerbetrag aufnehmen.

Das Wort VAR steht vor der Anmeldung solcher variabler Größen, dem Variablenvereinbarungsteil. Hier erhält jede variable Größe einen Namen. Nach dem Doppelpunkt (:) muß der Programmierer den Wertebereich angeben, aus dem diese Größe im Laufe der späteren Abarbeitung des Programms gültige Werte annehmen kann. real wird für einen Wertebereich verwendet, der von Pascal schon vordefiniert ist und der einen Ausschnitt aus der Menge der reellen Zahlen repräsentiert. Statt Wertebereich spricht man auch von **Datentyp**.

Anweisungsteil

Im Anweisungsteil wird festgelegt, welche Arbeit das Programm in welcher Reihenfolge erledigen soll. Normalerweise werden dem Computer zunächst Daten eingegeben, die dieser dann verarbeitet und schließlich wieder ausgibt (EVA-Prinzip).

Der Anweisungsteil fängt mit dem Wort BEGIN an; danach folgen einzelne Anweisungen zur Dateneingabe, -verarbeitung und -ausgabe, welche jeweils durch ein Semikolon (;) voneinander getrennt werden. Die Anweisungen werden auch Befehle genannt. Sie werden streng der Reihe nach abgearbeitet. Mit dem Wort END wird der Anweisungsteil abgeschlossen, wobei der Punkt hinter END dem Compiler das Ende des Programms signalisiert.

- Beginnen wir mit der **Dateneingabe**.

  Unser Programm braucht einen Betrag, zu dem es die Mehrwertsteuer berechnen kann. Dieser Betrag soll vom Benutzer eingegeben werden. Um ihn dazu zu bringen, müssen wir ihm zunächst einmal Informationen über den Sinn des Programms geben und ihn zur Eingabe auffordern.

Der Benutzer soll also eine entsprechende Meldung auf seinem Bildschirm zu sehen bekommen. Dies geschieht über die Befehle Write bzw. WriteLn, auf deren Unterschied wir in Kapitel 5.3.1 genauer eingehen werden. Die Meldung, die der Benutzer zu sehen bekommt, steht innerhalb der Klammern, die den Write-/WriteLn-Befehlen folgen: Dieses Programm berechnet ... Geben Sie den Nettobetrag ein:

Nachdem der Benutzer nun weiß, was ihn erwartet beziehungsweise, was von ihm erwartet wird, gibt er über die Tastatur den numerischen Betrag in den Computer ein, der später vom Programm verarbeitet werden soll.

Der Befehl ReadLn ist dafür verantwortlich, daß diese Aktion korrekt ausgeführt wird. Er sorgt dafür, daß das Programm solange „wartet", bis vom Programmbenutzer eine Eingabe gemacht und mit der RETURN-Taste abgeschlossen wird. Der eingegebene Wert wird daraufhin überprüft, ob er zulässig ist und im positiven Fall an die Variable nettobetrag übergeben. Auf diese Weise wird die Eingabe des Benutzers zwischengespeichert.

* Anschließend wird der Eingabewert **verarbeitet**:

Die Befehlszeile ergebnis := nettobetrag * MwStSatz sorgt dafür, daß das Produkt aus dem vom Benutzer eingegebenen Wert für nettobetrag mit der konstanten Größe MwStSatz (= 0,16) berechnet und an die Variable ergebnis übergeben wird. Einen solchen Befehl nennt man Wertzuweisung.

* Im dritten Schritt soll das Verarbeitungsergebnis an den Benutzer zurückgemeldet werden, die **Daten** werden **ausgegeben**.

Dies geschieht wieder über den WriteLn-Befehl. Dazu verwenden wir jetzt aber nicht mehr wie bei der Dateneingabe nur Textelemente, die wir schon bei der Programmierung festgelegt haben, sondern wir integrieren in diesen Text den aktuellen Inhalt der Datenelemente nettobetrag, MwStSatz und ergebnis. Von diesen Elementen hat jedes im Laufe des Programms einen ganz bestimmten Wert zugewiesen bekommen.

Die Zahlen und Doppelpunkte, die in den WriteLn-Befehlen auftauchen, sorgen dabei für eine besser „lesbare" (formatierte) Ausgabe der Ergebnisse.

Nach diesem ersten Überblick über ein Pascal-Programm und seine Bestandteile wollen wir dieses Wissen nun vertiefen und systematisieren.

4.3 Elementare Bestandteile von Pascal

4.3.1 Grundelemente

Buchstaben und Ziffern

Grundzeichen in einem Pascal-Programm sind **Buchstaben** und **Ziffern**.

Das Syntaxdiagramm für die Buchstaben zeigt uns, daß hierzu alle großen und kleinen Buchstaben von A bis z gehören sowie der Unterstrich (_). Da Pascal an der
englischen Sprache angelehnt ist, sind deutsche Umlaute und „ß" nicht im Umfang
der „normalen" Buchstaben enthalten. Zwischen Groß- und Kleinbuchstaben unterscheidet der Pascal-Compiler beim Compilieren eines Quellcodes nicht.

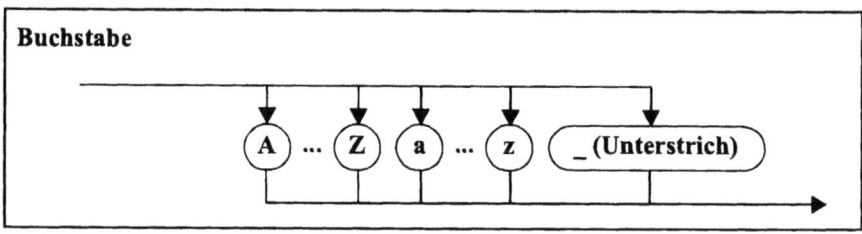

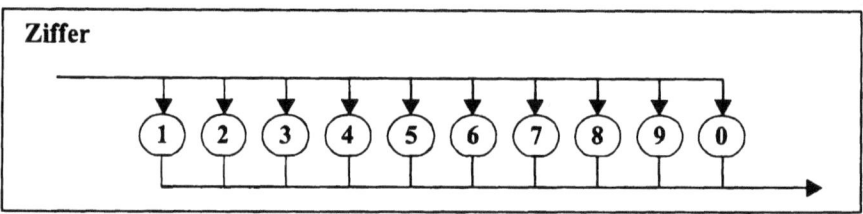

Spezielle Symbole

Außerdem gibt es in Pascal einige Zeichen und Zeichenpaare, die als **spezielle Symbole** interpretiert werden:

+ - * /	repräsentieren die vier Grundrechenarten
;	trennt Anweisungen und Programmteile
,	trennt Elemente
'	umschließt Zeichen und Zeichenketten
{ (* *) }	umschließen Kommentare
[(. .)]	umschließen Indizes
. .	kennzeichnet Teilbereiche
.	beendet das Programm
= < > <> <= >=	Vergleichsoperatoren
:=	Zuweisungsoperator
# : ^ @ $	Funktion jeweils abhängig von der Umgebung

Reservierte Wörter

Pascal kennt eine Reihe von **reservierten Wörtern**, auch Schlüsselwörter genannt, die als Wortsymbole interpretiert werden und an bestimmten Stellen im Programm für spezielle Zwecke eingesetzt werden können oder müssen.

Die Wortsymbole von Turbo-Pascal 6.0 sind die folgenden:

AND	ARRAY	ASM	BEGIN
CASE	CONST	CONSTRUCTOR	DESTRUCTOR
DIV	DO	DOWNTO	ELSE
END	FILE	FOR	FUNCTION
GOTO	IF	IMPLEMENTATION	IN
INLINE	INTERFACE	LABEL	MOD
NIL	NOT	OBJECT	OF
OR	PACKED	PROCEDURE	PROGRAM
RECORD	REPEAT	SET	SHL
SHR	STRING	THEN	TO
TYPE	UNIT	UNTIL	USES
VAR	WHILE	WITH	XOR

Eine **Unterscheidung von Groß- und Kleinschreibung** findet **grundsätzlich nicht** statt. Wir werden jedoch wegen der besseren Übersichtlichkeit in unseren Quelltexten alle reservierten Wörter in GROSSBUCHSTABEN schreiben.

Bezeichner

Namen oder **Bezeichner** (engl. identifier) werden an vielen Stellen in einem Programm eingesetzt und dienen zur Identifikation von bestimmten Objekten wie z.B. Programmen, Konstanten, Variablen und so weiter. Sie werden aus Buchstaben und Ziffern gebildet, wobei das erste Zeichen stets ein Buchstabe sein muß.

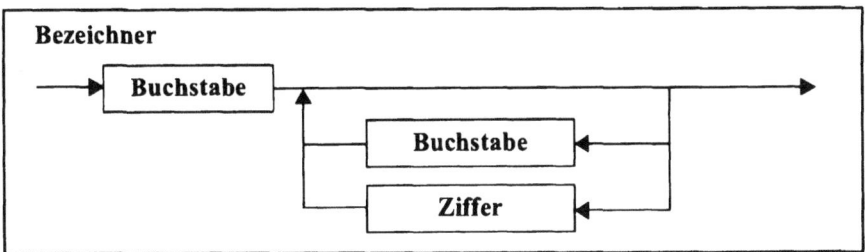

Ein Bezeichner kann bis zu 127 Zeichen lang sein, davon sind jedoch nur die ersten 63 Zeichen signifikant. Zu beachten ist, daß als Bezeichner **keine reservierten Wörter** verwendet werden dürfen. Verwenden Sie diese trotzdem, werden Sie vom Compiler eine Fehlermeldung erhalten.

Es gibt auch Namen wie z.B. `Write` oder `real`, die in Pascal eine feste, vordefinierte Bedeutung (hier: Schreibbefehl, Datentyp reelle Zahl) haben. Diese Namen kann man auch für andere Zwecke als die vordefinierten verwenden, setzt damit aber ihre ursprüngliche Funktion außer Kraft.

Kombiniert man nun diese Informationen mit dem, was oben über die Buchstaben und Ziffern gesagt wurde, erkennt man, daß die folgenden Beispiele für Namen zulässig sein müssen:

> `programm, d3, read, ende, programm_beginn, aerger.`

Unzulässig sind dagegen:

> `end, 3d, ärger, a*b.`

Zeichen und Zeichenketten

Alle **Zeichen**, die mit dem Computer erzeugt werden können, einschließlich Buchstaben und Ziffern, sind im sogenannten ASCII-Zeichensatz verzeichnet, das heißt mit einer Nummer versehen und aufgelistet. In Kapitel 8.1 werden wir hierauf noch näher eingehen.

Zeichenketten werden gebildet, indem man beliebige Zeichen aneinanderreiht reiht und diese durch Hochkommata (') einschließt.

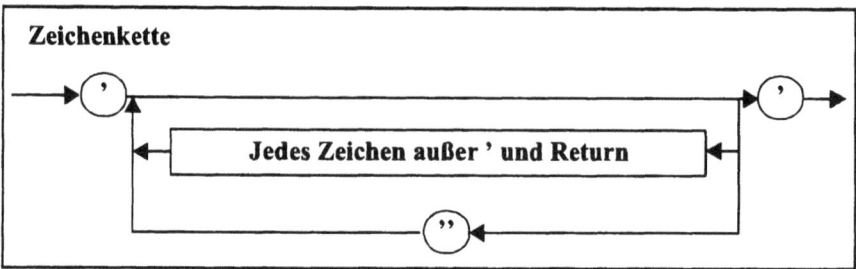

Dabei ist allerdings zu beachten, daß man innerhalb einer Zeichenkette kein einzelnes Hochkomma verwenden werden kann, da dies als das Ende der Zeichenkette interpretiert würde. Sie können dieses Problem umgehen, indem Sie zwei Hochkommata hintereinander eingeben.

Um beispielsweise „`Was gibt's?`" auf den Bildschirm zu schreiben, müssen Sie eingeben:

```
WriteLn ('Was gibt''s?').
```

Kommentare

Kommentare sind Erläuterungen des Quelltextes, die fast an jeder Stelle im Programm stehen können. Sie werden durch geschweifte Klammern { } oder (* *) eingerahmt.

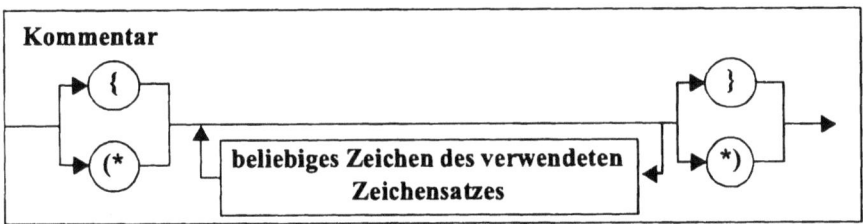

Die Zeichen { und } erzeugt man, indem man bei gedrückter AltGr-Taste[1] die Taste für 7 bzw. 0 drückt.

Kommentare haben für das Programm selbst keine Bedeutung und werden vom Compiler ignoriert. Das heißt sie vergrößern zwar den Quell-, nicht aber den Objektcode. Als Hinweise an den Leser des Programms bedeuten sie zusätzlichen Tippaufwand. Die Mühe lohnt sich aber, da Kommentare ein Programm leichter verständlich machen. Dies gilt nicht nur für an der Programmierung Unbeteiligte, sondern z.B. auch für den Programmierer selbst, der sein Werk gewisse Zeit nach der Fertigstellung noch einmal verändern möchte und es dazu „verstehen" muß.

4.3.2 Standarddatentypen in Pascal

Datenobjekte, denen während des Programmablaufs variable Werte zugewiesen werden können, werden Variable genannt. Bevor man eine Variable im Programm benutzen kann, muß man sie im Deklarationsteil anmelden. Dazu muß man ihr einen Namen geben. Außerdem ist es nötig festzulegen, aus welchem Bereich eine Variable Werte annehmen kann, das heißt, man muß der Variablen einen bestimmten Wertebereich - auch Datentyp genannt - zuordnen. Man kann Datentypen selbst definieren oder aber auf Datentypen zurückgreifen, die schon vordefiniert sind. Letztere nennt man Standarddatentypen. Sie geben aber nicht nur den Wertebereich für Variablen an, sondern legen auch die Schreibweise für konstante Größen des entsprechenden Datentyps fest. Auf diese Art kann beispielsweise der Datentyp einer Konstanten vom Compiler selbständig erkannt werden.

Die wichtigsten Standarddatentypen können wie folgt systematisiert werden (Abb. 8):

---

[1] Die AltGr-Taste befindet sich auf der Tastatur direkt rechts neben der Leertaste.

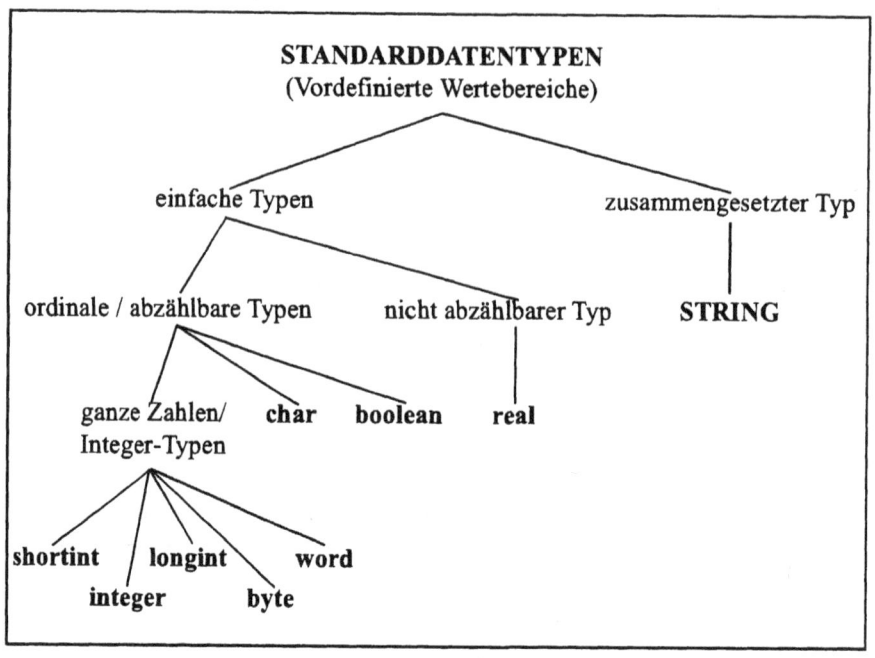

Abb. 8: Übersicht über die Standarddatentypen in Pascal

- Es gibt sieben **ordinale**, das heißt **abzählbare Datentypen**.

  Dazu gehören fünf Typen, die **ganze Zahlen** repräsentieren, die **Integer-Typen**.

Typ	Wertebereich und Schreibweise	Reservierter Speicherplatz
1. **shortint**	-128 .. 127	1 Byte
2. **integer**	-32'768 .. 32'767	2 Byte
3. **longint**	-2'147'483'648 .. 2'147'483'647	4 Byte
4. **byte**	0 .. 255	1 Byte
5. **word**	0 .. 65'535	2 Byte

Ganze Zahlen werden intern durch Dualzahlen dargestellt. Ein Byte entspricht acht Bit, das heißt acht Speicherzellen, die jeweils den Wert null oder eins annehmen können. Mit der Reservierung von einem Byte für eine shortint-Zahl wird festgelegt, daß diese Zahl intern $2^8 = 256$ verschiedene Zustände annehmen kann. Auf diese Art kommt der Wertebereich für den Datentyp shortint von -128 bis +127 (einschließlich der 0) zustande. Analoges gilt für die übrigen Integer-Datentypen.

ACHTUNG: Bei der Arbeit mit Integertypen muß darauf geachtet werden, daß der definierte Wertebereich niemals überschritten wird. Dies erzeugt zwar keine Fehlermeldung, da aber der reservierte Speicherplatz zur Aufnahme des aktuellen Wertes nicht mehr ausreicht, wird man falsche Rechenergebnisse erhalten. Man spricht in diesem Fall von **Integerüberlauf**.

Der **sechste** ordinale Datentyp heißt `char` und steht für je **ein Zeichen** aus dem ASCII-Zeichensatz:

Typ	Wertebereich und Schreibweise	Reservierter Speicherplatz
6. **char**	alle Zeichen des ASCII-Zeichensatzes Schreibweise z.B. ' a '	1 Byte

Der ASCII-Zeichensatz gibt Umfang und Reihenfolge der Zeichen, die von Variablen und Konstanten des Datentyps `char` dargestellt werden können, vor. Das Syntaxdiagramm für ihre Darstellung lautet folgendermaßen:

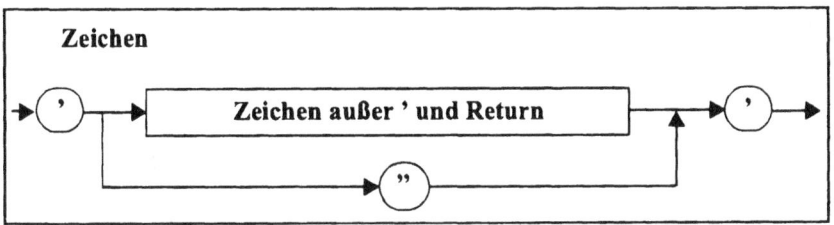

Das heißt, Zeichen werden immer von Hochkommata abgegrenzt dargestellt: ' x ' ' % ' ' # ' ' ' ' ' (das letzte Beispiel steht für die Darstellung eines einzelnen Hochkommas).

Als **siebter** ordinaler Datentyp ist der Typ `boolean` zu nennen:

Typ	Wertebereich und Schreibweise	Reservierter Speicherplatz
7. **boolean**	false, true	1 Byte

Variablen vom Typ boolean können nur die Werte `false` oder `true` annehmen, wobei gilt: `false < true`.

- Von den **nicht abzählbaren** Datentypen betrachten wir im Moment nur den einen Typ **real**.

Typ	Wertebereich und Schreibweise	Reservierter Speicherplatz
8. real	$2,9*10^{-39}$ bis $1,7*10^{38}$ im positiven und negativen Wertebereich Schreibweise z.B.: 301.064, 0.8E-7 oder 78E+9	6 Byte, dabei werden 10 Dezimalstellen zur Verfügung gestellt

Der Wertebereich des Datentyps real ist eine Untermenge der reellen Zahlen. Da die Genauigkeit bei Real-Zahlen nur bei 10 Stellen nach dem Komma liegt, können bei Berechnungen eventuell Rundungsfehler auftreten. Ordinale Datentypen werden dagegen immer exakt dargestellt.

Real-Zahlen werden intern durch eine halblogarithmische Form bestehend aus Mantisse und Exponent dargestellt, wobei „E" gleichbedeutend ist mit „mal 10 hoch". Die Werte können auf verschiedene Arten zugewiesen werden:

301.064 oder 3.01064E+2
0.007866 oder 7.866E-3

Die Ausgabe von Real-Größen auf dem Bildschirm erfolgt standardmäßig in der halblogarithmischen Schreibweise, was relativ schwer zu lesen ist. Ein Ausweg bietet die sogenannte „Formatierung" der Bildschirmausgabe. Näheres dazu finden Sie bei der Besprechung der Write-Anweisung in Kapitel 5.3.1.

- An dieser Stelle sei zusätzlich zu den einfachen Datentypen noch ein zusammengesetzter (strukturierter) Typ angesprochen: der Datentyp **STRING**. Ein String wird aus Zeichen zusammengesetzt, das heißt, er kann **Zeichenketten** aufnehmen.

Näheres zur Bildung von Variablen vom Datentyp STRING und zur Arbeit mit ihnen werden wir in Kapitel 8 unter der Überschrift „Strukturierte Datentypen" behandeln.

Hier möchten wir nur darauf hinweisen, daß die Schreibweise von String-Konstanten derjenigen für die Zeichenketten entspricht. D.h. eine Konstante, die eine Zeichenkette enthält, wird immer mit Hochkommata eingeschlossen:

'dies-ist-eine-STRING-Konstante'

4.3.3 Ausdrücke

In diesem Abschnitt geht es um die Frage, wie man innerhalb eines Programms Werte erzeugen kann, um sie dann an Datenobjekte zuzuweisen oder auf andere Weise mit ihnen zu arbeiten.

Ein Ausdruck besteht aus Operatoren, Operanden (Konstanten, Variablen, Funktionsaufrufen) und runden Klammern und erzeugt immer **einen** neuen Wert.

Beispiel: Der Ausdruck 5+2 besteht aus folgenden Bestandteilen:

- Operanden   :   5, 2
- Operation   :   Addition
- Operator   :   +
- neuer Wert   :   7

Wir gehen nun auf die einzelnen Bestandteile näher ein:

Operanden

Als Operanden werden alle „passiven" Bestandteile der Ausdrücke bezeichnet. Dazu gehören beispielsweise

- Konstanten,
- Variablen und
- Funktionsaufrufe.

Da die Behandlung von Konstanten und Variablen schon im Abschnitt 4.3.2 erläutert wurde, soll hier nur noch auf die Funktionsaufrufe näher eingegangen werden.

Eine **Funktion** ist eine **Operation, die aus beliebig vielen Werten, die ihr übergeben werden, nach einer bestimmten Vorschrift genau einen Wert ermittelt.**

Pascal bietet uns eine ganze Reihe schon vordefinierter Funktionen zur Verwendung an. Außerdem haben wir die Möglichkeit, eigene Funktionen zu definieren. Darauf werden wir in Kapitel 9 noch näher eingehen.

Der Aufruf einer Funktion (ob vor- oder selbstdefiniert) ist jedoch immer derselbe.

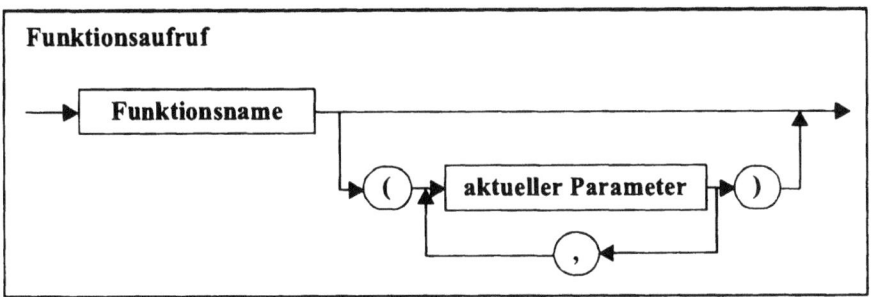

Nach dem Funktionsnamen werden in runden Klammern die aktuellen Parameter
oder auch Argumente übergeben.

Beispiele für Funktionen, die auf numerische Werte angewendet werden:

Funktionsauf-ruf	Wirkung	Bemerkungen
sin (x)	Berechnet den Sinus von x.	x darf jeden numerischen Datentyp haben, das Ergebnis ist vom Typ real.
cos (x)	Berechnet den Cosinus von x.	- " -
arctan (x)	Berechnet den Arcustangens von x.	- " -
sqrt (x)	Berechnet $\sqrt{x}$ für $x \geq 0$.	- " -
exp (x)	Berechnet e^x.	- " -
ln (x)	Berechnet ln von x für $x > 0$.	- " -
int (x)	Schneidet die Nachkommastellen von x ab.	- " -
sqr (x)	Berechnet x^2.	x darf jeden numerischen Datentyp haben, das Ergebnis hat denselben Typ wie das übergebene Argument.
abs (x)	Berechnet $|x|$.	- " -
trunc (x)	Schneidet die Nachkommastellen von x ab.	x darf jeden numerischen Datentyp haben, das Ergebnis ist vom Integer-Typ.
round (x)	Rundet x.	- " -
odd (x)	Prüft, ob x eine ungerade oder eine gerade Zahl ist.	x muß ein Integer-Typ sein, das Ergebnis ist vom Typ boolean: true, falls x ungerade, false, falls x gerade.

Als Argumente (Parameter) eines Funktionsaufrufs können wieder beliebige Ausdrücke vorkommen, also auch Operationen oder weitere Funktionsaufrufe. Funktionsaufrufe lassen sich also schachteln:

```
x := sqrt (x+z);
```

$$x = \sqrt{x + z}$$

```
y := sqrt(sqrt(x)+sqr(y));
```

$$y = \sqrt{\sqrt{x} + y^2}$$

Operatoren

Operatoren verknüpfen in einem Ausdruck die Operanden miteinander und ermöglichen es uns auf diese Weise, neue Werte zu erzeugen. Es werden drei Arten von Operatoren unterschieden:

- arithmetische Operatoren
- logische Operatoren
- Vergleichsoperatoren

Die **arithmetischen Operatoren** werden auf jeweils zwei numerische Operanden angewendet und dienen zur Durchführung der vier Grundrechenarten.

Operatoren		Mögliche Datentypen		
Zeichen	Name der Operation	1. Operand	2. Operand	Ergebnis
+	Addition	integer	integer	integer
-	Subtraktion	integer	real	real
*	Multiplikation	real	integer	real
/	Division (Ergebnis immer real!)	real	real	real
DIV	ganzzahlige Division ohne Rest: `i DIV j = trunc(i/j)`	integer	integer	integer
MOD	Modularoperation, Rest bei ganzzahliger Division: `i MOD j = i-(j*(i DIV j))`	integer	integer	integer

Einige **Beispiele** zu den Operationen DIV und MOD:

Ausdruck	Ergebnis
17 DIV 5	3
17 MOD 5	2
3 DIV 4	0
3 MOD 4	3
-20 DIV 7	-2
-20 MOD 7	-6

Bei der Arbeit mit Operatoren ist es wichtig, korrekte Datentypen für die Operanden und das jeweilige Ergebnis zu verwenden. Dazu ein Beispiel:

```
VAR  i,i1,i2 : integer;
     r,r1,r2 : real;
```

Zulässige Wertzuweisungen:

```
i := i1 + i2;
r := r1 / i2;
i := i1 MOD i2;
i := i1 DIV trunc(r);
r := i1 * i2;
```

Unzulässige Wertzuweisungen:

```
i1 := i2 - r1;
i := r1 DIV i1;
```

Die zweite Art der Operatoren, die **logischen Operatoren,** werden auf Variable, Konstanten oder Ausdrücke vom Typ boolean angewendet.

Die wichtigsten logischen Operatoren sind NOT, OR, AND und XOR. Ihr Ergebnis wird nach den Regeln der booleschen Algebra ermittelt und ist wie die zu verwendenden Operanden vom Typ boolean.

Der Operator NOT bewirkt die Negation des übergebenen Operanden.

VAR b : boolean	
Wert von b	Wert von NOT(b)
false	true
true	false

Der Operator AND steht im Sinne der booleschen Algebra für die Konjunktion (UND), der Operator OR für die Disjunktion (ODER) und der Operator XOR für die Antivalenz (ENTWEDER ODER).

VAR b1, b2: boolean				
Wert von b1	Wert von b2	Wert von b1 OR b2	Wert von b1 AND b2	Wert von b1 XOR b2
false	false	false	false	false
false	true	true	false	true
true	false	true	false	true
true	true	true	true	false

Beispiel:

```
VAR b,b1,b2 : boolean
....
b1 := b AND b;          der Ausdruck liefert den Wert von b
b2 := b OR NOT(b);      der Ausdruck liefert den Wert true
```

Die dritte Gruppe der Operatoren sind **Vergleichsoperatoren**, die es ermöglichen, zwei Ausdrücke miteinander zu vergleichen:

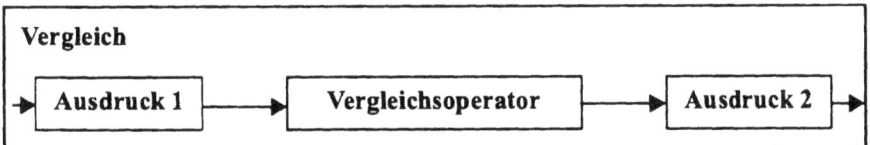

Das **Ergebnis eines Vergleichs** ist immer eine **boolesche Größe** (d.h. entweder wahr oder falsch). Die Ausdrücke, die miteinander verglichen werden, müssen vom **gleichen Datentyp** sein. Von dieser Regel gibt es die Ausnahme, daß Integer- und Real-Größen miteinander verglichen werden dürfen, da beide Datentypen numerische Werte enthalten.

Operatoren in Pascal-Schreibweise	Bedeutung
=, < >	gleich, ungleich
<, >	kleiner, größer
<=, >=	kleiner gleich, größer gleich

Anwendungsbeispiele:

* VAR   gleich, ungleich: boolean;
    r1, r2 : <beliebiger Datentyp>;
    . . .

    gleich := r1 = r2; gleich hat den Wert true, wenn r1 und r2 den-
                                              selben Wert haben, sonst den Wert
                                              false.

    ungleich := r1 <> r2; ungleich hat den Wert true, wenn r1 und
                                              r2 verschiedene Werte haben, sonst den
                                              Wert false.

* VAR p : integer;
    . . .
    IF (p >= 15) AND (p <= 20)
       THEN WriteLn ('Klausurenzulassung');

Der Ausdruck zwischen IF und THEN hat den Wert true, wenn die beiden
Vergleichsoperationen in den Klammern das Ergebnis true liefern:

Wert von p	Ergebnis des ersten Vergleichs	Ergebnis des zweiten Vergleichs	Ergebnis des ge-samten Ausdrucks
10	false	true	false
17	true	true	true
22	true	false	false

Für den Einsatz von Ausdrücken ist es wichtig zu wissen, nach welchen **Vorrangs-regeln**, das heißt in welcher Reihenfolge, Ausdrücke abgearbeitet werden:

1. Zuerst wird die Operation NOT ausgeführt.
2. Die Multiplikationsoperatoren: *, /, DIV, MOD und AND.
3. Die Additionsoperatoren: +, - und OR
4. Die Vergleichsoperatoren: =, <>, <, >, <=, >=.
5. Operatoren der gleichen Art werden von links nach rechts ausgeführt.
6. Operatoren im Innern von Klammern werden vor denen außerhalb ausgewertet.

Dazu noch einige Beispiele:

VAR i, i1, i2 : integer;
    r1, r2 : real;
    b1 : boolean;

```
i1 := (i1 MOD i2)  + 10;        Hier sind die Klammern überflüssig.
r1 := (r2/r1) * i;              Hier sind die Klammern überflüssig.
b1 := (i1 = i2) OR (r1 = r2);   Hier sind die Klammern notwendig.
```

4.4 Programmstruktur

4.4.1 Programmaufbau

Ein Programm ist das allgemeinste Nichtterminalsymbol in der Grammatik der Programmiersprache Pascal, also das Startsymbol (vgl. das Kapitel 4.1.1), von dem alle anderen Programmelemente abgeleitet werden können.

Der Aufbau eines Programms in Turbo-Pascal ist formal wie folgt definiert:

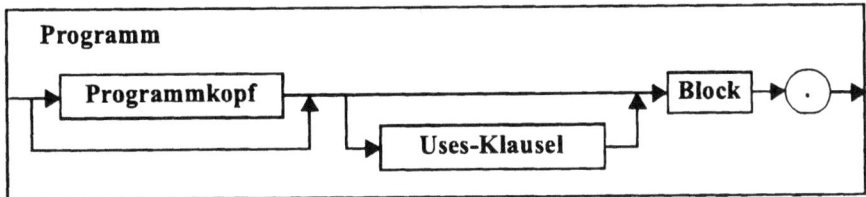

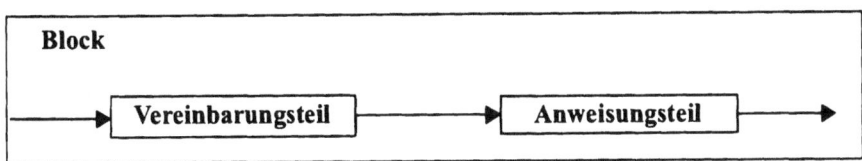

Nach dieser Regel besteht ein Pascal-Programm also mindestens aus zwei Teilen: Vereinbarungs- und Anweisungsteil, wobei der Vereinbarungsteil auch leer sein kann. Abgeschlossen wird es mit einem Punkt. Meistens enthält ein Programm zu Beginn außerdem einen Programmkopf, und sehr oft wird auch die Uses-Klausel verwendet.

4.4.2 Programmkopf

Der Programmkopf dient einem Programm sozusagen als Überschrift und wird nach der folgenden Regel gebildet:

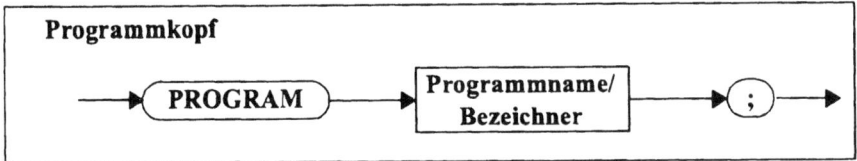

Auf das reservierte Wort PROGRAM folgt also ein Bezeichner, der dem Programm einen Namen gibt und im Programm nicht mehr für etwas anderes verwendet werden darf. Der Programmname muß den allgemeinen Regeln für Bezeichner entsprechen. Nach dem Syntaxdiagramm für ein Programm kann der Programmkopf auch ersatzlos entfallen. Wir verwenden ihn in unseren Programmen aber durchgehend, um den Programmanfang jeweils deutlich zu kennzeichnen.

4.4.3   Uses-Klausel

Auf den Programmkopf kann in Turbo-Pascal eine Uses-Klausel folgen, die die folgende Form hat:

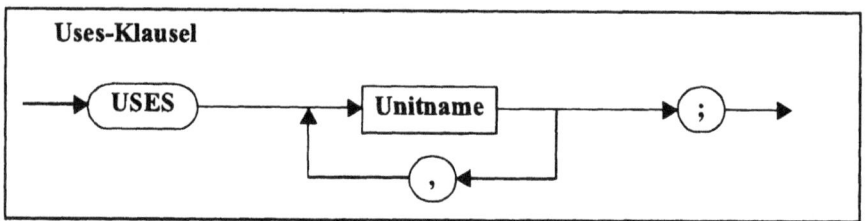

Diese Klausel dient zum Aufruf einer oder mehrerer Units. Units sind eine Spezialität von Turbo-Pascal und enthalten eine Sammlung von Befehlen, die nicht zum Standard-Befehlsumfang von Turbo-Pascal gehören. Da diese Befehle schon vorcompiliert sind, beschleunigt die Verwendung von Units den Übersetzungsvorgang.

Sie können eine Unit selbst definieren oder aber auf schon vordefinierte Units zurückgreifen, die im Software-Paket von Turbo-Pascal mitgeliefert werden.

Die Prozedur ClrScr beispielsweise dient dazu, den Bildschirm zu löschen (Clear Screen) und ist nicht im normalen Befehlsumfang von Turbo-Pascal, sondern in der mitgelieferten Unit Crt enthalten. Um also in einem Programm den Befehl ClrScr verwenden zu können, muß die USES-Klausel USES Crt; nach dem Programmkopf eingefügt werden.

4.4.4   Vereinbarungsteil

Der Vereinbarungsteil dient dazu, alle Elemente, die in einem Programm verwendet werden sollen, zu vereinbaren (anzumelden, zu deklarieren). Damit hat er eine ähnliche Funktion wie die Zutatenliste in einem Kochrezept. Bisher wurden zwei Typen von Elementen angesprochen: Konstanten und Variablen, die wir im folgenden etwas näher betrachten wollen.

Mit der Vereinbarung von Elementen, wie zum Beispiel Variablen und Konstanten, wird erreicht, daß bei der Übersetzung des Programms vom Compiler Speicherplatz für ihre Verwendung reserviert wird.

Außer Konstanten und Variablen kann es in einem Pascal-Programm noch weitere
Größen geben, die vor ihrer Verwendung im Vereinbarungsteil angemeldet werden
müssen. Wir werden davon im Verlaufe dieses Buches die Vereinbarung selbstdefinierter Datentypen sowie die Vereinbarung von Prozeduren und Funktionen besprechen.

Statt vom Vereinbarungsteil spricht man auch oft vom Deklarationsteil eines Programms.

Konstantendefinitionsteil

Der Konstantendefinitionsteil gehört zum Vereinbarungsteil und dient dazu, feste
Größen zu definieren, das heißt Größen, deren Wert für jeden Programmaufruf kon-
stant ist.

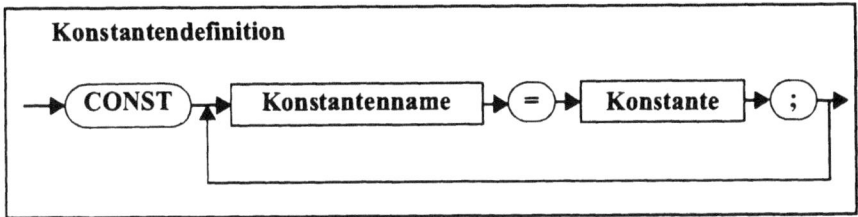

Das reservierte Wort CONST leitet den Konstantendeklarationsteil ein. Die Definition einer Konstanten selbst erfolgt dann durch die Angabe ihres Namens und ihres
Wertes nach einem Gleichheitszeichen (=). Der Abschluß erfolgt durch ein Semikolon (;).

Eine Konstante wird nach dem folgenden Schema gebildet:

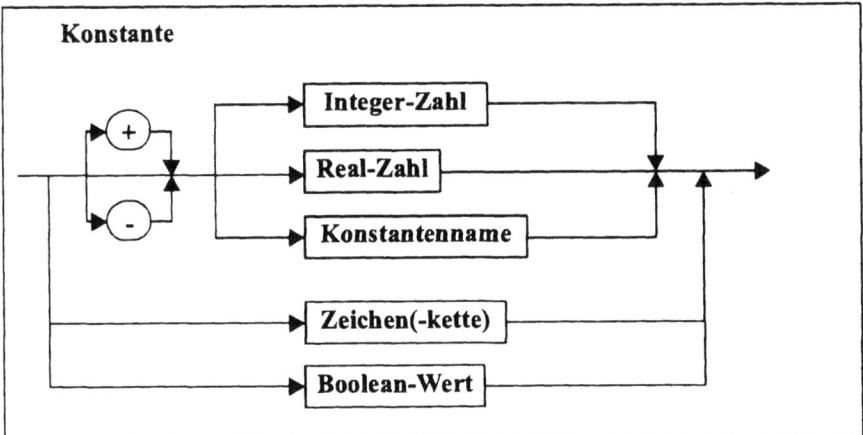

Als Konstante können also ganze Zahlen oder real-Zahlen (mit und ohne Vorzeichen), Zeichen, Zeichenketten oder Werte vom Typ `boolean` verwendet werden. Der Compiler erkennt jeweils selbständig, von welchem Datentyp die jeweiligen Konstanten sind.

Beispiele:

CONST (Konstantenvereinbarung)	resultierender Datentyp
`Min = 0; Max = 100;`	`byte`
`MwStsatz = 0.16;`	`real`
`alpha = 'A';`	`char`
`oben = 40000; unten = -oben;`	`longint`
`ok = true; notok = false;`	`boolean`
`Message = 'Diese Eingabe war falsch!';`	`STRING`

Es ist also auch möglich, einen Konstantennamen auf der rechten Seite des Gleichheitszeichens zu verwenden. Dies ist jedoch nur dann erlaubt, wenn die Konstante schon zuvor links vereinbart wurde.

Der Wert der Konstanten darf im Programm nicht verändert werden.

Eigentlich braucht man den Konstantendefinitionsteil nicht, er erleichtert aber das Lesen und Ändern insbesondere von großen Programmen.

Variablenvereinbarungsteil

In nahezu allen Programmen werden Objekte benötigt, deren Werte sich während der Programmausführung ändern. Solche Objekte nennt man Variablen. Vor ihrer Verwendung im Programm muß man sie dem Compiler anmelden.

Dies geschieht im Variablenvereinbarungsteil, der mit dem reservierten Wort VAR beginnt.

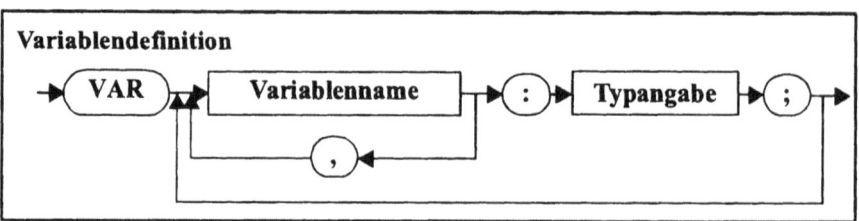

Jede Variable erhält einen eindeutigen Namen. Außerdem muß man ihren Datentyp angeben, also den Bereich, aus dem sie später zulässige Werte annehmen wird. Die Variablenvereinbarung veranlaßt Pascal, einen Speicherplatz für die Variable zu reservieren und sich ihren Namen zu merken.

Beispiele:

```
VAR  Eingabe, Wurzel : real;
     ErsteZahl, ZweiteZahl, nettobetrag: integer;
     fertig : boolean;
     Buchstabe : char;
     ausgabe, ergebnis: real;
```

Als Typangabe dürfen alle bisher behandelten Standarddatentypen verwendet werden. Später werden wir noch weitere vordefinierten Datentypen vorstellen und auch erklären, wie man selbst Datentypen definieren kann.

Wichtig: Mit der Vereinbarung werden die Variablen lediglich angemeldet, und ihnen wird ein Platz im Speicher zugewiesen. Der Wert der Variablen ist jedoch zunächst undefiniert und beliebig.

4.4.5 Anweisungsteil

Im Anweisungsteil stehen die eigentlichen Befehle, die ein Programm für uns ausführen soll. Die Befehle werden Anweisungen genannt.

Der Anweisungsteil beginnt mit dem reservierten Wort BEGIN, enthält weiterhin eine beliebige Anzahl von Anweisungen, die jeweils durch ein Semikolon (;) getrennt werden und endet mit dem reservierten Wort END.

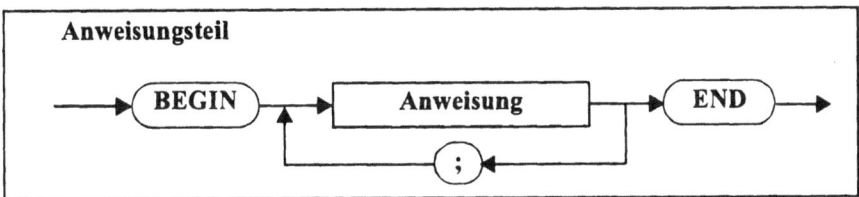

Die Ausführung des Programms beginnt immer mit der ersten Anweisung nach BE-GIN. Die einzelnen Anweisungen werden normalerweise streng der Reihenfolge nach abgearbeitet, in der sie im Quelltext aufgeführt sind. Die Ausführung endet mit der letzten Anweisung vor END. Das Ende des Programms wird dem Übersetzer durch einen Punkt signalisiert, der auf das END folgt.

Arten von Anweisungen

Die wichtigsten Anweisungsarten lassen sich folgendermaßen einteilen:

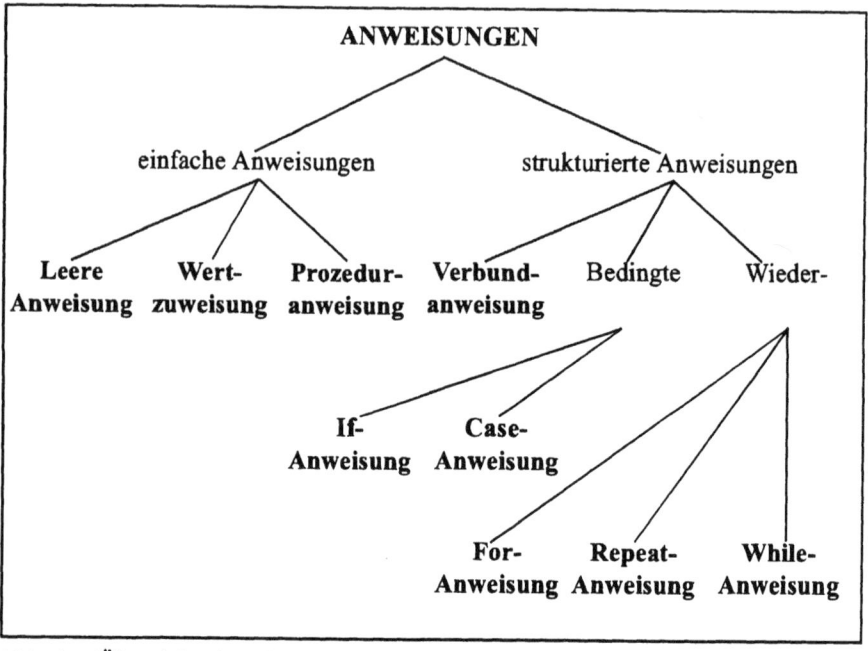

Abb. 9: Übersicht über die Anweisungen in Pascal

Bevor wir in den folgenden Kapiteln auf diese Anweisungen im einzelnen eingehen werden, sollen im anschließenden Abschnitt einige Bemerkungen zum Programmierstil gemacht werden.

4.5 Programmierstil

Wenn zehn Programmierer dasselbe kleine Problem programmieren, werden in der Regel alle Quellcodes unterschiedlich aussehen. Das liegt an dem jeweils individuellen Programmierstil. Zum Programmierstil gehören die Formatierung der Anweisungen, die Länge und Aussagekraft der Bezeichner, die Verwendung von Groß- und Kleinschreibung und Kommentaren sowie insbesondere auch die Art des Programmaufbaus.

Die Lesbarkeit und Verständlichkeit eines Programms hängt zu einem großen Teil vom Programmierstil ab. Je übersichtlicher ein Programm gestaltet wird und je einheitlicher der Programmierstil verschiedener Programmierer ist, desto einfacher ist es, beim Lesen eigener und fremder Programme diese nachvollziehen zu können.

Damit werden auch das Fehlersuchen, Warten und Anpassen der Programme erleichtert.

Daher sollten Sie beim Programmieren folgende „Stil-" Regeln beachten:

1. **Optische Trennung** der Programmbausteine:
   Die einzelnen Programmbausteine Reihung, Auswahl und Wiederholung sowie auch Vereinbarungsteil und Anweisungsteil eines Programms sollten durch Leerzeilen deutlich optisch voneinander getrennt werden.

   Ähnliches gilt auch für verschachtelte Anweisungen und Verbundanweisungen. Diese sind um zwei bis drei Spalten einzurücken.

   Lassen Sie Anfang und Ende von Verbundanweisungen (z.B. durch BEGIN und END oder REPEAT und UNTIL gekennzeichnet) jeweils in derselben Spalte beginnen und rücken Sie die dazwischen liegenden Anweisungen um zwei oder drei Spalten nach rechts ein.

2. Verwenden von **Großbuchstaben**:
   Es erleichtert die Lesbarkeit von Programmen sehr, wenn die reservierten Wörter durchgehend in Großbuchstaben geschrieben werden. Als Kontrast dazu sollten Bezeichner auch aus Kleinbuchstaben bestehen.

3. Gebrauch von „**sprechenden**" Namen:
   Geben Sie den Bezeichnern sinnvolle „sprechende" Namen, d.h. schreiben Sie die Namen aus. Dann müssen Sie beim Lesen Ihres Programms nicht rätseln, wofür ein Bezeichner steht. Nennen Sie z.B. eine Variable lieber nettobetrag als nb oder x.

4. Einsatz von **Konstanten**:
   Setzen Sie nach Möglichkeit Konstanten ein. Es ist einfacher, diese nur einmalig im Vereinbarungsteil zu definieren, als einer Variablen im Programm unter Umständen mehrmals denselben Wert zuweisen zu müssen.

5. Strukturierung nach dem **EVA-Prinzip**:
   Trennen Sie im Anweisungsteil ihrer Programme soweit möglich die Dateneingabe, -verarbeitung und -ausgabe.

6. Anbringen von **Kommentaren**:
   Setzen Sie Kommentare da ein, wo diese zur leichteren Verständlichkeit des Programms beitragen. So sollte beispielsweise im Programmkopf ein Hinweis auf den Zweck des Programms erscheinen, und die Aufgaben der einzelnen Programmteile sollten an den jeweiligen Stellen erläutert werden.

7. **Benutzerfreundlich** programmieren:
   Wichtig ist, daß das Programm für den Benutzer leicht zu verstehen und zu bedienen ist. Das wird z.B. dadurch erreicht, daß der Benutzer jeweils durch einen erläuternden Text zur Dateneingabe aufgefordert wird und daß die Datenausgabe übersichtlich gestaltet ist. Zur Kontrolle der Eingabewerte sollten diese

wieder mit dem Ergebnis ausgegeben werden. Ausgenommen sind davon natürlich große Datenpakete, die einem Programm übergeben werden.

Es ist in der Regel sinnvoll, daß ein einführender Text dem Benutzer den Programmzweck erklärt.

4.6 Kontrollfragen

1. Welche der folgenden Bezeichner/Namen sind gültig, welche sind ungültig? Begründen Sie Ihre Entscheidung kurz.

   a) `drei-fach` c) `Müsli` e) `TURBO` g) `2seitig` i) `integer`
   b) `ENDE`   d) `string` f) `WRITE` h) `end`   j) `'hallo'`

2. Können die folgenden Werte einer Konstanten zugeordnet werden? Wenn ja, welchen Datentyp hat die Konstante?

   a) `'const'` c) `-34.5` e) `0.31E+2` g) `VAR`   i) `111+222`
   b) `false`   d) `a`   f) `35`   h) `-35,000` j) `'true'`

3. Welche Werte nehmen die folgenden Ausdrücke an?

   a) `NOT odd(sqr(2))`   b) `abs(-17 DIV 3)`
   c) `trunc(10 MOD 3 / 2)`   d) `odd(1) AND odd(sqr(2))`
   e) `round (10 DIV 3 / 2)`   f) `abs(11 MOD -4)`
   g) `sqr(sqrt(9 DIV 2) * 3)` h) `x OR NOT(x) > x AND NOT(x)`

4. Wie lassen sich die wichtigsten vordefinierten Datentypen strukturieren?

5. Was sind Schlüsselwörter (reservierte Wörter)? Nennen Sie Ihnen bekannte Schlüsselwörter und deren Zweck.

5 Einfache Anweisungen

5.1 Leere Anweisung

Die leere Anweisung besteht aus nichts und bewirkt auch nichts.

Sie existiert nur aus syntaktischen Gründen, damit an Stellen, an denen die Syntax eine Anweisung verlangt, auch einmal keine stehen kann. Da zwei Anweisungen jeweils durch ein Semikolon von einander getrennt werden, können also mehrere Strichpunkte nacheinander stehen und so eine leere Anweisung einfassen, ohne daß es zu einer Fehlermeldung kommt:

; ;

Da ein Semikolon eine Anweisung nicht beendet, sondern von der folgenden nur trennt, muß nach einer Anweisung, auf die keine weitere mehr folgt, auch kein Semikolon geschrieben werden. Dies ist beispielsweise nach der letzten Anweisung vor einem END der Fall, da END alleine keine Anweisung ist. Wenn hier trotzdem ein Semikolon eingefügt wird, interpretiert der Compiler das so, als wäre die leere Anweisung die letzte Anweisung vor dem END. Deshalb meldet er keinen Fehler.

5.2 Wertzuweisung

Die Wertzuweisung ist eine sehr wichtige Anweisung in der Programmiersprache. Sie veranlaßt, daß Ausdrücke ausgewertet werden und das Ergebnis dieser Auswertung einer Variablen zugewiesen wird.

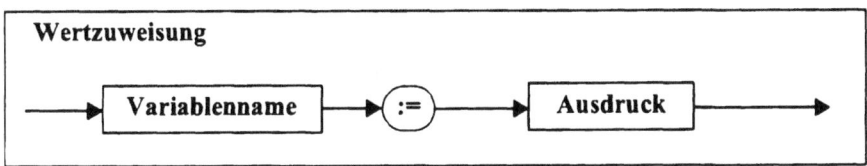

Auf diese Weise erhält die Variable auf der linken Seite der Wertzuweisung (d.h. links vom Wertzuweisungsoperator : =) den Wert des Ausdrucks auf der rechten Seite. Der Wert, den die Variable vor der Wertzuweisung hatte, wird überschrieben und geht verloren.

Zu beachten ist, daß die Variable auf der linken und der Ausdruck auf der rechten
Seite des Wertzuweisungsoperators denselben Datentyp haben müssen. „Links
real, rechts integer" ist allerdings erlaubt.

Beispiele:

- VAR   Mietpreis : real; Tage : integer;
  ...
  Mietpreis := Tage * 20;

- VAR   Zahl, Quadrat : Real;
  ...
  Quadrat := sqr(Zahl);
  { sqr ist als Funktion vordefiniert und berechnet das Quadrat von zahl}

- VAR   i,j : integer;
           x,y : real;
           a,b : char;
           p,q : boolean;

  Korrekte Wertzuweisungen:
      i := 20;
      j := 3;
      j := round(x/2);
      p := true;
      p := i < 100;
              {i<100 ist ein Ausdruck vom Typ boolean}
      q := false;
      q := odd(j + i DIV 5);
      a := '%';
      x := i + j MOD 7;
      y := 275.345;

  Nicht zugelassene Wertzuweisungen:
      i := 1.2345;
      j := x/2;
      b := 'mehr als ein Zeichen';
      a := %;

5.3 Prozeduranweisung

Eine Prozedur ist eine Anzahl von Anweisungen, welche unter einem eigenen Namen, dem Prozedurnamen, zusammengefaßt sind. Es ist möglich, eigene Prozeduren zu definieren. Näheres dazu finden Sie in Kapitel 9.

Außerdem haben Sie die Möglichkeit, vordefinierte Prozeduren ausführen zu lassen, indem Sie eine „aufrufen":

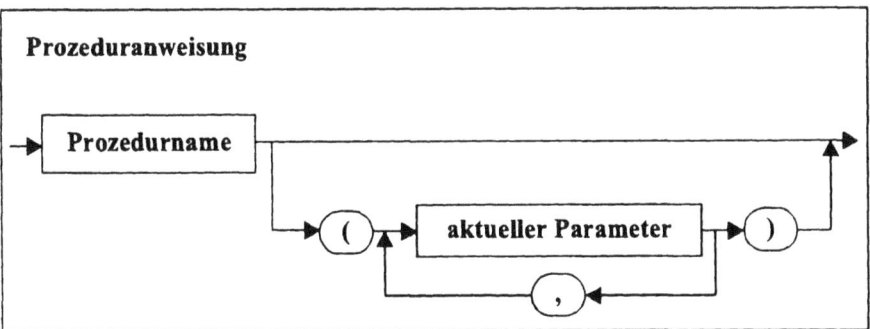

Dazu werden der Name der Prozedur und in runden Klammern die aktuellen Parameter angegeben, die jeweils durch Komma von einander getrennt werden. Aktuelle Parameter sind zusätzliche Informationen, die von einer Prozedur bei ihrem Aufruf verlangt werden können. In ihrer Gesamtheit werden sie Aktualparameterliste genannt.

In unserem ersten Programm wurden schon zwei vordefinierte Prozeduren aufgerufen: Die Anweisungen ReadLn und WriteLn sind Aufrufe von in Pascal vordefinierten Prozeduren zur Eingabe und Ausgabe von Daten oder Text.

5.3.1 Standardprozeduren zur Ausgabe

Mit Hilfe der beiden Standardprozeduren Write und WriteLn lassen sich Texte und Variableninhalte auf dem Bildschirm und auf anderen Ausgabegeräten wie z.B. dem Drucker ausgeben. Sie werden folgendermaßen aufgerufen:

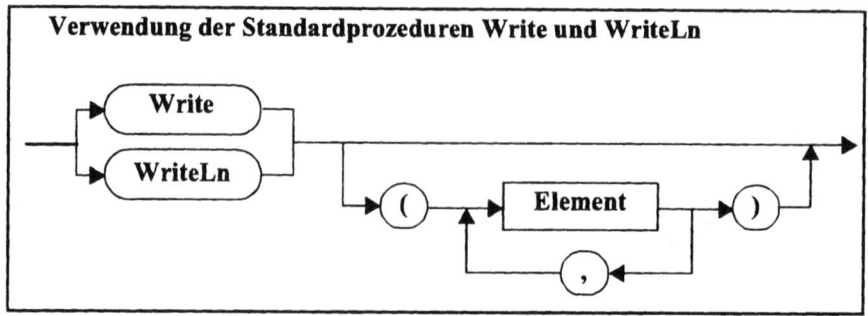

Als Elemente (Parameter) können Variablen oder Konstanten vom Typ integer, real, boolean, char oder STRING (= Zeichenkette) angegeben werden.

- Element: **Zeichenkette**

  Write ('Hallo! Dies ist eine Zeichenkette');

  Hier wird die durch die Hochkommata markierte Zeichenkette auf dem Bildschirm ausgegeben.

- Element: **Variable oder Konstante**

  Write (a);

  Schreibt den aktuellen Inhalt (=Wert) der Variablen oder Konstanten auf den Bildschirm. Dabei können die Variablen oder Konstanten alle bisher besprochenen Datentypen haben.

- **Ausgabe mehrerer Elemente**

  Write ('Inhalt der Variablen x: ',x);

  Hier werden zwei Elemente ausgegeben: eine Zeichenkette und der Inhalt einer Größe x. Die beiden Elemente werden durch ein Komma getrennt.

Formatierung der Bildschirmausgabe

Normalerweise beginnt die Ausgabe von Text, Variablen- oder Konstanteninhalten an der aktuellen Cursorposition. Als Cursor wird der blinkende Unterstrich bezeichnet, der auf dem Bildschirm die Stelle markiert, an der momentan Text ausgegeben wird oder vom Benutzer Eingaben gemacht werden können.

Die obigen Write-Beispiele erzeugen Bildschirmausgaben, die ab der aktuellen Cursorposition nach rechts erfolgen, also links bündig sind. Außerdem sorgen sie dafür, daß Variablen und Konstanten in ihrer standardmäßigen Form ausgegeben werden. Sie haben jedoch die Möglichkeit, beides zu ändern und die Ausgabe am Bildschirm in Ihrem Sinne aktiv zu gestalten, zu formatieren:

- **Rechtsbündige Ausgabe**
  Um die Ausgabe von Zeichenketten oder Inhalten beliebiger Variablen oder
  Konstanten rechtsbündig zu gestalten, geben Sie nach dem Element einen Dop-
  pelpunkt gefolgt von einer positiven ganzen Zahl an. Die Zahl bestimmt die
  Breite des Bildschirmfeldes, in das die Ausgabe rechtsbündig erfolgt.

  ```
  Write (a:20);
  ```
  Diese Anweisung bewirkt, daß der Inhalt der Variablen oder Konstanten a auf
  dem Bildschirm in einem Feld von 20 Zeichen rechtsbündig ausgegeben wird.

  Reicht die für die Ausgabe reservierte Zeichenzahl nicht aus, wird die Ausgabe
  so weit nach rechts verschoben, bis der gesamte Inhalt ausgegeben werden
  kann.

- **Ausgabe von Real-Größen**
  Real-Größen werden standardmäßig in Fließkommaschreibweise ausgegeben,
  einer Darstellungsform, die schwer zu lesen ist. Um dies zu umgehen, kann die
  Bildschirmausgabe noch auf eine zweite Art formatiert werden: Nach dem Ele-
  mentnamen geben Sie nach einem ersten Doppelpunkt wie oben die Anzahl der
  Zeichen an, die für die Ausgabe der Real-Größe reserviert werden sollen.
  Zusätzlich bestimmen Sie nach einem zweiten Doppelpunkt, wieviele Stellen
  nach dem Komma ausgegeben werden sollen.

  ```
  Write ('Betrag: ',x:20:2,' EUR');
  ```
  Diese Anweisung bewirkt, daß der Inhalt der Größe x in einem Feld von 20
  Zeichen inklusive Komma rechtsbündig ausgegeben wird. Von diesen 20 Zei-
  chen sind zwei für die Nachkommastellen reserviert.

Statt **Write** hätten wir auch jedesmal **WriteLn** (= write line) schreiben können.
Der Unterschied ist folgender: Bei der Verwendung von Write bleibt der Cursor
direkt nach dem ausgegebenen Text stehen. Bei der Verwendung von WriteLn
springt er nach der Ausgabe an den Anfang der nächsten Bildschirmzeile.

WriteLn, ohne Parameter aufgerufen, erzeugt eine Leerzeile auf dem Bildschirm.

Bildschirmsteuerung

Manchmal kann es sinnvoll sein, Text an einer ganz bestimmten Stelle des Bild-
schirms auszugeben. Dazu gibt es in Turbo-Pascal einen Befehl, der es erlaubt, den
Cursor direkt an jede beliebige Stelle zu steuern:

```
gotoxy (x,y)
```
Dabei müssen die Argumente x und y zwei Werte vom Typ byte sein. Dieser
Befehl ist in der Standardunit Crt enthalten.

Der Bildschirm besteht bei der Ausgabe von Textzeichen aus 80 Spalten und 25 Zeilen. Beim Aufruf von gotoxy gibt das übergebene Argument **x** die **Spalte** und das **y** die **Zeile** an, auf denen der Cursor positioniert wird

gotoxy (1,1)	positioniert den Cursor in die obere linke Bildschirmecke.
gotoxy (10,20)	positioniert den Cursor in die 10. Spalte und 20. Zeile des Bildschirms
gotoxy (40,30)	bewegt den Cursor nicht, da ein ungültiger Wert angegeben wurde.

In diesem Zusammenhang ist es nützlich, auch die beiden Funktionen wherex und wherey zu kennen, die die momentane Position des Cursors als Funktionsergebnis zurückliefern. wherex liefert die Spaltenposition, wherey die Zeilenposition. Wurde der Cursor mit der Anweisung ClrScr in die obere linke Bildschirmecke positioniert, dann liefert

wherex	den Wert 1 (Spalte).
wherey	den Wert 1 (Zeile).

Der gotoxy-Anweisung können als Argumente alle Ausdrücke übergeben werden, welche als Ergebnis eine byte-Zahl liefern. Sie können an dieser Stelle also auch Funktionsaufrufe einsetzen. Nach der Anweisung gotoxy (20,10) positioniert

gotoxy (20, wherex+2) den Cursor in Spalte 20 und Zeile 10 + 2 = 12,
gotoxy (wherey-5, 17) den Cursor in Spalte 20 - 5 = 15 und Zeile 17.

Nach dem Aufruf von gotoxy läßt sich an der neuen Cursor-Position mit Write oder WriteLn Text ausgegeben und so eine beliebige Bildschirmausgabe gestalten.

5.3.2 Standardprozeduren zur Dateneingabe

Die beiden Standardprozeduren Read und ReadLn (read line) dienen zur Dateneingabe über die Tastatur oder Speichermedien wie etwa eine Diskette. Ihr Aufruf
gestaltet sich folgendermaßen:

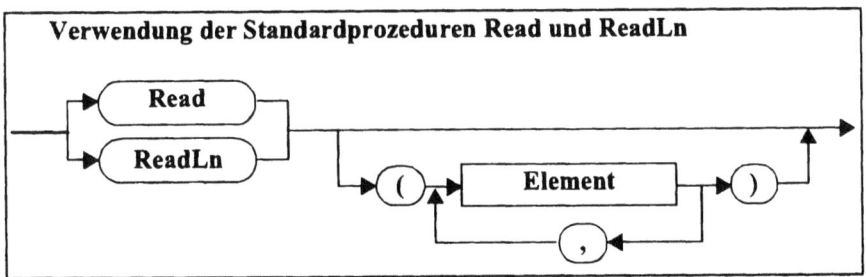

Read und ReadLn fordern jeweils eine Eingabe an, die vom Benutzer beispielsweise über die Tastatur getätigt werden kann und weisen die Eingabe nach einer
Formatprüfung dem oder den Elementen zu.

Bei den Elementen handelt es sich in der Regel um Variablen. Diese können beliebige Datentypen haben (integer, real, char, boolean, STRING). Die Eingabe muß zum Typ der Variablen passen, sonst wird die Programmausführung
abgebrochen.

Read und ReadLn haben grundsätzlich dieselbe Wirkung, es gibt jedoch einen
Unterschied, der bei Nichtbeachtung manchmal zu verblüffenden Ergebnissen führen kann:

* ReadLn erwartet zum Abschluß der Eingabe die Betätigung der Enter-Taste.
  Werden mehr Elemente eingegeben als erlaubt (z.B. mehrere Zeichen zur Über-
  gabe an eine Variable vom Typ char), dann werden die überzähligen Elemente
  einfach ignoriert.

  Wird Readln ohne die Angabe von Elementen benutzt, „wartet" das Programm solange, bis der Benutzer die Enter-Taste betätigt. Damit ermöglichen
  Sie dem Benutzer eine beliebig lange Betrachtung der Bildschirmausgabe.

* Read liest immer so viele Elemente in die übergebene Variable ein, wie erlaubt
  ist (z.B. ein Zeichen pro Variable vom Typ char) und erwartet nicht zwingend
  die Betätigung der Enter-Taste zum Abschluß der Eingabe. Gibt der Benutzer
  zuviele Elemente ein, werden die überzähligen von der nächsten Read-/ReadLn-
  Anweisung bearbeitet.

Read eignet sich besonders für die Arbeit mit Textdateien, die wir im Rahmen dieses Buches jedoch nicht besprechen. Wir verwenden statt dessen bis auf wenige
Ausnahmen die Anweisung ReadLn zur Dateneingabe über die Tastatur.

Es folgen einige **Beispiele**:

* VAR x : real;
  ReadLn (x);
  Liest über die Tastatur eine Zahl ein, weist sie der Variablen x zu und erwartet
  die Enter-Taste zum Abschluß der Eingabe. Anschließend befindet sich der
  Cursor am Anfang der nächsten Bildschirmzeile.

* VAR x : real;
  Read (x);
  Gleiche Wirkung wie im vorigen Beispiel. Hier wird Enter zum Abschluß der
  Eingabe jedoch nicht zwingend erwartet. Dieser Fall wird bei der Verwendung
  von Dateien statt der Tastatur zur Dateneingabe interessant.

* VAR x, y : real; i,j : integer;
  ReadLn (x, y, i, j);
  Liest vier Zahlen ein, die vom Benutzer bei der Eingabe jeweils durch mindestens ein Leerzeichen voneinander getrennt werden müssen. Das Ende der Eingabe muß wiederum durch die Enter-Taste signalisiert werden.

5.4   Kontrollfragen und Programmieraufgaben

5.4.1 Kontrollfragen

1. Das folgende Programmfragment enthält mehrere Wertzuweisungen. Welche
   davon sind nicht zugelassen?

```
...
VAR     i, j, k : integer;      x, y, z : real;
        a, b, c : char;         p, q, r : boolean;
BEGIN
...
i := 6000;      j := i * 200;       k := round(1.5);
x := 30;        y := -q;            z := 3.1415;
a := 'Hallo';   b := 6;             c := 'a';
p := 10 > 20;   q := trunc(z)       r := 'true';
```

2. In welcher Schreibweise werden real-Größen standardmäßig ausgegeben? Welche Möglichkeiten zu ihrer Formatierung gibt es?

3. Worin besteht der Unterschied zwischen den Standardprozeduren `Write` und `WriteLn`?

5.4.2 Programmieraufgaben

1. Entwerfen Sie ein Programm zur Rechnungserstellung. Vom Benutzer soll der Nettowarenwert eingegeben werden. Das Programm berechnet die Mehrwertsteuer sowie den Bruttowarenwert und gibt alle drei Größen wieder aus.

   Tip: Um bei gelegentlichen Änderungen des Mehrwertsteuersatzes nur an einer Stelle im Programm Änderungen vornehmen zu müssen, sollte der Mehrwertsteuersatz als Konstante definiert werden.

2. Schreiben Sie ein Programm, das für ein Produkt
   - die **geplante Herstellungsmenge (m)** und
   - die **fixen Kosten der Herstellung (K_{fix})** einliest und daraus
   - die **variablen Kosten (K_{var})**,
   - die **variablen Kosten pro Stück (k_{var})**,
   - die **Gesamtkosten (K_{gesamt})** sowie
   - die **durchschnittlichen Gesamtkosten (K_d)** berechnet.

   Dabei gelten folgende Gleichungen:

   $$K_{var} = 18 \cdot m - 6 \cdot m^2 + m^3$$

   $$K_{gesamt} = K_{var} + K_{fix}$$

   $$K_d = \frac{K_{gesamt}}{m}$$

   $$k_{var} = \frac{K_{var}}{m}$$

   Tip: Eine Potenzfunktion gibt es in Turbo-Pascal nicht. Zur Quadratberechnung können Sie die Standardfunktion `sqr` verwenden: `sqr(x) -> x²`.

3. Verändern Sie obiges Programm so, daß außerdem

   • der **Gesamtgewinn** (G_{gesamt}) und
   • der **Stückgewinn** (G_{stueck}) ausgegeben werden.

Die beiden Werte lassen sich wie folgt berechnen:

$$G_{gesamt} = p \cdot m - K_{gesamt}$$

$$G_{stueck} = \frac{G_{gesamt}}{m}$$

Um diese Berechnung durchführen zu können, muß der Benutzer noch den **Marktpreis (p)** für das Produkt eingeben.

4. Schreiben Sie ein Programm zur Berechnung der optimalen Bestellmenge unter Verwendung der angegebenen Formel.

   Vom Benutzer werden folgende Angaben verlangt:

   • bestellfixe **Beschaffungskosten** je Bestellung (K_{fix}),
   • jährliche **Beschaffungsmenge** (M_{gesamt}),
   • **Einstandspreis** je Mengeneinheit (**P**),
   • **Lagerhaltungskostensatz** (K_{lager}) in %, d.h. derjenige Zinssatz, mit dem das im Lager gebundene Kapital verzinst werden muß.

   Ausgegeben werden sollen

   • die **optimale Bestellmenge** und
   • die **Anzahl der erforderlichen Bestellungen** pro Jahr (hier sind natürlich nur ganze Zahlen erlaubt).

   $$OptimaleBestellmenge = \sqrt{\frac{200 \cdot K_{fix} \cdot M_{gesamt}}{P_{stueck} \cdot K_{lager}}}$$

Tip: Zur Wurzelberechnung können Sie die Standardfunktion `sqrt` verwenden. `sqrt(x)` -> $\sqrt{x}$.

6 Strukturierte Anweisungen

6.1 Verbundanweisung

Eine Verbundanweisung faßt eine Folge von Anweisungen syntaktisch zu einer Anweisung zusammen. Dies geschieht dadurch, daß Sie diese Anweisungen mit den Schlüsselwörtern BEGIN und END „klammern". Sie liegen richtig, wenn Sie diese Beschreibung sehr an den Anweisungsteil erinnert - der **Anweisungsteil** kann auch als **Beispiel für eine Verbundanweisung** betrachtet werden.

Allerdings folgt nach dem END einer Verbundanweisung ein Semikolon (;). Ein Punkt gehört nur an eine Stelle im Programm, ganz an den Schluß!

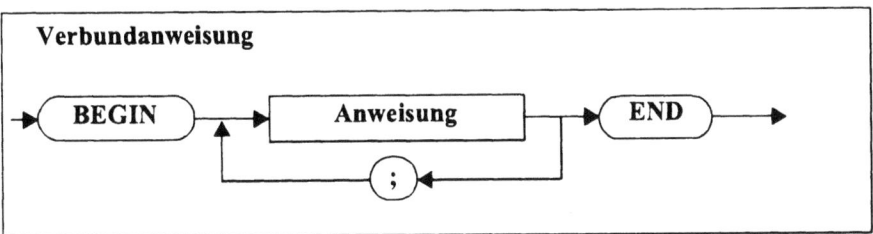

Die Verbundanweisung wird benötigt, weil an manchen Stellen eines Pascal-Programms nur die Ausführung einer einzigen Anweisung zugelassen ist. Hier kann man den Pascal-Compiler dadurch austricksen, daß man mehrere Anweisungen zu einer Verbundanweisung zusammenfaßt, die er syntaktisch als eine einzige Anweisung interpretiert.

6.2 Bedingte Anweisungen

Wird die **Ausführung einer Anweisung von einer Bedingung abhängig** gemacht, so handelt es sich um eine bedingte Anweisung. Die Ausführungsbedingung ist dabei ein boolescher Ausdruck, der die Werte true oder false annehmen kann. Hat der boolesche Ausdruck den Wert true, so wird die folgende Anweisung ausgeführt. Andernfalls wird sie übergangen.

In Pascal werden zwei Arten von bedingten Anweisungen unterschieden, die **If-Anweisung** und die **Case-Anweisung**.

6.2.1 If-Anweisung

Bei der If-Anweisung geht es darum, eine Auswahl aus zwei Alternativen zu treffen. Je nach Wert der Ausführungsbedingung (des booleschen Ausdrucks) wird entweder die eine oder die andere Anweisung ausgeführt.

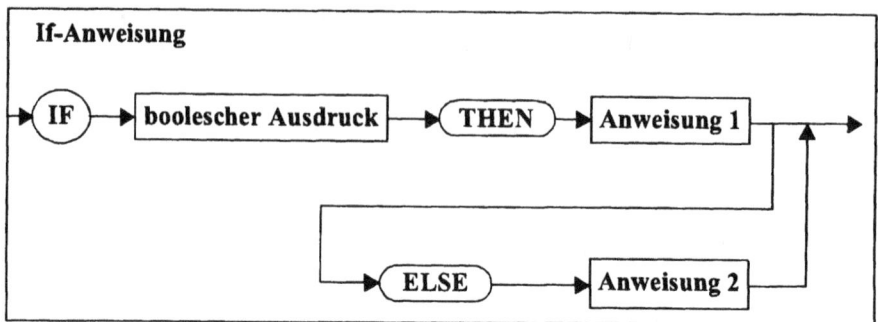

Frei übersetzt läßt sich das so formulieren:

WENN   der \<boolesche Ausdruck\> zutrifft, d.h. wahr ist,
DANN   führe \<Anweisung 1\> aus,
ANDERNFALLS   führe \<Anweisung 2\> aus.

Bei der Ausführung einer If-Anweisung prüft der Compiler, welchen Wert der boolesche Ausdruck hat.

- Hat er den Wert `true`, d.h. trifft er zu, wird die Anweisung 1 nach `THEN` ausgeführt und die Anweisung 2 nach `ELSE` übersprungen.
- Hat der Ausdruck den Wert `false`, wird die Anweisung 1 nach `THEN` übersprungen und die Anweisung 2 nach `ELSE` ausgeführt.

Beachten Sie bei der Programmierung von If-Anweisungen folgendes:

- Der Compiler versteht die If-Then-Else-Konstruktion als eine einzige Anweisung. Wie Sie dem Syntaxdiagramm entnehmen können, darf dementsprechend **direkt vor dem Wort ELSE kein Semikolon** stehen, da sonst für den Compiler die gesamte Struktur bereits nach dem Then-Teil beendet ist.
- Der **Else-Zweig ist optional**, d.h. er kann ersatzlos entfallen. In diesem Fall wird nach dem Then-Zweig ein Semikolon gesetzt. Falls der boolesche Ausdruck „wahr" ist, wird die Anweisung ausgeführt, die nach `THEN` folgt, ansonsten wird sie übersprungen und die nächste Anweisung im Programm abgearbeitet.
- Ebenso zu beachten ist, daß die Schlüsselwörter `THEN` und `ELSE` einen **Geltungsbereich von nur einer einzigen Anweisung** haben. Sollen mehrere Einzelanweisungen ausgeführt werden, müssen sie als **Verbundanweisung** mit den Wörtern `BEGIN` und `END` „**geklammert**" werden. Die Einzelanweisungen sind wie üblich mit Semikolon voneinander zu trennen.

Beispiele:

- Verbundanweisung nach THEN:

```
IF <Ausdruck>
   THEN
      BEGIN
         WriteLn (...);
         ....;
         ...
      END
   ELSE ...
```

- Verbundanweisung nach ELSE:

```
IF <Ausdruck>
   THEN ...
   ELSE
      BEGIN
         WriteLn (...);
            ...;
            ...
      END;
...
```

Zur Verdeutlichung der Arbeitsweise der If-Anweisung folgt ein kleines Beispiel-programm. Eingelesen wird der Radius eines Kreises, daraus werden Umfang und Inhalt berechnet, **wenn** der Radius nicht negativ ist. Der Wert des Radius ist darauf-hin zu überprüfen (Sicherheitsabfrage).

```
PROGRAM Kreisberechnung;
   {Berechnet Kreisfläche und -umfang zu gegebenem Radius}

CONST pi = 3.1415;
VAR   Radius, Kreisumfang, Kreisflaeche : real;

BEGIN
   WriteLn ('Dieses Programm berechnet zu einem gegebenen ');
   WriteLn ('Radius Kreisfläche und -umfang.');
   WriteLn;
           {Aufforderung zur Dateneingabe:}
   Write ('Geben Sie den Radius ein: ');

   ReadLn (Radius);                     {Einlesen der Daten}
   IF Radius > 0          {Abprüfen der Ausführungsbedingung}
     THEN                             {Bedingung ist „wahr"}
        BEGIN                             {Verbundanweisung}
```

```
                              {Kreisberechnung -> Datenverarbeitung:}
           Kreisflaeche := pi * sqr(Radius);
           Kreisumfang := 2 * pi * Radius;
                                             {Datenausgabe:}
           WriteLn ('Der Kreis mit dem Radius ',Radius:10:3);
           WriteLn ('hat den Umfang ',Kreisumfang:10:3);
           WriteLn ('und die Fläche ',Kreisflaeche:10:3,'.')
        END
     ELSE WriteLn ('Falsche Eingabe!')
  {Ausgabe einer Fehlermeldung, wenn die Bedingung "falsch" ist}
  END.
```

Zur Veranschaulichung des Programmablaufs stellen wir Ihnen den Kern des Programms graphisch in Form eines **Struktogramms** dar:

WriteLn ('Dieses Programm ...'); Info. für den Benutzer		
Writeln; <div align="right">erzeugt Leerzeile</div>		
WriteLn ('Geben Sie den Radius ein'); fordert Eingabe an		
ReadLn (Radius); <div align="right">liest Eingabe ein</div>		
THEN Bedingung ist wahr	IF Radius > 0? prüft logische Bedingung ab	**ELSE** Bedingung ist falsch
berechnet Kreisfläche	gibt Fehlermeldung aus	
berechnet Kreisumfang		
Ergebnisausgabe		

6.2.2 Geschachtelte If-Anweisung

Auf die Schlüsselwörter THEN und ELSE können beliebige Anweisungen folgen, also auch weitere If-Anweisungen. Diesen Fall nennt man **geschachtelte If-Anweisung**. Sie bietet sich an, wenn **mehr als zwei Fälle** abzuprüfen beziehungsweise möglich sind. Außerdem eignet sie sich dann, wenn die Ausführung einer Anweisung von **mehreren Bedingungen** abhängig gemacht werden soll.

Achtung: Geschachtelte If-Anweisungen werden **schnell unübersichtlich**. Daher ist es wichtig zu wissen, welches ELSE zu welchem IF gehört. In Pascal gibt es eine eindeutige syntaktische Regel dafür: Das ELSE wird immer der letzten If-Anweisung zugeordnet, die noch keinen Else-Zweig hat.

Zurück zu unserem Beispielprogramm, der Kreisberechnung. Es soll nun zusätzlich eine separate Meldung ausgegeben werden, wenn für den Radius die Null eingegeben wird, da in diesem Fall Umfang und Fläche nicht berechnet zu werden brauchen.

Schachtelung im Then-Zweig:

```
. . . .
ReadLn (Radius);
IF Radius >= 0
    THEN
        IF Radius = 0
            THEN WriteLn ('Bei einem Radius von 0 sind auch ',
                                    'Kreisfläche und -umfang = 0.')
            ELSE
                BEGIN
                    Kreisflaeche := pi * sqr(Radius);
                    Kreisumfang := 2 * pi * Radius;
                    WriteLn ('Der Kreis mit dem Radius ',
                                        Radius:10:3,'hat den Umfang ',
                                    Kreisumfang:10:3,'und die Fläche',
                                        Kreisflaeche:10:3,'.')
                END
    ELSE WriteLn ('Falsche Eingabe!');
. . . .
```

Als Struktogramm läßt sich das folgendermaßen darstellen:

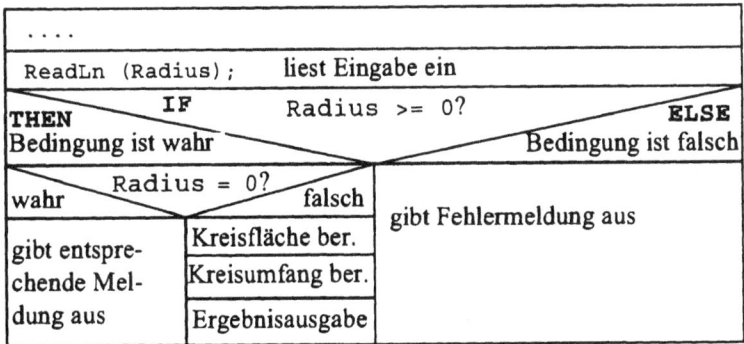

Schachtelung im Else-Zweig:

```
. . . .
ReadLn (Radius);
IF Radius > 0
    THEN
        BEGIN
            Kreisflaeche := pi * sqr(Radius);
            Kreisumfang := 2 * pi * Radius;
            WriteLn ('Der Kreis mit dem Radius ',Radius:10:3,
                                ' hat den Umfang ',Kreisumfang:10:3);
```

```
        WriteLn ('und die Fläche ',Kreisflaeche:10:3,'.')
     END
  ELSE IF Radius = 0
           THEN WriteLn ('Bei einem Radius von 0 sind auch ',
                                'Kreisfläche und -umfang = 0!')
           ELSE WriteLn ('Falsche Eingabe!')
END.
```

Auch hier zur Verdeutlichung die Struktogrammdarstellung:

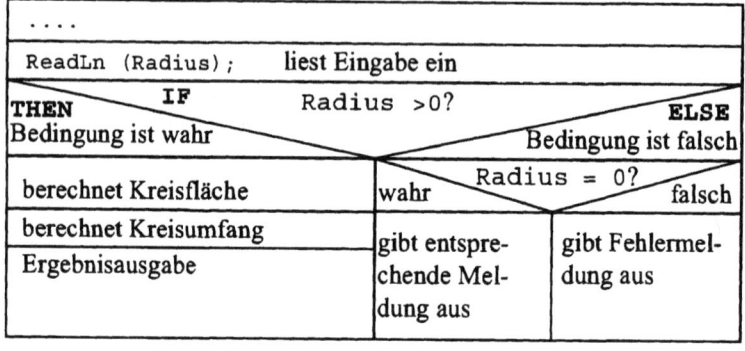

6.2.3 Case-Anweisung

Eine lange If-Then-Else-Kette wird schnell recht undurchsichtig. In Pascal gibt es eine Anweisung, die das Ganze vereinfacht: Die Case-Anweisung.

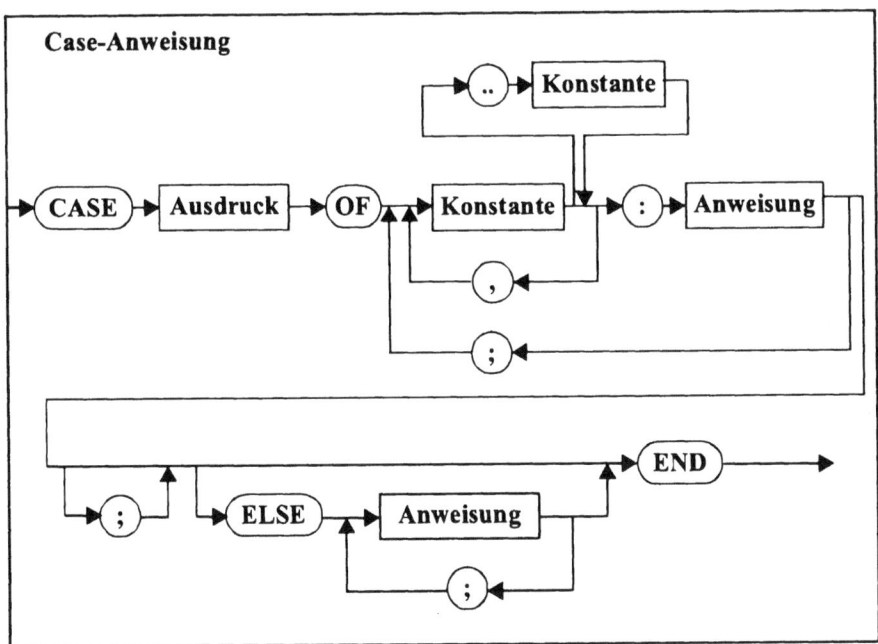

Bei der Case-Anweisung (Fall-Abfrage) übergibt man dem Compiler einen Ausdruck **ordinalen** Typs und eine Liste von Anweisungen. Die Anweisungen werden jeweils durch zugehörige **Konstantenwerte** markiert. Wenn das Programm läuft, wird die Anweisung ausgeführt, deren Konstantenwert mit dem aktuellen Wert des Ausdrucks übereinstimmt. Hat der Ausdruck einen Wert, dem keine Anweisung zugeordnet ist, wird die Anweisung nach ELSE ausgeführt.

Formal besteht die Case-Anweisung also aus einem Ausdruck und einer beliebig langen Liste von Zweigen. Jedem der Zweige gehen eine oder mehrere Konstanten oder das reservierte Wort ELSE voraus.

Beispiel:

```
PROGRAM Wochentage;
VAR tag : integer;                          {ordinaler Datentyp}
BEGIN
  WriteLn ('Geben Sie eine Zahl zwischen 1 und 7 ein: ');
  ReadLn (tag);
  Write ('Dies bedeutet, wir haben heute ');
```

```
CASE tag OF    1 : WriteLn ('Montag.');
               2 : WriteLn ('Dienstag.');
               3 : WriteLn ('Mittwoch.');
               4 : WriteLn ('Donnerstag.');
               5 : WriteLn ('Freitag.');
               6,7 : WriteLn ('Wochenende.')
               ELSE WriteLn ('--- Falsche Eingabe! ---')
     END
END.
```

Struktogrammdarstellung:

ReadLn (tag);						
			CASE tag OF			
1	2	3	4	5	6,7	ELSE
Montag	Dienstag	Mittwoch	Donnerstag	Freitag	Wochenende	Falsche Eingabe

Bei der Verwendung der Case-Anweisung ist folgendes zu beachten:

- Der Ausdruck und die Konstante müssen vom selben Typ sein. Es sind nur Ordinaltypen zugelassen, das heißt, von den Standardtypen die integer-Typen, char und boolean. Insbesondere darf der Ausdruck nicht vom Typ real sein. Außerdem darf der integer-Wertebereich (-32.768 bis +32.767) nicht überschritten werden. Falls sich dies nicht vermeiden läßt, sollten Sie eine geschachtelte If-Anweisung verwenden.

- Es wird immer diejenige Anweisung ausgeführt, deren davorliegende Konstante dem Wert des Ausdrucks entspricht. Alle anderen Anweisungen innerhalb der Case-Anweisung werden ignoriert; anschließend wird die nächste Anweisung nach dem Case-Block ausgeführt.

- Entspricht der Wert des Ausdrucks keinem Wert der Konstantenliste, so geht das Programm in den Else-Zweig der Case-Anweisung. Die Verwendung eines Else-Zweiges ist optional. Wenn eine Case-Anweisung keine Else-Klausel hat und auch sonst keiner der angegebenen Fälle zutrifft, überspringt Turbo-Pascal alle Aktionen, die in der Case-Anweisung aufgeführt sind und macht mit der nächsten Anweisung weiter.

• Im Gegensatz zum Else-Teil in der If-Anweisung kann dem Else-Teil der Case-Anweisung ein Semikolon vorausgehen, muß aber nicht.

• Sie können zwischen das ELSE und das letzte END der Case-Anweisung beliebig viele Anweisungen programmieren, da der Else-Teil innerhalb des Case-Blocks als eigener Block steht. Hier brauchen mehrere Anweisungen also nicht mit BEGIN und END geklammert zu werden. Sollen allerdings innerhalb eines Zweiges der Konstantenliste mehrere Anweisungen ausgeführt werden, so ist eine Verbundanweisung zu programmieren.

• Das Ende der Case-Anweisung wird durch das reservierte Wort END angezeigt.

Die **Konstantenliste** für jede Aktion kann in der Case-Anweisung auf **mehrere Arten** angegeben werden:

• als jeweils ein Wert,
• als Folge einzelner Werte,
• als Teilbereich und
• als Kombination von beidem.

Beispiel:

```
PROGRAM Wahl;
VAR Alter : integer; {oder byte}
BEGIN
  Write ('Wie alt sind Sie? ');
  ReadLn (Alter);

  CASE Alter OF
        0,1,2:  WriteLn ('Dubidubidu!');
        3..6:   WriteLn ('Du darfst zwar noch nicht ',
                   'wählen gehen, dafür aber mit dem Fahrrad',
                                 ' auf dem Gehweg fahren.');
        7,8,9..16,17: WriteLn ('Du darfst noch nicht',
                                      'wählen gehen.');
        18..130: WriteLn ('Sie dürfen wählen gehen.')
        ELSE Writeln ('Sehen Sie noch einmal auf Ihre',
                                      'Geburtsurkunde!')
  END
END.
```

6.3   Wiederholungsanweisungen

Alle bisherigen Programme waren relativ einfach strukturiert. Es handelte sich um „Geradeaus-Programme" mit einer oder mehreren einfachen Entscheidungen. Ihnen war gemeinsam, daß jede Anweisung höchstens ein einziges Mal ausgeführt wurde.

Das, was der Computer aber besonders gut kann, ist die Ausführung von langweiligen, sich ständig wiederholenden Operationen. Um Anweisungen oder sogar ganze Unterprogramme mehrmals ausführen zu lassen, bietet Turbo-Pascal Ihnen die Wiederholungsanweisungen.

Es gibt drei verschiedene Arten von Wiederholungsanweisungen:

1. Die **For-Anweisung**: **Wiederhole** eine oder mehrere Anweisungen **n mal**.
2. Die **While-Anweisung**: **Wiederhole** eine oder mehrere Anweisungen, **solange** die folgende Bedingung wahr ist.
3. Die **Repeat-Anweisung**: **Wiederhole** eine oder mehrere Anweisungen solange, **bis** die folgende Bedingung wahr ist.

Diese Art wiederholter Ausführung von Anweisungen heißt **Iteration**. Der Programmteil, der diese Aktion ausführt, wird auch **Schleife** genannt.

6.3.1   For-Anweisung

Die Verwendung der For-Anweisung ist insbesondere dann angebracht, wenn **von Anfang an feststeht, wie oft** ein bestimmter Programmteil **wiederholt werden soll**.

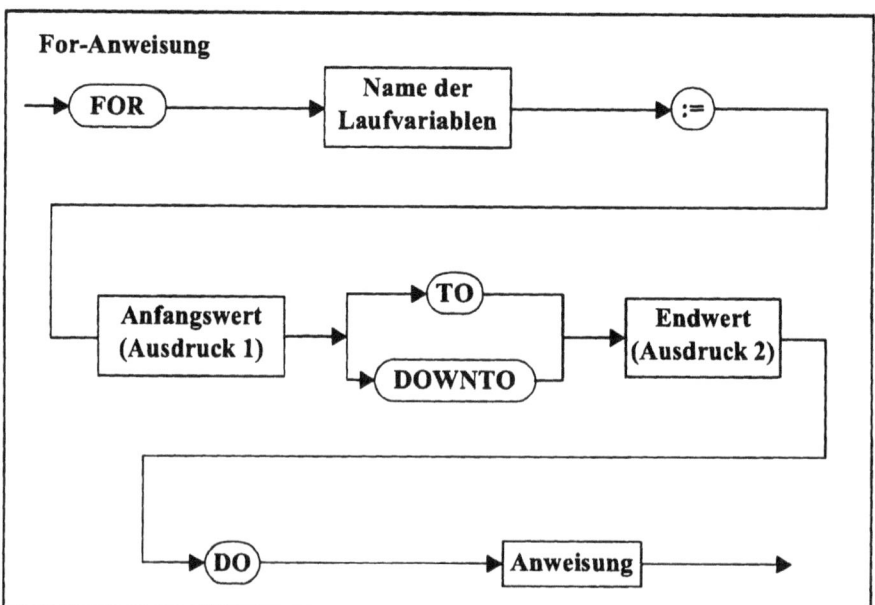

Frei übersetzt: „Zähle die Laufvariable vom Anfangswert bis zum Endwert und führe jedesmal die Anweisung aus."

Als **Laufvariable** (auch Zähler genannt) wird eine Variable **ordinalen Typs** verwendet. Sie registriert, wie oft eine Schleife schon durchlaufen wurde, da sie jeweils den nächstfolgenden Wert annimmt. Der Programmierer gibt an, mit welchem Wert zu zählen begonnen und wann aufgehört werden soll. Der Computer macht den Rest.

Wenn das Programm in die For-Anweisung eintritt, wird **der Variablen der Wert des ersten Ausdrucks zugewiesen.** Wenn der Wert der Variablen kleiner oder gleich dem zweiten Ausdruck ist, wird die Anweisung ausgeführt. Dies gilt für die Verwendung von TO. Bei DOWNTO wird die Anweisung ausgeführt, wenn der Wert der Variablen größer oder gleich dem zweiten Ausdruck ist. Anschließend wird der Variablen der Wert ihrer **Nachfolgerin (bei TO)** oder ihrer **Vorgängerin (bei DOWNTO)** zugewiesen. Dieser Vorgang wiederholt sich, bis der Wert der Variablen größer ist als der des zweiten Ausdrucks beziehungsweise kleiner bei der Verwendung von DOWNTO. Das heißt, die For-Anweisung bewirkt die Ausführung der Anweisung nach DO für alle Werte der Laufvariablen vom Anfangswert bis zum Endwert.

In der Struktogrammdarstellung sieht die For-Anweisung folgendermaßen aus:

Ausführungsbedingung: Solange der Wert der Laufvariablen zwischen Anfangs- und Endwert liegt, führe die folgende Anweisung aus und weise der Laufvariablen anschließend den Wert ihrer Nachfolgerin/Vorgängerin zu.

> auszuführende **Anweisung** (bei mehreren Aktionen Verbundanweisung benutzen!)

Beispiele:

* ```
  VAR i : integer;
  ...
  FOR i := 2 TO 5 DO WriteLn (i);
  ```
  Ausgabe: 2 3 4 5

* ```
  VAR i : integer;
  ...
  FOR i := -5 DOWNTO -7 DO WriteLn (i);
  ```
  Ausgabe: -5 -6 -7

- VAR c : char;
  ```
  ...
  FOR c := 'A' TO 'Z' DO WriteLn (c);
  ```
  Ausgabe: A B C ... Z

- VAR b : boolean;
  ```
  ...
  FOR B := True DOWNTO False DO WriteLn (b);
  ```
  Ausgabe: true false

- VAR i : integer;
  ```
  ...
  FOR i := 5 TO 4 DO WriteLn (i);
  ```
  Keine Ausgabe!

Wenn der Ordinalwert des Anfangswertes größer ist als der des Endwertes, wird die Anweisung bei der Verwendung von TO nie ausgeführt, das heißt die Schleife übersprungen und die nächste Anweisung im Programm ausgeführt. Das umgekehrte gilt bei der Verwendung von DOWNTO.

- VAR index : integer;
  ```
  ...
  FOR index := 1 TO 10 DO
      WriteLn ('n = ',index,' n² = ',index * index);
  ```
  Ausgabe: n = 1   n² = 1
           n = 2   n² = 4 ...

Schreibt die Zahlen 1 bis 10 in aufsteigender Reihenfolge und neben jede Zahl ihr Quadrat.

- VAR index : integer;
  ```
  ...
  FOR index := 10 DOWNTO 1 DO
      WriteLn ('n = ',index,' n² = ',index * index);
  ```
  Ausgabe: n = 10   n² = 100
           n = 9   n² = 81 ...

Schreibt die Zahlen 10 bis 1 in **absteigender** Reihenfolge und neben jede Zahl ihr Quadrat.

- ```
  VAR index : integer;
  ...
  FOR index := 1 TO 10 DO WriteLn ('Hallo!');
  ```

  Hier wird die Kontrollvariable ausschließlich als Zähler eingesetzt. Mit dieser
  For-Schleife wird zehnmal der String Hallo! auf den Bildschirm geschrieben.

- ```
  VAR Z : char;
  ...
  FOR Z := 'A' TO 'Z' DO WriteLn ('Hallo!');
  ```

  Schreibt 26 mal Hallo!

- ```
  VAR Signal := boolean;
  ...
  FOR Signal := True DOWNTO False DO
      WriteLn ('Hallo!');
  ```

  Schreibt zweimal Hallo!

Zu beachten ist:

- Anfangs- und Endwert dürfen feste Werte oder auch Variablen sein.

- Die Laufvariable muß eine Variable sein, weil ihr Wert in jedem Durchlauf verändert wird.

- Die Laufvariable muß im gleichen Block definiert sein, in dem sie Verwendung
  findet.

- Der Typ der Laufvariablen muß ein ordinaler sein: integer, longint,
  shortint, byte, word, char, boolean.

- Der Typ des Anfangs- und des Endwerts muß mit dem Typ der Laufvariablen
  verträglich sein.

- Es ist nicht möglich, die Schrittweite festzulegen, in der die Laufvariable verändert werden soll, sondern die Laufvariable nimmt nach jedem Durchlauf automatisch den Wert ihrer Nachfolgerin (bzw. Vorgängerin bei DOWNTO) an. Das
  heißt, die Schrittweite wird implizit mit dem Typ der Laufvariablen festgelegt:

Datentyp	Nachfolger (Verwendung bei TO)	Vorgänger (Verwendung bei DOWNTO)
integer	+1	-1
  ```

Datentyp	Nachfolger (Verwendung bei TO)	Vorgänger (Verwendung bei DOWNTO)
`char`	nächstes Zeichen entsprechend der Ordnung des verwendeten Zeichensatzes	vorhergehendes Zeichen entsprechend der Ordnung des verwendeten Zeichensatzes
`boolean`	entsprechend der Ordnung der Boolean-Konstanten: `false < true`	

- Ist der Anfangswert gleich dem Endwert, so wird die Schleife einmal durchlaufen (für diesen Wert).

- Die Schleife wird nicht durchlaufen, wenn bei TO der Anfangswert größer ist als der Endwert und wenn bei DOWNTO der Anfangswert kleiner ist als der Endwert.

Wie bei der If- und der Case-Anweisung können auch in der For-Anweisung **Verbundanweisungen** verwendet werden, um bei jedem Schleifendurchgang mehr als nur eine Anweisung auszuführen.

```
FOR index := 20 TO 30 DO
    BEGIN
        {erste Anweisung};
        ....;
        {letzte Anweisung}
    END;
```

Tip: Rücken Sie den Schleifenkörper (die Anweisung) im Quelltext ein, damit sofort klar wird, was wiederholt werden soll.

Mit einigen kleinen Beispielen wollen wir die Funktionsweise der For-Anweisung noch besser kennenlernen:

Unser **erstes** Programm soll eine Tonleiter erzeugen, die die Töne von 100 bis 460 Hertz in Schritten von 10 Hertz umfaßt. Die Standardprozedur zum Erzeugen von Tönen lautet `sound (<integer-Variable>)`. Sie ist in der Unit `Crt` enthalten.

```
PROGRAM Toene1;
USES Crt;                          {Einbinden der Unit Crt}
VAR i : integer;

BEGIN
    FOR i := 1 TO 46 DO   {Legt die Anzahl der Schleifendurchläufe
                                                             fest}
        BEGIN
            Sound (i*10);    {Erzeugt einen Ton mit der Tonhöhe i*10.
                    Somit wird die vorgegebene Schrittweite umgangen}
            Delay (400);       {Hier legt das Programm eine Pause von
```

```
                              400 Millisekunden ein, um den Ton
                                auszuhalten, bevor der nächste
                                                erzeugt wird}
         write (i*10:5);      {Ausgabe der aktuellen Hertzzahl}
         NoSound              {Der Ton wird ausgeschaltet}
      END
END.
```

An diesem Beispiel sind zwei Dinge schön zu sehen:

*   Zum einen zeigt es, daß die **Zählvariable** nicht nur zur Steuerung, sondern auch **zur Berechnung von Werten** innerhalb der Schleife verwendet werden kann.
*   Zum anderen wird deutlich, wie die in einer For-Anweisung fest vorgegebene **Schrittweite** der Schleifensteuerung **umgangen** werden kann.

Unser **zweites** Programm summiert die Zahlen von 1 bis 100 auf und gibt nach jeder Addition die Zwischensumme aus. Wir wollen für den Moment vergessen, daß es hierfür auch eine einfachere Methode in Form einer Formel gibt und uns darauf konzentrieren, wie die Aufgabe mit Hilfe einer For-Schleife realisiert werden kann.

```
PROGRAM addition;
VAR   summe : real;
      i : integer;

BEGIN
   WriteLn ('Das Programm summiert die Zahlen von 1 bis ',
                                            '100 auf.');
   WriteLn;
   summe := 0;               {Initialisierung : ganz wichtig!}
   FOR i := 1 TO 100 DO
      BEGIN
         summe := summe + i;
         WriteLn ('Summe aller Zahlen von 1 bis ',i,':',
                                            summe:10:0)
      END
END.
```

In diesem Programm haben wir etwas kennengelernt, das insbesondere bei der Schleifenprogrammierung sehr wichtig ist: die **Initialisierung** von Variablen.

Im Deklarationsteil wird eine Variable lediglich „angemeldet": Dem Compiler wird mitgeteilt, daß eine Variable eines bestimmten Typs mit einem bestimmten Namen im Programm verwendet werden soll. Der Compiler reserviert daraufhin Speicherplatz für diese Variable, aber er weist dieser Variablen von sich aus keinen Wert zu. Die Variable hat solange irgendeinen zufälligen Wert, bis wir ihr einen zuweisen.

Wenn wir in unserem Beispielprogramm die Variable summe vor der For-Schleife nicht initialisieren würden, d.h. ihr keinen eindeutigen Startwert zuordnen (in diesem Fall 0), arbeitet das Programm beim ersten Schleifendurchlauf mit einem zufälligen Wert für summe, und wir erhalten wahrscheinlich falsche Ergebnisse.

Eine Initialisierung ist immer dann nötig, wenn eine Variable auf der rechten Seite einer Wertzuweisung auftritt. Dies kann durch den Benutzer (z.B. mit Hilfe der ReadLn-Anweisung) oder durch eine Wertzuweisung (s. obiges Beispiel) geschehen.

Unser **drittes** Beispielprogramm zur For-Anweisung soll eine Zinstabelle erstellen, die anzeigt, wie sich bei einem Sparplan über sechs Jahre ein Startkapital entwickelt. Der Benutzer des Programms soll dazu aufgefordert werden, die Höhe des Startkapitals und den Zinssatz einzugeben.

```
PROGRAM Zinstabelle;
USES Crt;
VAR   K0, K1, Zinssatz, Zinsen : real;
      Jahr, i : integer;

BEGIN
   ClrScr;
   WriteLn ('Dieses Programm.......');
   Write ('Kapital: ');
   ReadLn (K0);
   Write ('Zinssatz: ');
   ReadLn (Zinssatz);
   WriteLn ('Jahr        Anfang        Zinsen        Ende');
   FOR i := 1 TO 50 DO Write ('=');
   WriteLn;
   FOR Jahr := 1 TO 6 DO            {Beginn der Zählerschleife}
      BEGIN
         Zinsen := K0 * Zinssatz / 100;
         K1 := K0 + Zinsen;
         WriteLn (Jahr:3, K0:15:2, Zinsen:15:2, K1:15:2);
         K0 := K1
      END
END.
```

6.3.2 Repeat-Anweisung

Insbesondere für Probleme, bei denen nicht von vornherein feststeht, wieviele Schleifendurchläufe notwendig sind, ist die For-Anweisung ungeeignet. Hier bietet sich der Einsatz der Repeat-Anweisung an.

Repeat-Anweisung

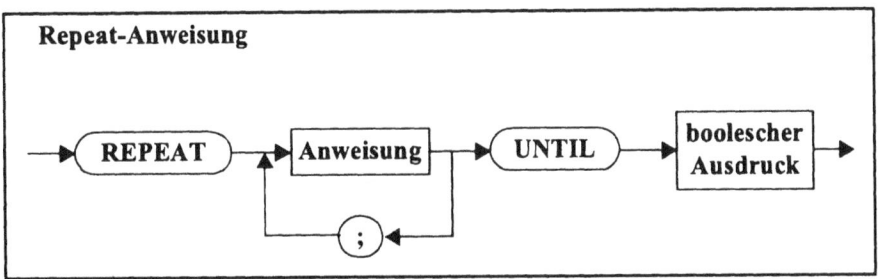

Die zwischen REPEAT und UNTIL stehenden Anweisungen werden **solange** wiederholt, **bis** die Abbruchbedingung zutrifft. Wenn die Abbruchbedingung zutrifft, wird die Repeat-Anweisung verlassen. Das Programm wird mit der nächsten nach der Schleife stehenden Anweisung fortgesetzt.

Zwischen REPEAT und UNTIL können **beliebig viele Anweisungen** stehen. Es ist nicht erforderlich, hier eine Verbundanweisung zu programmieren.

Zur For-Schleife bestehen weitere wichtige Unterschiede, die bei der Programmierung zu beachten sind:

- **Korrekte Initialisierung der Variablen**: Die in der Schleife auf der rechten Seite einer Wertzuweisung verwendeten Variablen müssen vor REPEAT ausdrücklich mit den richtigen Anfangswerten belegt werden, wenn dies nicht innerhalb der Schleife geschieht.

- **Korrekte Steuerung der Schleife**: Innerhalb der Schleife muß eine Steuervariable beliebigen Datentyps vorhanden sein, die bei jedem Durchlauf einen Wert zugewiesen bekommt. Diese Steuervariable wird in der Abbruchbedingung abgefragt und erlaubt so einen Ausstieg aus der Wiederholungsstruktur.

- **Korrektes Setzen der Abbruchbedingung**: Sie müssen dafür sorgen, daß die Abbruchbedingung in jedem Fall erreicht wird und die Schleife korrekt - nicht zu früh, aber auch nicht zu spät - beendet wird. Sie müssen verhindern, daß z.B. der letzte Wert nicht mehr ausgedruckt wird oder über den Endwert hinaus noch weitere Werte berechnet werden. Dies ist manchmal nicht so einfach, wie es auf den ersten Blick scheint.

Alle drei Aspekte sind bei der For-Anweisung bereits in der Kopfzeile integriert, allerdings mit dem Nachteil der festgelegten Schrittweite und des festgelegten ordinalen Datentyps für die Laufvariable. Bei der Repeat-Struktur kann die Steuervariable beliebig manipuliert werden.

Die Repeat-Anweisung in der Struktogrammdarstellung:

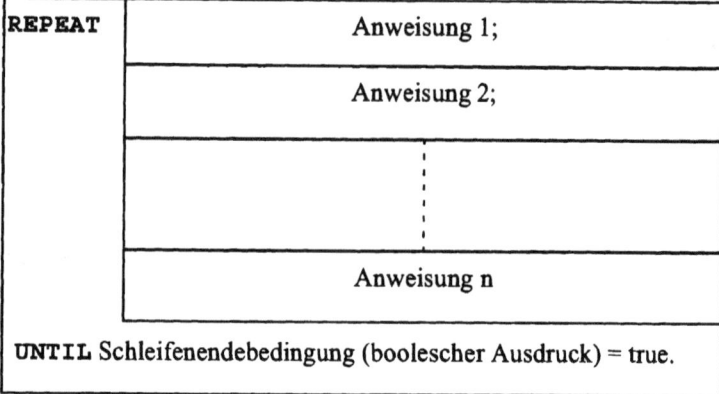

REPEAT	Anweisung 1;
	Anweisung 2;
	⋮
	Anweisung n
UNTIL Schleifenendebedingung (boolescher Ausdruck) = true.	

Beispielprogramme:

Zur Verdeutlichung der Unterschiede zur For-Anweisung wollen wir die bereits bekannte Aufgabe zur Tonerzeugung nun mit einer Repeat-Anweisung programmieren.

```
Program Toene2;
USES Crt;
VAR i : integer;

BEGIN
   i := 100;                        {Die Steuervariable wird
                               auf 100 (Hertz) initialisiert}
      REPEAT
         Sound (i);
         Delay (400);
         write (i:5);
         NoSound;
         i := i + 10              {Die Steuervariable wird bei
                                    jedem Durchlauf um 10
                                erhöht (Schleifensteuerung)}
      UNTIL i > 460              {Die Abbruchbedingung sorgt
                                  dafür, daß die Schleife zum
                          richtigen Zeitpunkt abgebrochen wird}
END.
```

Sie werden erkennen, daß beim Programmieren der Repeat-Anweisung auf einiges zu achten ist, was bei der For-Anweisung automatisch geschieht. Wie bereits ausgeführt, betrifft dies vor allem die korrekte Behandlung der Steuervariablen und das Setzen einer geeigneten Abbruchbedingung. Da bei der Repeat-Anweisung keine

Schrittweite vorgegeben ist, kann die Steuervariable in passenden Schritten verändert werden.

In unserem nächsten Programm soll ein Zufallsgenerator solange Zahlen würfeln, bis die Zahl 6 gewürfelt wird. Summe, Anzahl und Mittelwert aller gewürfelten Werte werden ausgegeben.

Mit der Standardfunktion

```
Random(<Integer-Zahl>)
```

läßt sich eine ganze Zufallszahl erzeugen, die zwischen 0 und der angegebenen Integer-Zahl liegt.

Mit Random(6) wird beispielsweise eine Zufallszahl aus der Menge {0,1,2,3,4,5} erzeugt. Wird nach Random kein Parameter angegeben, erzeugt die Funktion Real-Werte zwischen 0 und 1.

Damit die Random-Funktion nicht bei jedem Aufruf dieselbe Zufallszahlenfolge erzeugt, muß sie **initialisiert** werden (ähnlich wie das Mischen eines Kartenspiels). Dies geschieht durch Aufruf der Prozedur Randomize, bevor eine neue Zufallszahlenfolge ermittelt werden soll.

```
PROGRAM Wuerfel;
USES  Crt;
VAR   zahl, anzahl, summe : integer;
      mittelwert : real;

BEGIN
   Randomize;                  {Initialisierung des Zufallsgenerators}
   ClrScr;
   WriteLn ('Dieses Programm ....');
   anzahl := 0;                {Initialisierung der Variablen, die in}
   summe := 0;                 {der Schleife auch auf der rechten
                                Seite einer Wertzuweisung stehen}
   REPEAT
     zahl := Random(6) + 1;               {Schleifensteuerung durch
                                Bestimmung der Zufallszahl}
     WriteLn ('Die gewürfelte Zahl ist: ',zahl);
     anzahl := anzahl + 1;
     summe  := summe + zahl
   UNTIL zahl = 6;             {Abprüfen der Abbruchbedingung.
                                Steuervariable ist „zahl", die
                                     bei jedem Durchlauf neu
                                ermittelt wird. Ende der Schleife}
   mittelwert := summe / anzahl;
   WriteLn;
   WriteLn ('Summe aller Werte: ',summe);
```

```
  WriteLn ('Anzahl der Würfe : ',anzahl);
  WriteLn ('Mittelwert      : ',mittelwert:10:2)
END.
```

Wie Sie sehen, ist dies ein schönes Beispiel dafür, daß auch solche Schleifen wichtig sind, deren Wiederholungsanzahl nicht von vornherein festgelegt ist.

Die Repeat-Anweisung ermöglicht es uns als Programmierer, den Benutzer während des Programmlaufs zu fragen, ob er einen Programmteil wiederholen möchte. Dies läßt sich z.B. auf folgende Art programmieren:

```
...
VAR antwort : char;
...
BEGIN
...
   REPEAT
      ...

      ...
      Write ('Programm wiederholen? (J/N): ');
      ReadLn (antwort)
   UNTIL antwort IN ['n','N'];
...
```

Der Steuervariablen antwort wird vom Benutzer innerhalb der Repeat-Anweisung ein Wert zugewiesen. Gibt er den Wert n oder N ein, wird das Programm abgebrochen.

Wird als Eingabe **nur ein Zeichen** verlangt, kann die Zeile

```
ReadLn (antwort);        ersetzt werden durch
antwort := ReadKey;
```

Die Eingabe wird dann sofort eingelesen, ohne daß nach der Eingabe die Return-Taste gedrückt werden muß. Um die Standardprozedur verwenden zu können, ist es notwendig, die Unit Crt in das Programm einzubinden.

Das nächste Beispiel enthält ein Programm, das berechnet, nach wieviel Jahren ein Kredit bei festem Zinssatz und fester jährlicher Abzahlungsrate (Annuität) zurückgezahlt ist. Damit der Benutzer die Auswirkungen unterschiedlicher Zinssätze und Annuitäten auf die Abzahlungsdauer testen kann, soll er das Programm beliebig oft wiederholen können.

```pascal
PROGRAM Kredit;
USES  Crt;
VAR   jahre : integer;
      kreditsumme, zinssatz, zinsen, tilgung, annuitaet : real;
      antwort : char;

BEGIN
   REPEAT
      ClrScr;
      jahre := 0;
      WriteLn ('Dieses Programm ...');
      WriteLn ('Bitte geben Sie ein: ');
      WriteLn ('Kreditsumme: ');
      ReadLn (kreditsumme);
      WriteLn ('Zinssatz: ');
      ReadLn (zinssatz);
      Writeln ('Annuität: ');
      ReadLn (annuitaet);
      zinsen := kreditsumme * zinssatz / 100;
      IF zinsen >= annuitaet
         THEN WriteLn ('Annuität zu klein.')
         ELSE
            BEGIN
              WriteLn;
              WriteLn ('Jahr     Tilgung     Zinsen  Restschuld');
              WriteLn;
              REPEAT
                zinsen := kreditsumme * zinssatz/100;
                tilgung := annuitaet - zinsen;
                kreditsumme := kreditsumme - tilgung;
                jahre := jahre + 1;
                Writeln (jahre:3, tilgung:10:2, zinsen:10:2,
                                          kreditsumme:10:2)
              UNTIL kreditsumme <= 0;
              WriteLn;
              WriteLn('Sie brauchen ',jahre,' Jahre, bis der ',
                                      'Kredit abbezahlt ist.')
            END;
      WriteLn ('Möchten Sie noch eine Berechnung durchführen',
                                      '(J/N)?: ');

      antwort := ReadKey
   UNTIL antwort IN ['n','N']
END.
```

6.3.3 While-Anweisung

Die While-Anweisung veranlaßt den Computer, eine Anweisung, die auch eine Verbundanweisung sein kann, zu wiederholen, solange eine bestimmte Bedingung erfüllt ist.

Die **Abfrage-Logik** wird also im Vergleich zur Repeat-Schleife gerade **umgedreht**.

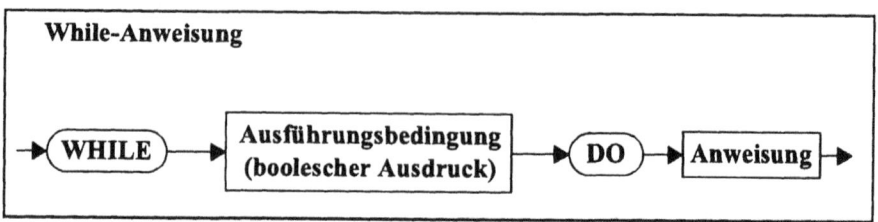

In Worten: **Solange** die Ausführungsbedingung zutrifft, d.h. wahr ist, **wiederhole** die Anweisung.

Bei der Ausführung des Programms wird der **boolesche Ausdruck** am Eingang der While-Schleife ausgewertet. Ist das Ergebnis der Auswertung der Wert FALSE, wird die eingebettete Anweisung nicht ausgeführt; liefert es den Wert TRUE, wird die Anweisung ausgeführt und der Ausdruck erneut ausgewertet. Dieser Vorgang wird solange wiederholt, bis der Ausdruck den Wert FALSE ergibt.

Sollen innerhalb der While-Anweisung mehrere Aktionen wiederholt werden, ist eine Verbundanweisung zu programmieren.

Wie auch bei der Repeat-Anweisung müssen die in der Schleife in einer Wertzuweisung verwendeten Variablen zuvor **initialisiert** werden und die Schleife muß in ihrem Anweisungsteil über eine **Steuervariable** gesteuert werden können. Wichtig ist natürlich auch, daß die **Ausführungsbedingung** so gewählt wird, daß die While-Anweisung korrekt ausgeführt und wieder verlassen wird.

Die While-Anweisung als Struktogramm:

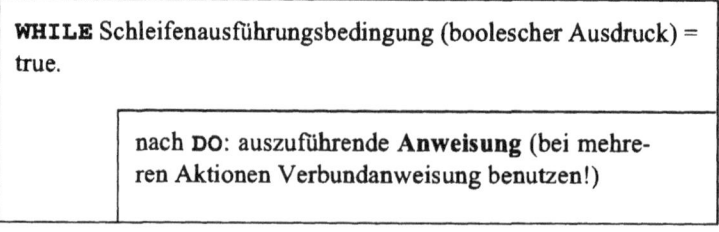

Es folgen einige Beispielprogramme zur While-Anweisung.

Zum Vergleich mit der For- und der Repeat-Anweisung soll zunächst noch einmal
die bereits bekannte Aufgabe zur Tonerzeugung programmiert werden. Diesmal mit
der While-Anweisung.

```
PROGRAM Toene3;
USES  Crt;
VAR   i : integer;

BEGIN
   i := 100;                          {Die Steuervariable wird
                                       auf 100 (Hertz) initialisiert}
   WHILE i < 460 DO        {Nur wenn die Ausführungsbedingung erfüllt
                            ist, werden die Anweisungen der Schleife
                                                      ausgeführt}

      BEGIN
         Sound (i);
         Delay (400);
         write (i:5);
         NoSound;
         i := i + 10               {Die Steuervariable wird in jedem
                            Durchlauf um 10 erhöht (Schleifensteuerung)}
      END
END.
```

Wie Sie erkennen können, unterscheidet sich die While-Anweisung von der Repeat-
Anweisung vor allem dadurch, daß die Abbruchbedingung der Schleife gleichzeitig
eine Ausführungsbedingung ist. Die While-Anweisung wird demzufolge nicht wie
die Repeat-Anweisung auf jeden Fall mindestens einmal durchlaufen, sondern nur
dann ausgeführt, wenn die Ausführungsbedingung zutrifft. Man nennt sie deshalb
auch **abweisende Schleife**. Die Logik, die der Repeat-Anweisung zugrunde liegt,
nennt man auch **annehmende Schleife**.

Wie wäre es mit einem Computer-Geschwindigkeits-Test? Das Programm soll von
eins bis eine Million zählen und eine Meldung ausgeben, wenn es fertig ist.

```
PROGRAM Zaehlen;
VAR a : LongInt;
BEGIN
   a:= 0;                       {Initialisierung der Steuervariablen}
   WHILE a < 1000000 DO          {Abprüfen der Ausführungsbedingung}
      a := a + 1;          {Schleifenkörper glz. Schleifensteuerung}
   WriteLn ('Fertig!')
END.
```

Unser nächstes Programm soll folgendes leisten: Es wird solange die Wurzel zu
einer eingegebenen Zahl berechnet, bis die Zahl Null eingegeben wird.

```pascal
PROGRAM Wurzelberechnung;
USES  Crt;
VAR   zahl, wurzel : real;

BEGIN
   ClrScr;
   WriteLn ('Dieses Programm...');
   Write ('Gib eine positive Zahl ein (Ende = 0): ');
   ReadLn (zahl);            {Das Einlesen der Zahl ist hier auch
        gleichzeitig die Initialisierung der Schleifenvariablen}
   WriteLn;
   WHILE zahl <> 0 DO        {Abprüfen der Ausführungsbedingung}
   BEGIN
      IF zahl < 0
      THEN Write ('Falsche Eingabe -> neue Zahl:')
      ELSE BEGIN
           wurzel := sqrt (zahl);
           WriteLn ('Zahl           : ',zahl:20:5);
           WriteLn ('Wurzel daraus: ', wurzel:20:5);
           WriteLn;
           Write ('Neue Zahl (Ende = 0): ')
           END {des ELSE-Zweigs}
      ReadLn (zahl);              {Schleifensteuerung}
      WriteLn
END.
```

Als Struktogramm läßt sich der Kern des Programms wie folgt darstellen:

6.3.4 Problem der Endlosschleifen

Endlosschleifen sind Schleifen, die niemals abbrechen. Solche Schleifen können durch Programmierfehler oder durch die Eingabe der falschen Daten entstehen. Seltener gibt es einen bestimmten Grund, Endlosschleifen absichtlich zu erzeugen.

In günstigen Fällen können Sie ein solches Programm durch Drücken der Tasten Ctrl und zweimal Pause abbrechen. Wenn Ihnen dies nicht gelingt, müssen Sie den Computer neu starten (Warmstart: Ctrl-Alt-Del oder Kaltstart d.h. Power OFF, ON). In diesem Fall ist das Programm aber verloren. Deshalb unser Tip: **Speichern Sie Ihre Programme immer ab, bevor Sie sie ablaufen lassen.**

Hier ein Beispiel für einen Programmierfehler, der zu einer Endlosschleife führt: Das Programm soll alle Vielfachen der Zahl 3 zwischen 1 und 20 ausgeben.

```
PROGRAM Hoppla;
VAR i : integer;
BEGIN
   i := 1;                               {Initialisierung}
   REPEAT
      IF (i MOD 3) = 0 THEN       {Selektion der Vielfachen von 3}
         BEGIN
           WriteLn (i);
           i := i + 1                     {Schleifensteuerung}
         END
   UNTIL i = 20                    {Abprüfen der Abbruchbedingung}
END.
```

Der Fehler in diesem Programm besteht darin, daß es i nur erhöht, wenn 3 ein Teiler von i ist und sonst nicht. Das Programm untersucht also immer wieder die Zahl 1, anstatt weiterzumachen und die Zahl 2 auf Teilbarkeit zu testen.

Man kann den Fehler beheben, indem man die Anweisung i := i + 1; aus der If-Konstruktion herausnimmt und direkt vor das UNTIL schreibt (BEGIN und END streichen). Dann wird i bei jedem Schleifendurchgang erhöht, egal ob (i MOD 3) = 0 erfüllt ist oder nicht.

Wenn Sie programmieren, achten Sie darauf, daß die verwendete **Abbruchbedingung auf jeden Fall erreicht wird**.

Vorsicht: Bei der Verwendung von Real-Zahlen als Steuervariable kann das Erreichen der Abbruchbedingung zum Problem werden.

Zur Verdeutlichung soll ein Programm geschrieben werden, das die Zahlen von 1 bis 100 in Schritten von 0.1 ausgibt.

```
PROGRAM Abbruch;
VAR i : real;
BEGIN
   i := 1;
   REPEAT
      Write (i:8:0);
      i := i + 0.1
   UNTIL i = 100
END.
```

Das Programm läuft über den Wert 100 hinaus, es muß mit der Tastenkombination Ctrl-C abgebrochen werden.

Der Grund liegt darin, daß der Computer nur endlich viele Stellen verarbeiten kann. Da im **Real-Bereich** die Verwendung einer Vielzahl von Werten aber zu einer unendlichen Dezimalbruch-Entwicklung führen würde, kommt es hier zu **Rundungsfehlern**, die mit der internen Darstellung dieser Zahlen zusammenhängen und deren Umfang von der Leistung des verwendeten Prozessors abhängt.

Sie können **nur bei integer-Zahlen** davon ausgehen, daß nach etlichen arithmetischen Operationen eine **ganze Zahl ganz exakt wieder erreicht** wird, nicht aber bei Real-Variablen.

Im Beispiel ist daher die Abbruchbedingung zu ändern in UNTIL i > 100, um das korrekte Verlassen der Schleife zu sichern.

Gewöhnen Sie sich **bei real-Zahlen grundsätzlich** an, **Abbruch-Bedingungen immer mit Bereichen**, nie mit Einzelwerten zu formulieren!

6.3.5 Zusammenfassung

Die vorgestellten Wiederholungsanweisungen lassen sich in **annehmende** und **abweisende** Schleifen einteilen.

*   Bei der **Repeat**-Anweisung handelt es sich um eine **annehmende** Schleife, da sie immer **mindestens einmal durchlaufen** wird. Der boolesche Ausdruck, der am Ende der Schleife neben UNTIL steht, wird erst ausgewertet, nachdem die eingeschlossenen Anweisungen ausgeführt worden sind. Wenn der Ausdruck den Wert FALSE ergibt, wird die Schleife wiederholt; sonst geht die Ausführung mit der nächsten Anweisung weiter.

*   Bei der **While**-Anweisung handelt es sich dagegen um eine **abweisende** Schleife. Die Ausführungsbedingung wird vor der Ausführung der Anweisung abgeprüft. Bei nicht zutreffenden Anfangswerten wird die Schleife nicht ausgeführt, das heißt sofort übersprungen.

- Dasselbe gilt auch für die **For**-Schleife. Ist hier beispielsweise der Anfangswert bei TO höher als der Endwert, wird die Schleife nicht durchlaufen.

Ein kleines Beispiel kann den Vorteil der While- gegenüber der Repeat-Anweisung verdeutlichen:

Die Schleifen sollen nicht ausgeführt werden, wenn eine Null eingegeben wird.

While-Anweisung:

```
ReadLn (zahl);
WHILE zahl <> 0 DO
   BEGIN
    <Verarbeitung>;
    ReadLn (zahl)
   END;
```

Repeat-Anweisung:

```
ReadLn (zahl);
REPEAT

 <Verarbeitung>;
 ReadLn (zahl)
UNTIL zahl = 0;
```

Was passiert, wenn sofort eine Null eingegeben wird?

Die While-Anweisung wird übersprungen. Die Repeat-Anweisung dagegen wird trotzdem verarbeitet. Um sie verlassen zu können, muß ein zweites Mal eine Null eingegeben werden; d.h. die Schleife funktioniert in diesem Fall nicht korrekt.

Verwenden Sie im Zweifel lieber die While-Anweisung!

Die **For-Anweisung** sollten Sie dann verwenden, wenn Sie vor dem Eintritt in die Schleife wissen, wieviele Schleifendurchläufe stattfinden sollen. Sie haben dann den Vorteil, daß die Initialisierung und Steuerung der Zählvariable sowie das Verlassen der Schleife **vollautomatisch** geschehen. Das hilft, Programmierfehler zu vermeiden.

Zu beachten ist bei der For-Anweisung aber, daß

- der Datentyp der **Zählvariablen** ein **ordinaler** sein muß,
- die **Schrittweite vorgegeben** ist und
- die Obergrenze des verwendeten Datentyps während der Programmausführung nicht überschritten werden darf. Dies hätte falsche Ergebnisse zur Folge.

Die **Repeat-** und die **While-Anweisung** sind diesen Beschränkungen nicht unterworfen. Dafür müssen Sie bei deren Programmierung darauf achten, daß Sie die **Steuervariable** korrekt **initialisieren** und **steuern** sowie die **Ausführungs-** bzw. **Abbruchbedingung** so **setzen**, daß die Schleife zum richtigen Zeitpunkt verlassen wird.

6.4   Kontrollfragen und Programmieraufgaben

6.4.1   Kontrollfragen

1. Charakterisieren Sie die Ihnen bekannten bedingten Anweisungen. Wann ist welche bedingte Anweisung sinnvoll zu verwenden?

2. Charakterisieren Sie die Ihnen bekannten Wiederholungsanweisungen. Worin unterscheiden die sich?

3. Jedes der folgenden Programmfragmente enthält einen Fehler. Bestimmen Sie diesen.

    a) Eine Wiederholungsanweisung soll zehnmal durchlaufen werden.

    ```
    PROGRAM Zaehlen;
    VAR zaehler : integer;
    BEGIN
       REPEAT
       zaehler := zaehler + 1;
       WriteLn ('Zählerstand: ',zaehler)
    UNTIL zaehler = 10;
    ...
    ```

    b) Es soll eine natürliche Zufallszahl von eins bis sechs gewürfelt werden.

    ```
    PROGRAM wuerfel;
    VAR zahl : byte;
    BEGIN
       randomize;
       zahl := random(6);
       Write (zahl)
    END.
    ```

    c) Auf den Bildschirm sollen 1000 Zahlen ausgegeben werden.

    ```
    PROGRAM hallo;
    VAR i : real;
    BEGIN
       i := 1;
       REPEAT
          Write (i:8:2);
          i := i + 0.1
       UNTIL i := 100.1
    END.
    ```

d) Je nachdem, ob eine eingegebene Zahl positiv oder negativ ist, soll eine entsprechende Meldung ausgegeben werden.

```
...
IF zahl > 0
   THEN Write ('Zahl ist positiv.');
   ELSE Write ('Zahl ist 0 oder negativ.');
...
```

6.4.2 Programmieraufgaben

1. Wer kein geeignetes Auto hat, kann sich die Möbel, die er bei einem bekannten Möbelhaus erworben hat, im Umkreis von 100 km nach Hause transportieren lassen.

Dabei fallen folgende Transportkosten an:

Warenwert	Transportkosten
Bis 350,- Euro	35,- Euro
Ab 351,- Euro bis 950,- Euro	10% des Warenwerts
Ab 950,- Euro	95,- Euro

Außerdem wird abhängig von der Entfernung noch ein Aufschlag berechnet:

Entfernung	Aufschlag
Bis 50 km	0,- Euro
Ab 51 km bis 75 km	25,- Euro
Bis 100 km	45,- Euro

Schreiben Sie ein Programm, das Warenwert und Transportentfernung einliest und daraus die Transportkosten berechnet.

2. Stellen Sie sich vor, Ihr Computer arbeitet als Warenautomat. Der Benutzer gibt den Preis für die gewählten Waren und den Geldbetrag, der bezahlt wurde (zur Vereinfachung beides in ganzen Euro), ein.

Reicht der Geldbetrag für die Bezahlung nicht aus, soll eine Fehlermeldung ausgegeben werden; bei Überzahlung ermittelt der „Automat" den Restbetrag in Münzen zu 2 und 1 Euro und 5-Euro-Scheine; wurde genau passend bezahlt, entfällt diese Berechnung natürlich.

Verwenden Sie eine geschachtelte If-Anweisung.

Tip: Zur Berechnung des Wechselgeldes können die integer-Operatoren DIV und MOD verwendet werden.

3. Schreiben Sie ein Programm, das einen Unternehmer bei seiner Preispolitik unterstützt.

   - Vom Benutzer werden eingegeben:
   - die geschätzte **Absatzmenge (m)**,
   - der geforderte **Marktpreis (p_1)** und
   - die Höhe der **fixen Kosten (K_{fix})**.

Das Programm berechnet daraus

   - den **Umsatz (U)** und
   - die **Gesamtkosten (K_{gesamt})** und vergleicht beide Größen.

Falls mit Verlust gearbeitet wird ($U < K_{gesamt}$), soll der kostendeckende Marktpreis **(p_2)** berechnet und ausgegeben werden. Ansonsten werden **Gesamt- und Stückgewinn (G_{gesamt}, G_{stueck})** berechnet und ausgegeben.

$$U = p_1 \cdot m$$

$$K_{gesamt} = -0{,}25 \cdot m^2 + m + K_{fix}$$

$$p_2 = -0{,}25 \cdot m + 1 + \frac{K_{fix}}{m}$$

$$G_{gesamt} = U - K_{gesamt}$$

$$G_{stueck} = \frac{G_{gesamt}}{m}$$

4. Entwerfen Sie ein Programm zur Währungsumrechnung. Der Benutzer soll die Möglichkeit haben, aus verschiedenen angebotenen Währungen eine auszuwählen und dann den Devisenbetrag einzugeben. Der Computer rechnet diesen Betrag in Euro um und gibt den Wert aus.

Verwenden Sie dazu die Case-Anweisung und geben Sie dem Benutzer eine Auswahlliste in etwa der folgenden Form vor:

```
Geben Sie ein:
<1>    für Schweizer Franken,
```

```
<2>      für Englische Pfund,
<3>      für US-Dollar usw.
```

Beachten Sie, daß der Benutzer möglicherweise auch falsche Eingaben macht.

5. Schreiben Sie ein Programm zur Kreditberatung.

Eingegeben werden:

- die **Höhe des Kredits (K)**,
- die **Laufzeit** in Jahren (**n**),
- der **Zinssatz** in % (**i**).

Lassen Sie sich in einem Tilgungsplan (in Tabellenform) ausgeben:

- den **Tilgungsbetrag** (jährlich gleichbleibend),
- die **Zinsen** (immer nur von der Restschuld erhoben),
- die **Annuität** (= Zins + Tilgung),
- die Summe, die insgesamt an die Bank zurückgezahlt wird.

Die Bildschirmausgabe könnte z.B. folgendermaßen gestaltet werden:

```
T I L G U N G S P L A N
================================================================
Jahr      Restschuld      Zins      Tilgung      Annuität
================================================================
 1         10000.00      1000.00     2000.00      3000.00
 2          8000.00       800.00     2000.00      2800.00
 3          6000.00       600.00     2000.00      2600.00
 4          4000.00       400.00     2000.00      2400.00
 5          2000.00       200.00     2000.00      2200.00
================================================================
Summe                                            13000.00
```

Berechnen Sie außerdem, welche jährliche Belastung sich ergibt, wenn der Kredit in jährlich gleichbleibenden Annuitäten nach der folgenden Formel getilgt wird:

$$q = \frac{i}{100} + 1$$

$$Annuitaet = K \cdot q^n \cdot \frac{q-1}{q^n - 1}$$

6. Das Bankhaus Schotter Knete Kies & Co bietet einen Sparplan zu folgenden Konditionen an:

- Gleichbleibende monatliche Einzahlung von mindestens 100,- Euro.
- Mindestlaufzeit   6 Jahre.
- Höchstlaufzeit   25 Jahre.
- Auf den eingezahlten Betrag gibt es am Ende der Laufzeit einen laufzeitabhängigen Bonus:

  Laufzeit   bis 10 Jahre,   Bonus   5%
                        bis 20 Jahre,   Bonus   15%
                        bis 25 Jahre,   Bonus   25%.
- Es wird der bei Abschluß des Sparplans gültige Zinssatz zugrunde gelegt.

Die Berechnung der jährlich anfallenden Zinsen kann nach folgender Formel erfolgen:

Zinsen = (Guthaben am Jahresanfang + monatl. Rate * 6) * Zinssatz

Schreiben Sie ein Programm, das folgendes leistet:

- Die monatliche Rate, die Laufzeit und der Zinssatz werden eingelesen.
- Das Guthaben am Ende der Laufzeit wird berechnet und aufgeschlüsselt nach Einzahlung, Zinsen und Bonus ausgegeben.
- Das Programm soll beliebig oft wiederholbar sein.

7. Der Rechner soll Ihnen die Arbeit der Einkommensteuerermittlung abnehmen. Ähnlich wie in den USA wird von einem Stufentarif ausgegangen. Für Ehepaare gelten folgende Tarifstufen:

Einkommen in Euro	Steuer in %
0 .. 10.000	0
10.001 .. 40.000	20
40.001 .. 80.000	30
> 80.000	50

Ehepaare mit Kindern können von ihrem Einkommen folgende Freibeträge pauschal abziehen:

Anzahl der Kinder	Abzugsbetrag in Euro (einmalig)
1 oder 2	6.000
3 oder mehr	16.000

Berechnen Sie für das steuerpflichtige Einkommen die zu zahlende Einkommensteuer und ermöglichen Sie dem Benutzer, das Programm beliebig oft zu wiederholen.

8. Eingegeben wird eine beliebige Serie von Zahlen; die Beendigung der Eingabe wird durch die Zahl 0 signalisiert, die aber nicht mehr zu den Eingaben gehören soll. Schreiben Sie ein Programm, das folgendes ausgibt:

- die Anzahl der eingegebenen Werte,
- die Anzahl der eingegebenen negativen Werte,
- die Summe aller eingegebenen Werte,
- den größten und den kleinsten eingegebenen Wert und
- das arithmetische Mittel aller Werte.

Beachten Sie den Fall, daß als erstes eine 0 eingegeben wird.

9. Geben Sie für einen beliebigen natürlichen Anfangswert die Glieder einer Folge aus, deren Bildungsgesetz folgendermaßen aussieht:

- Ist die momentane Zahl gerade, so ist das nächste Glied der Folge die Hälfte dieser Zahl.
- Bei einer ungeraden Zahl a lautet das nächste Folgeglied 3a + 1.
- Die Folge endet, wenn sie die Zahl 1 erreicht hat.

Beispiel für den Anfangswert 6: 6,3,10,5,16,8,4,2,1

Nach der Ausgabe der Folge sollen noch das Maximum (hier 16) und die Gliederzahl (hier 9) ausgegeben werden.

Zur Prüfung, ob eine ganze Zahl gerade ist, können Sie die Standardfunktion odd verwenden. Ihr Ergebnis ist vom Typ boolean. So liefert odd(zahl) den Wert true, falls zahl ungerade ist und den Wert false, falls zahl gerade ist.

7 Selbstdefinierte einfache Datentypen

Ein Datentyp legt einen Bereich fest, aus dem Konstanten oder Variablen Werte annehmen können, den Wertebereich. In Kapitel 4.3.2 gaben wir einen Überblick über die in Pascal vordefinierten Datentypen.

Zur Erinnerung und als Einstieg in die Definition eigener Datentypen sollen die wichtigsten Merkmale der Standarddatentypen hier noch einmal zusammengefaßt werden:

*   Zunächst unterscheiden wir zwischen **einfachen und strukturierten Datentypen**. Dabei werden die strukturierten Datentypen (z.B. STRING) aus den einfachen (z.B. char) zusammengesetzt.

*   Weiterhin lassen sich die einfachen Typen in **abzählbare/ordinale** (z.B. integer) und **nicht abzählbare Datentypen** (z.B. real) unterscheiden. Kennzeichen der ordinalen Typen ist es, daß ihr Wertebereich eine endliche Menge von Elementen ist, in der jedes Element höchstens einen Vorgänger und höchstens einen Nachfolger hat, die jeweils genau festgelegt sind.

    Der Datentyp real ist nicht abzählbar, da es **keine gleichmäßige Anordnung** gibt. Zwischen zwei reellen Zahlen liegen nämlich immer unendlich viele andere reelle Zahlen.

Sie haben in Pascal nun die Möglichkeit, Datentypen auch **selbst zu definieren**, d.h. selbst Wertebereiche festzulegen, aus denen konstante und variable Größen im Laufe der Programmausführung Werte annehmen können. In diesem Kapitel werden wir selbstdefinierte einfache ordinale Datentypen besprechen.

Aus dem geschickten Einsatz dieser Datentypen ergeben sich mehrere Vorteile:

*   Programme werden besser lesbar.
*   Der Speicherplatzbedarf sinkt.
*   Man hat die Möglichkeit relativ einfacher Wertebereichsüberprüfungen beispielsweise bei der Fehlersuche.

Es gibt zwei Arten von selbstdefinierten ordinalen Datentypen: **Aufzählungstypen** und **Teilbereichstypen**.

7.1 Aufzählungstypen

7.1.1 Vereinbarung

Wir verwenden im täglichen Leben oft Oberbegriffe für eine Menge von Objekten, unter denen eine bestimmte Reihenfolge festgelegt ist. Der Oberbegriff **Wochentag** steht beispielsweise für die Tage Montag bis Sonntag, deren Reihenfolge festgelegt ist. Derartige Begriffe kann man in Pascal durch **Aufzählungsdatentypen** darstellen, die, wie oben schon erwähnt, zu den einfachen ordinalen Datentypen gehören.

Um einen Datentyp selbst zu definieren, muß man dessen **Wertebereich und Ordnung** festlegen. Den Wertebereich bestimmt man durch die **Anzahl der Elemente**, und die Ordnung durch die **Reihenfolge der Deklarierung**.

Beispiel: Wenn Sie in Ihrem Programm eine Variable benutzen, die einen Wochentag aufnehmen soll, könnten Sie eine Variable Wochentag vom Typ integer definieren und die Tage anschließend durchnumerieren. Aber welcher soll der erste Tag der Woche sein? Sonntag oder Montag? Und welche Zahl soll ihm zugeordnet werden? 0 oder 1? Wenn ein anderer Programmierer Ihr Programm lesen oder verändern will, muß er erst herausfinden, welche Zahl für welchen Tag steht.

Sie können diesem Problem begegnen, indem Sie Wochentag nicht als integer deklarieren, sondern als Variable des von Ihnen definierten aufzählbaren Typs Tag:

```
PROGRAM Wochentag_Beispiel;
TYPE Tag =     (Montag, Dienstag, Mittwoch, Donnerstag, Freitag,
                Samstag, Sonntag);
VAR Wochentag : Tag;
BEGIN
   WriteLn ('Der erste Tag der Woche ist Montag');
   FOR Wochentag := Montag TO Samstag DO
      BEGIN
         WriteLn ('Das Wochenende rückt näher!');
         IF Wochentag = Samstag THEN
           WriteLn ('Wir haben Samstag, warum arbeiten Sie noch?')
      END
END.
```

Da jetzt jeder Tag durch seinen Namen repräsentiert wird, ist es eindeutig, welcher Tag in dem Programm jeweils gemeint ist.

Sie definieren aufzählbare Typen im **Typendeklarationsteil** eines Programms, der **nach dem Konstanten- und vor dem Variablendeklarationsteil** steht, in der folgenden Weise:

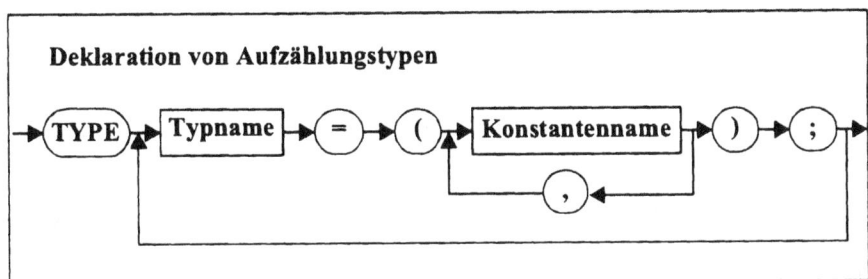

Nach dem reservierten Wort TYPE, das den Typendeklarationsteil einleitet, geben Sie zunächst einen Bezeichner für den Datentyp an und nach einem Gleichheitszeichen den Typ selbst. Handelt es sich bei dem Datentyp um einen Aufzählungstyp, wie im obigen Beispiel, zählen Sie dazu alle Werte, die eine Variable dieses Typs annehmen kann, durch Komma getrennt auf.

Damit legen Sie nicht nur die Elemente der Wertemenge fest, sondern weisen diesen Elementen mit der Reihenfolge gleichzeitig auch eine Rangfolge zu. Dabei steht das rangniedrigste Element an erster, das ranghöchste an letzter Stelle. Wenn die Reihenfolge der Elemente wichtig ist, müssen Sie dies schon bei der Deklaration beachten.

Sie können Aufzählungsdatentypen für fast jede Wertemenge deklarieren, selbstverständlich auch für solche, die sonst keine natürliche Ordnung haben, z.B.:

```
TYPE Farbe = (Rot, Gruen, Blau, Weiss, Gelb, Schwarz);
     Wetter = (Sonne, Regen, Wind, Schnee);
     Abteilungen = (Einkauf, Lager, Produktion, Versand);
```

7.1.2 Handhabung

Es ist relativ einfach, Aufzählungstypen selbst zu definieren, für ihre Verwendung in der Programmierung sind allerdings einige Merkmale zu beachten.

Standardfunktionen für ordinale Typen

Beispiel: Sie haben in Ihrem Programm den Datentyp Tag definiert und zwei Variablen dieses Typs: Wochentag und Naechstertag:

```
...
TYPE Tag = (Montag, Dienstag, Mittwoch, Donnerstag, Freitag,
            Samstag, Sonntag);

VAR Wochentag, Naechstertag : Tag;
.....
Wochentag := Mittwoch;
....
```

Es ist also möglich, der Variablen Wochentag über eine **Wertzuweisung** einen beliebigen Wert vom Datentyp Tag zuzuweisen, wie wir dies auch von der Arbeit mit den Standarddatentypen her kennen.

Wenn man jedoch beispielsweise der Variablen Naechstertag den Nachfolger von Wochentag, also Donnerstag zuweisen will, kann man dies **nicht** auf die folgende Weise tun:

```
NaechsterTag := Wochentag + 1;                            FALSCH!
```

Der Compiler bringt die Fehlermeldung Type mismatch. Da die Addition auf die Objekte des Typs tag nicht definiert ist, wurde hier versucht, zwei unverträgliche Datentypen durch die Addition miteinander zu verknüpfen.

Statt dessen ist es notwendig, auf eine der drei Funktionen zurückzugreifen, die Pascal standardmäßig für die Arbeit mit (allen!) ordinalen Datentypen zur Verfügung stellt:

1. **pred(x)** liefert als Funktionsergebnis den **Vorgänger** (engl. predecessor) des übergebenen Wertes x entsprechend der Typdefinition.

```
....
TYPE Tag = (Montag, Dienstag, Mittwoch, Donnerstag, Freitag,
            Samstag, Sonntag);
VAR Wochentag, Naechstertag : Tag;
....
Wochentag := Mittwoch;
....
```

Funktionsaufruf	Funktionsergebnis
pred (Wochentag)	Dienstag
pred (pred (Wochentag))	Montag

Auch hier ist es erlaubt, **Funktionen** zu **verketten**, das heißt, eine Funktion auf das Ergebnis einer anderen Funktion anzuwenden.

2. **succ(x)** liefert den **Nachfolger** (engl. successor) des übergebenen Wertes x, wie er sich aus der Typdefinition ergibt.

```
....
Wochentag := Mittwoch;
....
```

Funktionsaufruf	Funktionsergebnis
succ (Wochentag)	Donnerstag
succ (succ (Wochentag))	Freitag
succ (pred (Wochentag))	Mittwoch
pred (succ (Wochentag))	Mittwoch

Für die Lösung des Problems aus dem obigen Beispielprogramm wäre also die Verwendung dieser Funktion geeignet. Die Anweisung

```
Naechstertag := succ(Wochentag);
```

liefert das gewünschte Ergebnis.

3. **ord(x)** liefert eine ganze Zahl, die die Position des übergebenen Wertes x in der Werteliste der Typendeklaration anzeigt. Diese Zahl nennt man auch **Ordinalwert**.

Dem niedrigsten Element der Typdeklaration wird der Ordinalwert 0 zugeordnet, dem höchsten der Ordinalwert, der dem Umfang des Wertebereichs minus 1 entspricht, da bei 0 angefangen wird. Das Funktionsergebnis aus ord(x) ist immer eine positive ganze Zahl größer oder gleich 0. Dies gilt für alle ordinalen Typen außer für die integer-Typen. Bei letzteren liefert die Funktion ord immer den übergebenen Wert selbst, das Ergebnis kann also auch negativ sein.

```
....
Wochentag := Mittwoch;
....
```

Funktionsaufruf	Funktionsergebnis
ord (Wochentag)	2
ord (pred (Wochentag))	1
ord (succ (Wochentag))	3
ord (Freitag)	4

Zyklen

Wenn Sie succ und pred einsetzen, müssen Sie darauf achten, daß es für den als Funktionsargument übergebenen Wert einen Vorgänger oder Nachfolger gibt. Wenn die Variable des vorigen Beispiels den Wert Sonntag hat und Sie versuchen, die Zuweisung

```
Naechstertag := succ(Wochentag);
```

vorzunehmen, dann wird sich das Programm fehlerhaft verhalten. Denn Pascal weiß ja nicht, daß sich die Wochentage zyklisch wiederholen und will Naechstertag einen Wert mit der Ordinalzahl 7 zuordnen.

Um das gewünschte Ergebnis zu erhalten, können Sie für den Sonderfall z.B. eine If-Anweisung verwenden:

```
IF Wochentag = Sonntag
        THEN Naechstertag := Montag
        ELSE Naechstertag := Succ(Wochentag);
```

Datenein- und -ausgabe

Es wäre praktisch, wenn Sie die Objekte von Aufzählungstypen direkt einlesen und ausgeben könnten, leider läßt Pascal dies nicht zu. Soll einer Variablen eines solchen Datentyps über eine Benutzereingabe ein Wert zugewiesen werden, wird folgende Anweisung bei der Compilierung eine Fehlermeldung verursachen:

```
    ReadLn (Wochentag);                              FALSCH!
```

Ebenso, wenn Sie den aktuellen Wert von Wochentag in der folgenden Weise auf den Bildschirm schreiben wollten:

```
    WriteLn ('Heute ist ',Wochentag);               FALSCH!
```

Um aufzählbare Typen einzulesen bzw. auszugeben, müssen Sie die Eingabe erst in eine **Zwischenvariable** einlesen und dann mit einer Entscheidung die Zuordnung vollziehen. Dafür eignet sich die Case-Anweisung besonders gut.

```
PROGRAM Kompass;
TYPE Himmelsrichtung = (nirgendwo, Nord, Ost, Sued, West);

VAR Eingabe : char;
    Richtung : Himmelsrichtung;

BEGIN
    WriteLn ('Geben Sie an, in welche Richtung Sie in Urlaub ',
            'fahren : ');
    Write ('(<N>ord, <O>st, <W>est, <S>üd): ');
    ReadLn (Eingabe);                           {Zwischenvariable}
    Write ('Sie fahren also nach ');
    CASE Eingabe OF 'n', 'N': BEGIN
                                Richtung := Nord;
                                WriteLn ('Norden.')
                              END;
                    'o', 'O': BEGIN
                                Richtung := Ost;
                                WriteLn ('Osten.')
                              END;
                    's', 'S': BEGIN
                                Richtung := Sued;
                                WriteLn ('Süden.')
                              END;
```

```
        'w', 'W':   BEGIN
                        Richtung := West;
                        WriteLn ('Westen.')
                    END
          ELSE  Richtung := nirgendwo;
                WriteLn ('nirgendwo.')
  END;
  IF Richtung = Nord
     THEN WriteLn ('Hoffentlich ist es dort nicht zu kalt!')
END.
```

Zusammenfassung:

*   ReadLn(Richtung) bzw. WriteLn(Richtung) sind also nicht möglich.
    Sie müssen die **Wertzuweisung über eine Entscheidung** vornehmen. Um eine
    Ausgabe zu erzeugen, muß **explizit angegeben** werden, was auf den Bildschirm
    geschrieben werden soll.
*   Ansonsten können die bisher vorgestellten Programmiertechniken auch hier
    angewendet werden: Für Entscheidungen z.B. die If-Anweisung.
*   Für **Wiederholungen** eignet sich **die For-Anweisung** am besten. Ihre Steuerva-
    riable kann von jedem beliebigen ordinalen Datentyp sein und nicht nur vom
    Typ integer, wie wir meistens programmiert haben. Konstruktionen wie die
    folgenden sind also möglich:

```
TYPE  Palette = (Gelb, Rot, Blau, Gruen, Weiss, Schwarz);
      Wochentage = (Mo, Di, Mi, Don, Fr, Sa, So);

VAR   Farbe : Palette;
      Tag : Wochentage;

. . . . .
FOR Farbe:= Gelb TO Gruen DO <Anweisung>;
. . . . .
FOR Farbe := Schwarz DOWNTO Gelb DO <Anweisung>;
. . . . .
FOR Tag := Mo TO Fr DO <Anweisung>;
. . . . .
```

Wenn Sie hier Wiederholungsanweisungen mit REPEAT oder WHILE verwen-
den, müssen Sie sich bei der Schleifensteuerung mit succ beziehungsweise
pred mühsam von einem Wert zum nächsten hangeln. Außerdem bekommen
Sie möglicherweise beim korrekten Einstieg in die Schleife beziehungsweise
Ausstieg aus der Schleife Probleme, da zum Beispiel der Nachfolger des letzten
Wochentags nicht mehr definiert ist.

Fazit: Die Verwendung von selbstdefinierten Aufzählungstypen hilft, **übersichtlichere Programme** zu schreiben. Der Nachteil liegt in der **Umständlichkeit**, mit der sie zu handhaben sind.

7.2 Teilbereiche und Teilbereichstypen

Aus jedem ordinalen Datentyp kann man eine Teilmenge der Wertemenge als eigenen Datentyp definieren. Diese Teilmenge nennt man auch **Teilbereich**, einen so definierten Datentyp **Teilbereichstyp** oder Unterbereichstyp.

Die Verwendung von Teilbereichen ist nützlich, wenn Sie den Wertebereich einer Variablen auf eine Teilmenge des ursprünglichen Typs einschränken und auf diese Weise z.B. Eingabeüberprüfungen vornehmen wollen. Teilbereiche können als eigene Datentypen definiert, aber auch ohne vorherige Deklaration an vielen Stellen in einem Programm eingesetzt werden.

7.2.1 Vereinbarung von Teilbereichstypen

Ein Teilbereich wird immer angegeben, indem man seinen kleinsten und seinen größten Wert nennt und durch zwei Punkte voneinander trennt:

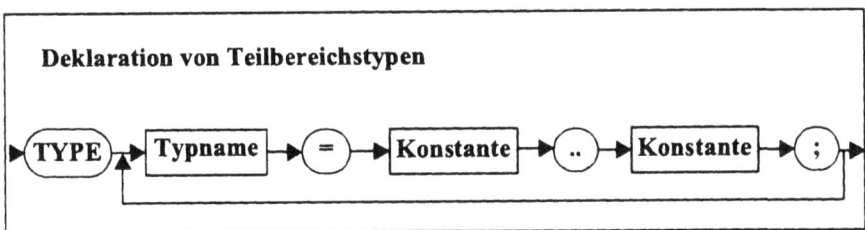

Deklaration von Teilbereichstypen

TYPE → Typname → = → Konstante → .. → Konstante → ;

Zur Veranschaulichung einige Beispiele:

```
TYPE  Noten = 1..6;
      Monate = 1..12;
      Tage = 1..31;
      Jahre = 1583..2100;

      Tag = (Mo, Di, Mi, Don, Fr, Sa, So);     {Aufzählungstyp,
                                             Do kann als Bezeichner
                                             für Donnerstag nicht
                                             verwendet werden
                                             (reserviertes Wort)}
      Werktag = Mo..Fr;
      Wochenende = Sa..So;                  {Teilbereichstypen dazu}
```

Den Typ, aus dem der Teilbereich abgeleitet wird, nennt man auch den **Basistyp** des
Teilbereichs. Also ist Werktag ein Teilbereich von Tag, und Tag ist der Basistyp
von Werktag und Wochenende. Wenn Sie Teilbereiche deklarieren, müssen Sie
aufpassen, daß der erste Wert in der Vereinbarung keinen größeren Ordinalwert hat
als der letzte Wert:

```
TYPE  Tage (mo, di, mi, don, fr, sa, so);
      urlaub = Sa..Don;                              FALSCH!
```

Bei den folgenden Beispielen ist der Basistyp zum jeweiligen Teilbereichstyp mit
angegeben:

```
TYPE  KompassBereich = 0..359;              {Basistyp Integer}
      FalscheEingabe = 'A'..'F';            {Basistyp Char}
      Monatseinkommen= 10000..30000;        {Basistyp Integer}
      Musiktyp =     (Klassik, Jazz, Folk, Soul, Funk, Rock,
                      Hardrock, Acidrock, Heavymetal, Techno);
                                            {Aufzählungstyp}
      MeineMusik = Klassik..Hardrock;
                    {Teilbereichstyp zum Basistyp Musiktyp}
```

7.2.2 Verwendung „namenloser" Teilbereiche

Grundsätzlich muß man einen Teilbereich nicht zuerst als eigenen Datentyp definieren und ihm so einen Namen geben, bevor man ihn zur Vereinbarung von Variablen
einsetzen kann:

```
  . . .
  TYPE  Tag = (Mo, Di, Mi, Don, Fr, Sa, So);   {Aufzählungstyp}
        Werktage = Mo..Fr;                      {Teilbereichstyp}
  . . . .
  VAR   Werktag : Werktage;
  . . .
```

Statt dessen kann man einen Teilbereich auch direkt in der Variablendeklaration
definieren:

```
  . . .
  TYPE  Tag = (Mo, Di, Mi, Don, Fr, Sa, So);    {Aufzählungstyp}
  . . . .
  VAR   Werktag : Mo..Fr;                       {Verwendung eines
                                                 Teilbereichstyps}
  . . .
```

Auf diese Weise verwendet man einen Teilbereich in der Variablendeklaration, für
den man sich keinen eigenen Namen auszudenken braucht.

Teilbereiche lassen sich auch im Anweisungsteil einsetzen, ohne daß sie zuvor im
Deklarationsteil eingeführt werden müssen. Wir haben dies schon bei der Behandlung der Case-Anweisung kennengelernt (vgl. Kapitel 6.2.3):

```
. . .
VAR alter : integer;
. . . .
CASE alter of 3..6 :
      WriteLn ('Du darfst zwar noch nicht wählen gehen....');
. . . .
```

In diesem Zusammenhang läßt sich der Operator IN oft geschickt einsetzen: IN ist
der Operator der Operation „Element von". Das Ergebnis dieser Operation ist
true, wenn der Operand links von IN ein Element der Menge auf der rechten Seite
ist und false, falls nicht. Alle Elemente der Menge sowie der Operand der linken
Seite müssen ordinale Datentypen sein. Die Menge, die wie in den folgenden Beispielen ein Teilbereich sein kann, wird dabei von eckigen Klammern eingeschlossen.

- ```
  TYPE woche = (mo, di, mi, don, fr, sa, so);
  . . .
  VAR   tag : woche;
        werktag : boolean;
  . . . .
  IF tag IN [mo..fr]           {Teilbereich aus Datentyp woche}
     THEN werktag := true
     ELSE werktag := false;
  ```

- ```
  VAR eingabe : integer;
  . . . .
  REPEAT
     Write ('Wert zwischen 1 und 100: ');
     ReadLn (eingabe)
  UNTIL eingabe IN [1..100];
                               {Teilbereich aus Datentyp integer}
  ```

7.2.3 Handhabung von Teilbereichstypen

Die **Vorschriften** für die Verwendung von Variablen eines Teilbereichstyps sind exakt die **des zugehörigen Basistyps**.

Aus dem Einsatz von Teilbereichstypen ergeben sich dabei einige Vorteile für die Programmierung:

*   Die Programme werden **übersichtlicher**.
*   Besteht ein Teilbereich aus weniger als 256 Elementen, braucht der Compiler für diesen Datentyp nur ein Byte pro Element zu reservieren. Programme, die Teilbereichstypen verwenden, benötigen also **weniger Speicherplatz** als solche, die den vollen Basistyp anfordern.
*   Die Verwendung von Teilbereichstypen erlaubt vereinfachte **Wertebereichs-kontrollen** im Verlaufe des Programms.

Exkurs zur Wertebereichskontrolle mit Hilfe von Teilbereichstypen

Für **Turbo-Pascal** gilt, daß die Beschränkung eines Datentyps auf einen Teilbereich nicht durchgesetzt wird, es sei denn, daß sie ausdrücklich verlangt wird. Verletzungen des Wertebereichs rufen also normalerweise keine Fehlermeldung hervor.

Dazu ein Beispiel:

```
PROGRAM Teilbereichsdemo;
TYPE Noten = 1..6;
VAR Note : Noten;
BEGIN
      Write ('Note (von 1 bis 6):');
      ReadLn (Note);
      WriteLn ('Inhalt von Note : ',note)
END.
```

Gibt der Benutzer hier für `Note` den Wert 20 an, wird dies vom Programm widerstandslos akzeptiert und der „falsche" Wert auch wieder ausgegeben.

Eine Fehlermeldung erhält man nur, wenn die **Wertebereichskontrolle** (engl. range checking) bei der Compilierung explizit aktiviert wurde. Dies erreicht man durch einen **Compiler-Befehl**, einen „aktiven" Kommentar, der stets mit { $ beginnt und mit } endet. Dabei handelt es sich um eine Anweisung, die nicht zur Laufzeit, sondern schon während der Compilierung ausgeführt wird. Der Compiler-Befehl für das Inkraftsetzen der Wertebereichskontrolle lautet { $R+ } und muß **vor den Programmkopf** geschrieben werden.

Beispiel:

```
{$R+}
PROGRAM Teilbereichsdemo;
```

Durch die Aktivierung der Wertebereichskontrolle ergibt sich allerdings eine Verlangsamung des Programmablaufs.

Die Aktivierung der Wertebereichskontrolle stellt uns nun vor ein anderes Problem: Unser Programm wird bei einer falschen Eingabe für note in derselben Weise abgebrochen, wie beispielsweise bei der Eingabe eines Buchstabens anstelle einer angeforderten integer-Zahl. Dies kommt von der **automatischen Fehlerbehandlung für Ein- und Ausgabefehler**, die normalerweise eingeschaltet ist. Sie läßt sich jedoch mit Hilfe des Compiler-Befehls {$I-} an einer beliebigen Stelle des Programms abschalten und mit {$I+} wieder einschalten.

Solange die automatische Fehlerbehandlung für Ein- und Ausgabefehler abgeschaltet ist, kann durch den Aufruf der Standardfunktion IOResult (IO steht dabei für Input/Output) geprüft werden, ob sich ein Fehler ereignet hat: IOResult liefert einen integer-Wert, der den Status der jeweils letzten Ein-/Ausgabe anzeigt. Solange sich kein Fehler ereignet hat, liefert IOResult den Wert 0. Beim Auftreten eines Fehlers bekommt IOResult die Nummer des entsprechenden Fehlers zugewiesen, beispielsweise den Wert 201 für den Fehler „Range check error". Dieser Fehler hat bei aktivierter automatischer Fehlerbehandlung den Abbruch des Programms zur Folge.

Jetzt können wir ein Programm schreiben, das ohne abzubrechen solange Eingaben vom Benutzer anfordert, bis diese im Sinne des Programms korrekt sind:

```
{$R+}                       {aktiviert die Wertebereichskontrolle}
PROGRAM Teilbereichsdemo;
TYPE    Noten = 1..6;
VAR     Note : Noten;
        Fehlercode : byte;
BEGIN
    REPEAT
        Write ('Note (von 1 bis 6):');
        {$I-}                           {schaltet die automatische
                                         Fehlerbehandlung für Ein-
                                         und Ausgabefehler aus}
        ReadLn (Note);
        Fehlercode := IOResult;     {prüft die Eingabe auf Fehler;
                        muß direkt nach dem zu überprüfenden
                        Befehl (hier ReadLn) stehen, da IOResult
                        sonst wieder den Wert 0 liefert.}
    UNTIL Fehlercode = 0;           {Schleife wird verlassen, wenn
                                     die Eingabe korrekt war}
    {$I+}                           {schaltet automat. Fehler-
                                     behandlung wieder ein}
    WriteLn ('Inhalt von Note : ',note)
END.
```

7.3 Kontrollfragen und Programmieraufgaben

7.3.1 Kontrollfragen

1. Welches sind die wichtigsten Kennzeichen der einfachen ordinalen Datentypen?

2. Worin unterscheiden sich Aufzählungs- und Teilbereichstypen?

3. Wo liegen die Fehler der folgenden Programmfragmente?

a) Das Programm soll eine Meldung ausgeben, wenn die Variable den Wert Motorrad hat:

```
PROGRAM Verkehr;
TYPE verkehrsmittel = (bahn, auto, motorrad, flugzeug);
VAR    transport : verkehrsmittel;
....
IF verkehrsmittel = motorrad
   THEN WriteLn ('Maximale Zuladung: 200 kg!');
...
```

b) Das Programm soll für jedes Produkt die Bezeichnung ausgeben:

```
PROGRAM angebot;
TYPE palette = (Milch, Butter, Quark, Joghurt, Eis,
                Sahne, Schmand);
VAR    produkt : palette;
BEGIN
   WriteLn ('Unser Angebot für Sie: ');
   FOR Produkt := Milch TO Schmand DO WriteLn (Produkt:15)
END.
```

c) Der Variablen zahlzwei soll der Wert zwei zugewiesen werden:

```
...
TYPE werte = (eins, zwei, drei, vier, fuenf, sechs, sieben);
VAR    zahleins, zahlzwei: werte;
....
zahleins := drei;
zahlzwei := zahleins - 1;
...
```

d) Das Programm soll der Variablen monat verschiedene Werte zuweisen und für die Sommermonate jeweils eine Meldung ausgeben.

```
PROGRAM Eiszeitmeldung;
TYPE jahr =   (jan, feb, mar, apr, mai, jun, jul,
               aug, sep, okt, nov, dez);
VAR  monat : jahr;
```

```
        eiszeit : jun..aug;
BEGIN
monat := jan;
REPEAT
    CASE monat OF eiszeit : Write ('Eiszeit!!!') END;
    monat := succ (monat)
UNTIL monat := dez;
END.
```

7.3.2 Programmieraufgaben

1. Erweitern bzw. korrigieren Sie das Programm aus Aufgabe 3b) in der folgenden
   Weise:

   Der Benutzer wird aufgefordert, sich für eines der Produkte aus der Palette zu
   entscheiden. Für alle anderen Produkte erhält er anschließend eine Meldung,
   die ihn zum Kauf auffordern und erneut die Möglichkeit, sich für eines der Produkte zu entscheiden. Dies wird solange wiederholt, bis sich der Benutzer dazu
   entschließt, das Programm abzubrechen.

2. Schreiben Sie ein beliebig wiederholbares Programm, das prüft, ob ein eingegebenes Datum korrekt ist. Bei korrekter Eingabe wird das Datum formatiert ausgegeben.

Beispiel:	Eingabe:	Tag	:	5
		Monat	:	1
		Jahr	:	1995
	Ausgabe:	Eingabe korrekt!		
		5. Januar 1995.		

   Dabei sind Schaltjahre zu berücksichtigen: Schaltjahre sind grundsätzlich alle
   durch vier teilbaren Jahre. Ist ein Jahr durch 100 teilbar, ist es jedoch kein
   Schaltjahr, außer es ist durch 400 teilbar.

3. Es soll ein Programm geschrieben werden, das einen Glücksspielautomaten
   simuliert. Für jedes Spiel werden 5 Euro Einsatz verlangt. Die Maschine zieht
   in jedem Spiel drei mal eine Farbe aus sechs möglichen. Der Spieler gewinnt 20
   Euro, wenn alle drei gezogenen Farben gleich sind und 10 Euro, wenn zwei der
   Farben gleich sind, sonst gewinnt er nichts.

   Nach jedem Spiel wird der aktuelle Kontostand ausgegeben. Solange der Kontostand über dem erforderlichen Spieleinsatz liegt, wird der Spieler gefragt, ob
   er aufhören oder weiterspielen möchte.

Verwenden Sie zur Programmierung soweit wie möglich Konstanten und selbstdefinierte Datentypen.

8 Strukturierte Datentypen

Strukturierte Datentypen werden aus Elementen einfacher Datentypen zusammengesetzt. Wir werden in diesem Kapitel drei Formen strukturierter Datentypen vorstellen:

- STRING   :   Enthält Zeichenketten.
- ARRAY   :   Enthält eine Liste beliebiger gleichartiger Datentypen.
- RECORD   :   Erlaubt es, unterschiedliche Datentypen zu einem Datensatz zusammenzufassen.

Bevor wir den Datentyp STRING besprechen, wollen wir uns zunächst die Elemente, aus denen er besteht, die Zeichen, etwas näher anschauen.

8.1   Vorbemerkung: der ASCII-Zeichensatz und der Datentyp Char

Wenn Sie über die Tastatur einen Buchstaben oder ein anderes **Zeichen** in den Computer **eingeben**, so wird dieses Zeichen bei der Verarbeitung vom Computer intern nicht in seiner textuellen Form dargestellt, sondern zunächst nach einem festgelegten **Code** in eine **Zahl zwischen 0 und 255** umgewandelt. Dem Buchstaben A beispielsweise wird der Zahlencode 65 zugeordnet. Dieser Zahlencode wird dann in **Binärcode,** das heißt in eine Zahl des dualen Zahlensystems umgewandelt. Eine solche Folge aus Nullen und Einsen ist die einzige „Sprache", die der Computer intern versteht:

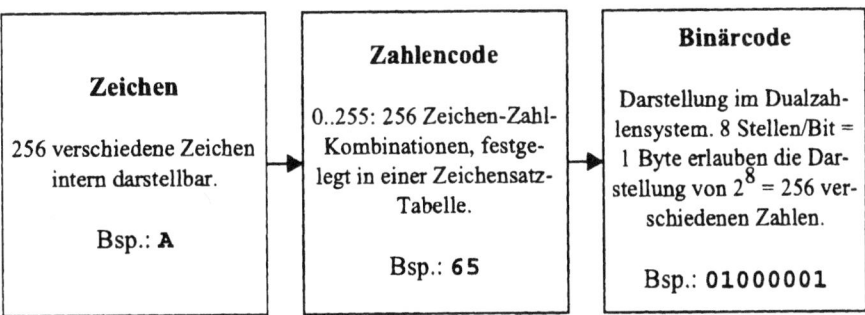

Damit Computerbenutzer auf jedem Rechner die gleichen Zeichen vorfinden, haben sich die Verantwortlichen **international** auf bestimmte **Zeichen-Zahl-Kombinationen** geeinigt, die durch den sogenannten **American Standard Code of Information Interchange (ASCII)** festgelegt werden. Ursprünglich war dieser Code nur mit 7 Bit, also 7 Stellen im Dualzahlensystem definiert, was die Darstellung von

$2^7 = 128$ Zeichen erlaubte. Die Firma IBM erweiterte diesen Code um ein zusätzliches Bit, so daß wir jetzt $2^8 =$ insgesamt 256 Zeichen benutzen können. Dabei sind die Codes von 1 bis 127 international genormt, während die Erweiterungen von 128 bis 255 häufig maschinenspezifisch mit verschiedenen Grafiksymbolen, Umlauten, mathematischen Sonderzeichen u.ä. belegt sind. Hier finden sich beispielsweise die deutschen Umlaute.

In einer Zeichensatz -Tabelle (Codepage) finden Sie in der ersten Spalte jeweils den dezimalen Wert der **Zeichen** (den Zeichencode C) und in der zweiten Spalte das zu diesem Wert gehörige Zeichen Z. Jedes dieser Zeichen können Sie erzeugen, auch wenn es nicht auf Ihrer Tastatur vorhanden ist, wenn Sie den **Zahlencode bei niedergedrückter ALT-Taste eingeben**. Prinzipiell ist dies von allen Programmen aus möglich. Probieren Sie es aus!

Die Zeichensatztabelle, die dem Rechner zugrunde liegt, auf dem dieses Buch geschrieben wurde, ist folgende:

C	Z	C	Z	C	Z	C	Z	C	Z	C	Z	C	Z	C	Z
32		60	<	88	X	116	t	144	Ê	172	¼	200	+	228	õ
33	!	61	=	89	Y	117	u	145	æ	173	¡	201	+	229	Õ
34	„	62	>	90	Z	118	v	146	Æ	174	«	202	-	230	µ
35	#	63	?	91	[	119	w	147	ô	175	»	203	-	231	þ
36	$	64	@	92	\	120	x	148	ö	176	_	204	¦	232	Þ
37	%	65	A	93	]	121	y	149	ò	177	_	205	-	233	Ú
38	&	66	B	94	^	122	z	150	û	178	_	206	+	234	Û
39	'	67	C	95	_	123	{	151	ù	179	¦	207	¤	235	Ù
40	(	68	D	96	`	124	|	152	ÿ	180	Á	208	ð	236	ý
41	)	69	E	97	a	125	}	153	Ö	181	Â	209	Đ	237	Ý
42	*	70	F	98	b	126	~	154	Ü	182	À	210	Ê	238	¯
43	+	71	G	99	c	127		155	ø	183	À	211	Ë	239	´
44	,	72	H	100	d	128	Ç	156	£	184	©	212	È	240	-
45	-	73	I	101	e	129	ü	157	Ø	185	¦	213	i	241	±
46	.	74	J	102	f	130	é	158	×	186	¦	214	Í	242	_
47	/	75	K	103	g	131	â	159	ƒ	187	+	215	Î	243	¾
48	0	76	L	104	h	132	ä	160	á	188	+	216	Ï	244	¶
49	1	77	M	105	i	133	à	161	í	189	¢	217	+	245	§
50	2	78	N	106	j	134	å	162	ó	190	¥	218	+	246	÷
51	3	79	O	107	k	135	ç	163	ú	191	+	219	_	247	,

C	Z	C	Z	C	Z	C	Z	C	Z	C	Z	C	Z	C	Z
52	4	80	P	108	l	136	ê	164	ñ	192	+	220	0	248	°
53	5	81	Q	109	m	137	ë	165	Ñ	193	-	221	¦	249	¨
54	6	82	R	110	n	138	è	166	ª	194	-	222	Ì	250	·
55	7	83	S	111	o	139	ï	167	º	195	+	223	_	251	¹
56	8	84	T	112	p	140	î	168	¿	196	-	224	Ó	252	³
57	9	85	U	113	q	141	ì	169	®	197	+	225	ß	253	²
58	:	86	V	114	r	142	Ä	170	¬	198	ã	226	Ô	254	_
59	;	87	W	115	s	143	Å	171	½	199	Ã	227	Ò	255	

Der Wertebereich des Datentyps char (char von engl. character für Zeichen) umfaßt genau diese 256 Zeichen des ASCII- und des erweiterten IBM-Zeichensatzes.

Der ASCII-Code enthält **druckbare und nicht druckbare Zeichen**.

- **Druckbare Zeichen** können Sie darstellen, indem Sie sie wie folgt in Hochkommata einschließen:

  'a' '$' ' ' 'J' '®'

  Auch das Leerzeichen ist ein druckbares Zeichen - und wird als Leerzeichen zwischen zwei Hochkommas dargestellt. Die druckbaren Zeichen beginnen bei Nummer 32 und sind in der obigen Tabelle aufgelistet.

- **Nicht druckbare Zeichen** (sog. Kontrollzeichen) können Sie innerhalb eines Pascal-Programms darstellen, indem Sie ihrem ASCII-Code das Nummernzeichen # voranstellen. Sie können diese Zeichen eingeben, indem Sie die Control-Taste (Ctrl) gedrückt halten und gleichzeitig einen weiteren Buchstaben eintippen. Viele Kontrollzeichen haben sogar **eigene Tasten**.

  Bsp.: #13 bedeutet also ^M oder Wagenrücklauf (Enter).

  Die **Wirkung** eines Kontrollzeichens hängt vom gerade laufenden Programm ab. Im Turbo Pascal-Editor dient die Control-Taste beispielsweise dazu, Programmzeilen zu löschen, wenn gleichzeitig die Taste Y betätigt wird.

Es gibt in Pascal zwei **Standard-Funktionen**, die in diesem Zusammenhang nützlich sind:

- chr (<byte-Zahl>)
  liefert als Funktionsergebnis zur übergebenen Zahl zwischen 0 und 255 das zugehörige ASCII-Zeichen.

• ord (<Zeichen>)

liefert als Funktionsergebnis den ASCII-Zeichencode zum übergebenen Zeichen.

Also :   Zeichen := chr (65) ;   Zeichen bekommt den Wert A,
            Code := ord ('A') ;   Code bekommt den Wert 65.

Dazu ein kleines Beispiel:

```
PROGRAM chardemo;
TYPE Buchstaben = 'A'..'z'; {Teilbereichstyp zum Basistyp char}
VAR Zeichen : Buchstaben;
BEGIN
   Write ('Gib einen Buchstaben ein: ');
   ReadLn (zeichen);
   WriteLn;
   WriteLn ('Der Buchstabe ',zeichen,' hat im ASCII-',
            'zeichensatz die Ordnungsnummer: ',ord(zeichen))
END.
```

Wir können uns auch den kompletten Zeichensatz unseres Computers mit Hilfe des folgenden Programms auf den Bildschirm holen:

```
PROGRAM Zeichencode;
USES Crt;
VAR   Zeichen : char;
      Code : byte;
BEGIN
   ClrScr;
   FOR Code := 32 TO 255 DO
      BEGIN
         Zeichen := chr(Code);
         Write (Code:6);
         Write (Zeichen:2)
      END
END.
```

Um den Zeichensatz des Druckers ausdrucken zu lassen, müssen wir nur in jede Schreibanweisung ein LST einfügen und ein WriteLn(LST); am Ende des Programms einfügen. Dieser Zeichensatz kann zu dem des Computers unterschiedlich sein!

Außerdem müssen wir dazu bei der Verwendung von Turbo-Pascal ab Version 5.0 die Unit Printer in das Programm einbinden, da hier alle Funktionen und Prozeduren gespeichert sind, die den Drucker ansprechen. Das Programm sieht dann folgendermaßen aus:

```
PROGRAM Zeichencode_Druck;
USES Crt, Printer;
VAR   Zeichen : char;
      Code : byte;
BEGIN
   ClrScr;
   FOR Code := 32 TO 255 DO
      BEGIN
         Zeichen := chr(Code);
         Write (LST,Code:5);
         Write (LST,Zeichen:2);
            IF (Code - 32) MOD 10 = 0 THEN WriteLn (LST)
      END;
   WriteLn (LST)
END.
```

8.2   Datentyp String

8.2.1 Zeichenketten

Ein String ist eine **Folge von Zeichen** des Datentyps char, das heißt er wird aus Elementen des Datentyps char zusammengesetzt.

Beispiel: 'Starten Sie mit <Enter>'

Dieser String besteht aus den Zeichen 'S','t','a','r','t','e','n'....

Eine Zeichenkette wird immer von Hochkommata eingeschlossen, um eindeutig festzulegen, wo sie beginnt und endet. Die Länge, also die Anzahl der Zeichen zwischen den Hochkommata, beträgt im Beispielstring 23.

Wir haben mit konstanten Zeichenketten, die während des Programmablaufs nicht verändert werden, schon an früherer Stelle gearbeitet:

• Zeichenketten können zum einen als **Konstanten im Konstantendeklarationsteil** eines Programms vereinbart werden (vgl. dazu Abschnitt 4.4.4).

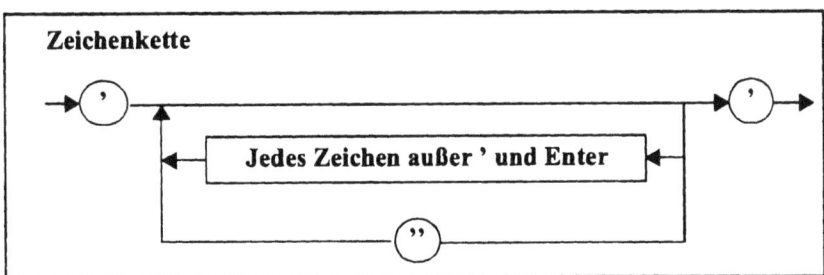

Beispiele für zulässige String-Konstanten:

- `'a'`
- `'Himmelherrgottsakramentundkruzitürken!'`
- `'Hallo, wie geht''s?'`
  Um ein Hochkomma innerhalb des Strings darzustellen, müssen Sie zwei
  Hochkommata schreiben.

- `''`

  Dies ist ein leerer oder Nullstring, das heißt ein String von der Länge 0 -
  man sieht überhaupt nichts, wenn er angezeigt wird.

- Zweitens haben wir konstante Strings schon vielfach für die Ausgabe von Text
  auf dem Bildschirm innerhalb der `WriteLn`-Anweisung verwendet.

8.2.2   Deklaration von String-Variablen

In Turbo-Pascal haben wir nun die Möglichkeit, auch **Variablen vom Typ** `STRING`
zu definieren, welche dann Zeichenketten aufnehmen können. Da sich die so dekla-
rierten Variablen aus Elementen des einfachen Datentyps `char` zusammensetzen,
werden Stringtypen der Klasse der **strukturierten Datentypen** zugerechnet. Der
große Vorteil ihrer Verwendung liegt darin, daß wir die Möglichkeit haben, die
gesamte Zeichenkette als eine **geschlossene Einheit** zu behandeln, aber auch jederzeit auf die **einzelnen Zeichen zugreifen** können.

Die Deklaration von String-Variablen geschieht wie üblich mit Bezeichner, Doppelpunkt und Typangabe, wobei es sich diesmal um einen **String-Typ** handelt:

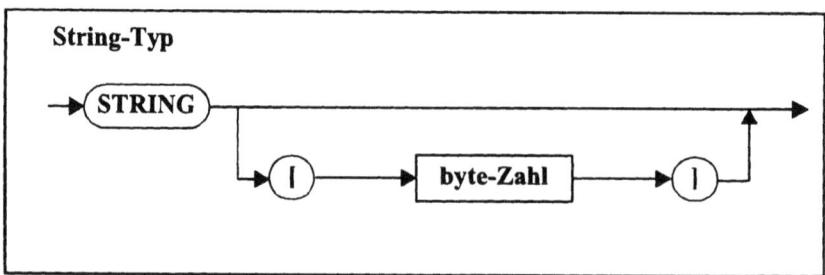

Die byte-Zahl in eckigen Klammern gibt dabei die Höchstzahl von Zeichen, die ein
String dieses Typs enthalten kann, also seine maximale Länge, an. Ihr Wert liegt
zwischen 0 und 255. Ein String kann also maximal 255 Zeichen lang sein.

Für die maximale Stringlänge muß von vornherein ein **konstanter** Wert angegeben
werden, die Verwendung eines Variablennamens an dieser Stelle ist nicht zulässig.

Wenn Sie eine Variable vom Typ STRING[20] deklarieren, wird Turbo-Pascal 20 + 1 Byte Speicherplatz bereithalten, um den größtmöglichen String aufnehmen zu können: 20 Byte für die maximal 20 Zeichen des Strings und 1 Byte, um die aktuelle Länge zu vermerken.

Wenn Sie für den String **keine Länge** deklarieren, reserviert der Compiler die **maximal mögliche Länge** für einen String: 255 Zeichen.

Beispiel für eine Stringdeklaration:

```
VAR Studienfach : STRING[40];
```

Jetzt sind 41 Byte für Studienfach freigemacht. Wenn Sie dieser Variablen nun einen Wert zuweisen, z.B.

```
Studienfach := 'Volkswirtschaftslehre';
```

ist die **aktuelle Länge** von Studienfach 21, obwohl die **maximale Länge** immer noch 40 ist. Stellen Sie sich einen String als eine Menge aufeinanderfolgender Bytes im Speicher vor. Nach der Zuweisung enthält das erste Byte die aktuelle Länge (21), das zweite Byte das Zeichen 'V', das dritte 'o' und so fort. Nicht verwendete Bytes am Ende des Strings können beliebige Zeichen enthalten. Turbo-Pascal weiß aber aufgrund der Längenangabe im ersten Byte, daß diese Zeichen nicht zur aktuellen Zeichenkette gehören.

Während die **maximale Länge** des Strings aus der **Typdeklaration** hervorgeht und bei der Compilierung festgelegt wird, kann die **aktuelle Länge** des Strings während der Ausführung des Programms **verändert** werden.

Noch ein kleines Beispielprogramm:

```
PROGRAM StringDemo;
VAR S : STRING[20];
BEGIN
    S := 'Hallo!';
    WriteLn (S);
    S := 'Auch schon da?';
    WriteLn (S)
END.
```

Dieses Programm schreibt   Hallo!
                                Auch schon da?

auf den Bildschirm.

8.2.3 Arbeiten mit String-Variablen

Bei der **Zuordnung** eines Textes zu einer String-Variablen (**Wertzuweisung**) muß der **Text in Hochkommata** eingeschlossen werden.

```
Name := 'Gotthilf Penibel';
Name := '007';
```

Auch wenn String-Variablen nur Zahlen beinhalten, können Sie mit diesen **nicht rechnen**! Zu 007 können Sie z.B. nichts dazuzählen oder abziehen.

Es folgt ein Beispiel zur Arbeit mit String-Variablen. Der Benutzer gibt für einen Kunden Namen und Adresse sowie einen Nettorechnungsbetrag ein. Dazu berechnet das Programm Mehrwertsteuer und Rechnungsendbetrag und gibt die gesamte Rechnung in formatierter Form aus:

```
PROGRAM Rechnungsdruck;
USES      Crt;
CONST     MwStS = 0.16;                         {Mehrwertsteuersatz}
TYPE      NamensTyp = STRING [20];
          AdressTyp = STRING [50];
VAR       netto, mwst, brutto : real;
          Name, Vorname : NamensTyp;
          Strasse, Ort : AdressTyp;

BEGIN
   ClrScr;                                      {Dateneingabe}
   Write ('Name            : ');
   ReadLn (Name);
   Write ('Vorname         : ');
   ReadLn (Vorname);
   Write ('Strasse         : ');
   ReadLn (Strasse);
   Write ('PLZ Ort         : ');
   ReadLn (Ort);
   WriteLn;
   Write ('Nettobetrag     : ');
   ReadLn (netto);

   mwst      := netto * mwsts;                   {Berechnungen:}
   brutto    := netto + mwst;
                                                 {Datenausgabe}

   ClrScr;
   WriteLn ('RECHNUNG für ');
   WriteLn; WriteLn;
   WriteLn (Vorname,' ',Name);
   WriteLn (Strasse); WriteLn;
   WriteLn (Ort); WriteLn; WriteLn;
   WriteLn ('    Nettobetrag               :     ',netto:12:2,' EUR');
```

```
WriteLn ('+  MwSt.                  :    ',mwst:12:2,' EUR');
WriteLn ('----------------------------------------------');
WriteLn ('=  Bruttorechnungsbetrag :    ',brutto:12:2,' EUR');
WriteLn ('==============================================')
END.
```

Daraus ergibt sich folgende Bildschirmausgabe:

```
RECHNUNG für


Felix Maier
Parkstraße 123

45678 Beispielstadt


    Nettobetrag        :        645.87 EUR
 +  MwSt.               :        103.34 EUR
 ----------------------------------------------
 =  Bruttorechnungsbetrag:        749.21 EUR
 ==============================================
```

Dazu noch einige Bemerkungen:

* Das Arbeiten mit String-Variablen ist in Turbo-Pascal sehr komfortabel gelöst.
  Sie können die Anweisungen ReadLn und WriteLn in derselben Weise verwenden, wie Sie es von den einfachen Variablen gewohnt sind, das heißt Eingaben anfordern oder sich den aktuellen Variableninhalt ausgeben lassen.

* Das Beispiel zeigt den ersten Schritt zur Erstellung von Serienbriefen: Statt die
  Adresse jedes Kunden „von Hand" einzugeben, könnten Sie diese auch einmal
  in eine Kundendatei eingeben und von dort aus einlesen. Ebenso könnten Sie die
  Rechnungsbeträge in einer Auftragsdatei verwalten. Zur Rechnungsschreibung
  müßten Sie beide Dateien an das obige Programm übergeben und könnten sich
  dann gemütlich zurücklehnen, während der Computer alle Rechnungen automatisch auf dem Bildschirm - oder noch besser auf dem Drucker - ausgibt.

Feststellen der aktuellen Länge eines Strings

Mit Hilfe der Standardfunktion Length können Sie sich die **aktuelle Länge** eines Strings ausgeben lassen. Das Funktionsergebnis ist ein byte-Wert und entspricht der Anzahl der im String enthaltenen Zeichen.

Aufruf: Length (s); [s ist dabei vom Typ STRING]

Beispiele:

```
•  PROGRAM Laenge;
   VAR s : STRING[30];
   BEGIN
       s := 'Gut programmiert, Meister!';
       WriteLn (s,' -> dieser String hat die Länge ',Length(s));
       s := '';                      {das ist ein Nullstring}
       WriteLn (s,' hat die Länge ',Length(s))
   END.
```

```
•  PROGRAM Buchstaben_Zaehlen;
   {Das Programm findet heraus, wieviele 'e' ein eingegebener
   Text enthält}
   VAR   Text : STRING;
         Anzahl_e, i : integer;
   BEGIN
       WriteLn ('Geben Sie Ihren Text ein (Ende mit <Enter>) ');
       ReadLn (Text);
       Anzahl_e := 0;
       FOR i := 1 TO Length(Text) DO
           IF (Text[i] = 'e') OR (Text[i] = 'E')
           THEN Anzahl_e := Anzahl_e + 1;
       WriteLn ('In diesem Text sind ',Anzahl_e,' "e" bzw. ',
                                        '"E" enthalten.')
   END.
```

Im zweiten Programm **greifen wir auf die einzelnen Elemente des eingegebenen Strings** zu. Dies geschieht mittels eines **Indizes,** der in eckige Klammern eingeschlossen wird ([ ]). In der For-Schleife werden die einzelnen Elemente (Zeichen) des Strings nacheinander danach untersucht, ob sie gleich „e" oder „E" sind oder nicht.

Die If-Anweisung ist folgendermaßen zu lesen: „Falls der Text an der Stelle i = 'e' oder 'E' ist, dann erhöhe Anzahl_e um 1."

Diese Indizierung sollten Sie sich merken, da sie uns bald noch einmal begegnen wird.

Vergleichsoperatoren auf den Datentyp String

Zeichenketten können wie zwei Zahlen miteinander verglichen werden. In Turbo-Pascal verwenden Sie dafür dieselben Operatoren, die Sie auch für andere Datentypen verwendet haben: =, < >, <, >, <=, >=.

Mit den beiden Symbolen < und > können Sie String-Variablen z.B. alphabetisch **miteinander vergleichen** und damit auch auf einfache Weise **sortieren**: Zuerst werden die Anfangsbuchstaben miteinander verglichen; sind sie gleich, werden die zweiten Buchstaben verglichen und so weiter.

Das folgende Programm liest zwei Wörter ein und gibt sie alphabetisch sortiert wieder aus:

```
PROGRAM Wortvergleich;
VAR Wort1, Wort2 : STRING;
BEGIN
    Write ('Erstes Wort:  ');
    ReadLn (Wort1);
    Write ('Zweites Wort: ');
    ReadLn (Wort2);
    WriteLn;
    IF Wort1 < Wort2
        THEN WriteLn (Wort1,'    ',Wort2)
        ELSE WriteLn (Wort2,'    ',Wort1)
END.
```

Achtung: Für die Ordnung der String-Variablen sind **zwei Kriterien maßgeblich:** der **ASCII-Code und die String-Länge.** „Anna" ist kleiner als „Otto", weil der ASCII-Code von „A" kleiner als der von „O" ist. „Zeppelin" kommt in diesem Sinne vor „anhalten", da der ASCII-Code für „Z" (90) kleiner ist als der von „a" (97).

Zwei Strings sind nur dann gleich, wenn sie genau dieselben und gleich viele Zeichen enthalten. Wenn zwei Strings verschieden lang sind, aber bis zur Länge des kürzeren Strings dieselben Zeichen enthalten, ist der kürzere kleiner.

Weil die **Großbuchstaben einen anderen ASCII-Code haben als Kleinbuchstaben,** spielt die Groß- und Kleinschreibung eine Rolle. Deshalb kann es bei String-Vergleichen sinnvoll sein, eine Funktion anzuwenden, die eine **einheitliche Schreibweise für zu vergleichende Strings** herstellt:

Hier steht uns die Standardfunktion Upcase zur Verfügung, die **einzelne Zeichen in Großbuchstaben umwandelt.**

Aufruf: Upcase (ch);

Sowohl das zu übergebende Argument ch als auch das Funktionsergebnis sind vom Datentyp char.

upcase wandelt alle Kleinbuchstaben im Bereich von 'a'..'z' in den entsprechenden Großbuchstaben um. Alle Werte außerhalb dieses Bereichs bleiben unverändert - auf die deutschen Umlaute hat Upcase keine Wirkung.

Dazu ein Beispiel: Das folgende Programm wandelt einen eingegebenen Text in Großbuchstaben um. Dabei wird wiederum mittels eines Indizes in eckigen Klammern ([ ]) auf die Einzelelemente des Strings zugegriffen:

```
PROGRAM Grossbuchstaben;
VAR   Text : STRING;
      i : integer;
BEGIN
    WriteLn ('Geben Sie einen Text ein, ');
    WriteLn ('das Programm wandelt alle Buchstaben in ',
                                    'Großbuchstaben um: ');
    WriteLn ('(Ende mit <Enter>)');
    ReadLn (Text);
    FOR i := 1 TO Length (Text) DO Text[i] := Upcase(Text[i]);
    WriteLn;
    WriteLn(Text)
END.
```

Addition

Die einzige arithmetische Operation, die für Variablen vom Typ STRING definiert ist, ist die **Addition**. Auf diese Weise bietet sich uns die Möglichkeit, zwei oder mehrere Strings zu einem großen String zusammenzufügen:

```
PROGRAM StringAddition;
VAR wort1, wort2, wort3 : STRING;
BEGIN
    Wort1 := 'Was du heute kannst besorgen';
    Wort2 := 'das verschiebe nicht auf morgen';
    Wort3 := wort1 + ', ' + wort2;
    WriteLn (wort3)
END.
```

Diese Operation erlangt auch im folgenden Beispiel Bedeutung: Vom Programmbenutzer soll an die Variable Text eine Zeichenkette übergeben und anschließend auf dem Bildschirm wieder ausgegeben werden. Dies läßt sich auf die folgende Art realisieren:

```
PROGRAM Zeichenkette1;
VAR    Text : STRING;

BEGIN
   WriteLn ('Geben Sie einen Text ein (Abschluß mit Enter):');
   ReadLn (Text);
   WriteLn; WriteLn;
   WriteLn ('Der Text lautete: ');
   WriteLn (Text)
END.
```

Bei der Arbeit mit diesem Programm werden Sie möglicherweise feststellen müssen, daß bei der Verwendung der Anweisung ReadLn nur maximal 127 Zeichen an die String-Variable übergeben werden können. Der Rest wird einfach abgeschnitten. Dies liegt an der internen Funktionsweise der Anweisung ReadLn.

Das folgende Beispielprogramm liefert eine Lösung, indem es den String Text mit Hilfe der Funktion ReadKey und der Addition schrittweise aufbaut. Die Standardfunktion ReadKey ist in der Unit Crt enthalten. Sie liefert als Funktionsergebnis ein einzelnes Zeichen, das über Tastatur eingelesen wird, ohne daß es wie bei ReadLn auch auf dem Bildschirm ausgegeben wird.

```
PROGRAM Zeichenkette2;
USES Crt;
VAR    Text : STRING;
       Buchstabe : char;

BEGIN
   WriteLn ('Geben Sie einen Text ein (Abschluß mit Enter):');
   Text := '';
   REPEAT
      Buchstabe := ReadKey;    {Buchstabe über Tastatur eingelesen}
      Write (Buchstabe);       {Anzeige auf dem Bildschirm}
      Text := Text + Buchstabe        {Schrittweiser Aufbau der
                                        String-Variablen Text}
   UNTIL Buchstabe = #13;      {#13 steht für das Betätigen
                                        der Enter-Taste}
   WriteLn; WriteLn;
   WriteLn ('Der Text lautete: ');
   WriteLn (Text)
END.
```

Neben den hier besprochenen gibt es noch eine ganze Reihe weiterer Standardfunktionen und -prozeduren zur Arbeit mit String-Größen, die beispielsweise bei Herschel/Dieterich, S. 162ff. erklärt werden.

8.3   Datentyp Array

8.3.1   Eindimensionale Array-Variablen

ARRAY (engl. für Aufstellung, Reihe) bezeichnet wie auch der Datentyp STRING einen zusammengesetzten/strukturierten Datentyp. Während ein String-Typ immer aus Einzelzeichen vom Typ char zu einer Zeichenkette zusammengesetzt wird, besteht ein Array-Typ aus Komponenten eines beliebigen Datentyps.

Ein Array bezeichnet eine Liste von gleichartigen Variablen eines beliebigen Datentyps.

Nehmen wir an, Sie wollen ein Programm schreiben, das die Beträge der von Ihnen ausgestellten Schecks aufsummiert. Was Ihr Programm dabei sicherlich braucht, ist **eine Liste aller Schecks** mit den **jeweiligen Beträgen**.

Sie könnten dafür eine Variable für jeden Scheck deklarieren:

```
VAR  Scheck1, Scheck2, Scheck 3, ... : real;
            {Betrag von Scheck 1, Scheck 2, Scheck 3 usw.}
       ...
```

Dies kann jedoch schnell ermüdend werden, wenn Sie viele Schecks ausstellen. Außerdem werden Sie Probleme bekommen, wenn Sie eine Schleife schreiben wollen, die alle Schecks prüft und mit jedem etwas macht, z.B. von allen die Summe berechnet.

Sie können z.B. **nicht** schreiben:

```
FOR Scheck := Scheck1 TO Scheck25 DO          FALSCH!
   Summe := Summe + Scheck;
```

Das Problem läßt sich lösen, indem wir die Scheckliste in ein **Array** schreiben. Die Verwendung eines Arrays erlaubt uns die Definition einer ganzen **Liste von Variablen des gleichen Typs**.

Sie deklarieren

```
VAR Scheckbuch : ARRAY[1..10] OF real;
```

und teilen dem Compiler auf diese Art mit, daß sich der Bezeichner Scheckbuch auf eine Liste von 10 Variablen des Typs real bezieht, wobei jeder Variablen als Position, die sie in der Liste einnimmt, eine Index-Zahl zwischen 1 und 10 zugeordnet ist. Konkrete Werte wurden bis jetzt noch nicht vergeben, sondern nur die Liste definiert.

Scheckbuch (Array)

Index (1..10) - Numerierung	1	2	3	4	5			9	10
Konkrete **real**-Werte	noch undefi-niert	noch undefi-niert	noch undefi-niert	noch undefi-niert	noch undefi-niert			noch undefi-niert	noch undefi-niert

Formal gestaltet sich die Angabe eines Array-Typs folgendermaßen:

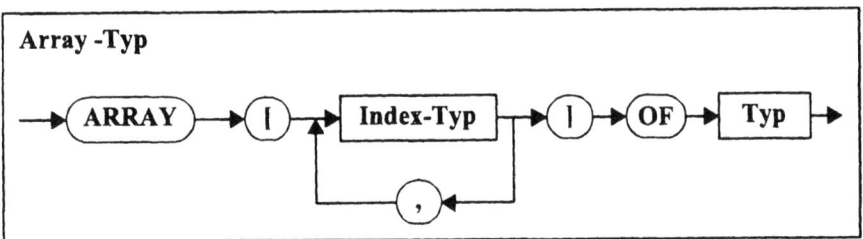

Sie beginnt mit dem reservierten Wort ARRAY. Der **Index-Typ** in eckigen Klammern ([ ]) bestimmt die Anzahl der Elemente in der Liste und die Art und Weise, mit der die Elemente später eindeutig identifiziert und voneinander unterschieden werden können. Der Index-Typ muß ein **Ordinaltyp** sein. In den meisten Fällen werden Sie dafür wie im Scheck-Beispiel einen **Teilbereichstyp** verwenden. In diesem Fall geben Sie die untere und die obere Grenze des Indizes getrennt durch zwei Punkte an. Nach dem reservierten Wort OF erscheint der Datentyp, den die Einzelelemente während des Programmablaufs annehmen können.

Sie müssen die absolute **Größe des Arrays**, das heißt die Anzahl der Elemente, **von vornherein** durch die Verwendung von Konstanten **festlegen**! Es ist z.B. nicht möglich, bei der Deklaration für den Index-Typ Variablennamen anzugeben. Die Größe des Arrays muß schon beim Schreiben des Quellcodes so groß gewählt werden, daß seine Grenzen während des Programmablaufs nicht überschritten werden. Dies bedeutet möglicherweise Speicherplatzverschwendung.

Alle Komponenten eines Arrays haben immer **nur einen einheitlichen Datentyp**.

Bei der **Arbeit mit einer Array-Variablen** muß anschließend beachtet werden, daß es **nicht möglich** ist, die **Liste als ganzes anzusprechen**, wie wir dies bei den String-Variablen kennengelernt haben.

Statt dessen ist lediglich der **Zugriff auf die Einzelkomponenten** möglich. Dies geschieht wie bei der Behandlung von String-Variablen auch **mit Hilfe eines Indi-**

zes: Dieser wird wie bei den String-Variablen in eckigen Klammern ([]) an den Namen der Array-Variablen angehängt. Die Array-Variable Scheckbuch unseres Beispiels enthält folgende Komponenten, die alle vom Datentyp real sind und die Sie genauso wie einfache real-Variablen verwenden können:

```
Scheckbuch[1]  Scheckbuch[2]
Scheckbuch[3]  Scheckbuch[4]
Scheckbuch[5]  Scheckbuch[6]
...
...            Scheckbuch[10]
```

Vor allem aber braucht der verwendete Index beim Zugriff auf die Einzelkomponenten keine Konstante zu sein. Das macht Array-Variablen zu einem sehr wirkungsvollen Werkzeug. Jeder Ausdruck, der einen Wert zwischen 1 und 10 liefert, kann als Index verwendet werden. Wenn die Variable index vom Typ integer ist, setzt die Anweisung

```
FOR index := 1 TO 10 DO Scheckbuch[index] := 0.0;
```

jede Variable des Arrays Scheckbuch auf 0:

Scheckbuch (Array)

Index (1..10) - Numerierung	1	2	3	4	5		9	10
Konkrete real- Werte	0.0	0.0	0.0	0.0	0.0		0.0	0.0

Der **Index gibt dabei jedem Element der Liste einen festen Platz,** das heißt er numeriert die einzelnen Elemente durch und ermöglicht so den eindeutigen Zugriff auf jedes Element. Es wird nun einsichtig, warum der Index ein Ordinaltyp sein muß, denn was sollte der Computer mit einer Angabe wie der folgenden anfangen?

```
Scheckbuch[1.5]
```

Außerdem ist folgendes zu beachten: Man kann immer nur auf Elemente zugreifen, die auch definiert wurden. Das heißt, der **aktuelle Indexwert** muß **immer innerhalb der vereinbarten Menge** liegen.

Inzwischen können wir das Problem, alle Scheckbeträge zu addieren, einfach lösen:

```
Summe := 0.0;    {Initialisierung!!}
FOR index := 1 TO 10 DO
        Summe := Summe + Scheckbuch[index];
```

Das gesamte Scheckprogramm lautet folgendermaßen:

```
PROGRAM Scheck_ARRAY_Demo;
USES Crt;
CONST MaxAnz = 10;
VAR   Scheckbuch : ARRAY[1..MaxAnz] OF real;
      Summe : real;
      i : integer;
BEGIN
   ClrScr;
   WriteLn ('In welcher Höhe haben Sie Ihre ',MaxAnz,
                                ' Schecks ausgestellt?');
   Summe := 0.0;
   FOR i := 1 TO MaxAnz DO
      BEGIN
         Write (i,'. Scheck: ');
         ReadLn (Scheckbuch[i]);
         Summe := Summe + Scheckbuch[i]
      END;
   WriteLn;
   WriteLn ('Insgesamt haben Sie für ',Summe:7:2,' EUR Schecks ',
                                'ausgestellt.')
END.
```

Bei der Definition des Arrays wurde **für die Obergrenze** die **Konstante MaxAnz
verwendet**, die zuvor im Konstantendeklarationsteil definiert wurde. Wenn Sie die
Maximale Anzahl der Array-Variablen scheckbuch irgendwann einmal verändern wollen, müssen Sie die Änderung nur noch im Konstantendeklarationsteil vornehmen und nicht an möglicherweise mehreren Stellen im Programm selbst.

Als **Index-Typ** in einem Array kann jeder ordinale Datentyp, also nicht nur ein Teilbereich der Integer-Zahlen, verwendet werden. Demnach sind auch die folgenden
Vereinbarungen denkbar:

```
TYPE Tage = (Mo, Di, Mi, Don, Fr, Sa, So);
VAR  Arbeitszeit : ARRAY[Mo..Fr] OF integer;
     Ueberstunden: ARRAY[Tage] OF integer;
     Anwesend    : ARRAY[Tage] OF boolean;
```

Die Variable Arbeitszeit ist definiert als Array mit einen Teilbereich des
selbstdefinierten Aufzählungstyps Tage als Index und besteht aus fünf Komponenten vom Datentyp integer. Die beiden Variablen Ueberstunden und Anwesend haben als Index-Typ jeweils den ganzen Typ Tage, bestehen also aus jeweils
sieben Komponenten. Die Komponenten haben bei Ueberstunden alle den
Datentyp integer, während sie bei Anwesend vom Datentyp boolean sind.

Im Typendeklarationsteil können auch Array-Typen definiert werden: Anstatt

```
VAR      Scheck : ARRAY[1..10] OF real;
```

zu schreiben, kann hier auch ein zuvor definierter Array-Typ verwendet werden:

```
TYPE     realarray = ARRAY [1..10] OF real;
VAR      Scheck : realarray;
```

Das folgende Beispiel demonstriert noch einmal, wie vorteilhaft For-Schleifen bei
der Arbeit mit Array-Variablen eingesetzt werden können, indem hier zunächst alle
Komponenten einzeln angesprochen werden:

```
PROGRAM ARRAY_ohne_Schleife;
{Berechnung der Summe und des Produkts von 3 einzugebenden Zah-
len}

USES Crt;
VAR  Zahl: ARRAY[1..3] OF integer;
     Summe, Produkt : integer;

BEGIN
   ClrScr;                  {Einlesen der 3 Zahlen in das Array -> einzeln!}
   Write ('Gib die erste Zahl ein : ');
   ReadLn (Zahl[1]);
   Write ('die zweite Zahl       : ');
   ReadLn (Zahl[2]);
   Write ('die dritte Zahl       : ');
   ReadLn (Zahl[3]);
   WriteLn; WriteLn;
           {Berechnung der Summe und des Produkts der 3 Zahlen}
   Summe   := Zahl[1] + Zahl[2] + Zahl[3];
   Produkt := Zahl[1] * Zahl[2] * Zahl[3];
                                                    {Ausgabe:}
   WriteLn('Die Summe aus ',Zahl[1],', ',Zahl[2],' und ',
                                 Zahl [3],' beträgt ',Summe);
   WriteLn ('Das Produkt ist ',Produkt)
END.                            {Ganz schön umständlich}
```

Das folgende Programm realisiert eine ähnliche Aufgabenstellung mit Hilfe der For-Anweisung:

```
PROGRAM ARRAY_mit_For_Schleife;
{Berechnung des Produkts und der Summe von n einzugebenden Zah-
len}

USES Crt;
CONST n = 4;
VAR   Zahl: ARRAY[1..n] OF integer;
      Produkt, Summe : LongInt;
      i : integer;
BEGIN
   ClrScr;
   WriteLn ('Das Programm berechnet Produkt und Summe von ',n);
   WriteLn ('einzugebenden Zahlen.');

   Produkt := 1;
   Summe   := 0;

   FOR i := 1 TO n DO                {Einlesen der Werte in das}
      BEGIN                          {Array -> 1. For-Anweisung}
         Write ('Geben Sie den ',i,'. Wert ein : ');
         ReadLn (Zahl[i])
      END;

      FOR i := 1 TO n DO             {Berechnung von Produkt und}
         BEGIN                       {Summe -> 2. For-Anweisung}
            Produkt := Produkt * Zahl[i];
            Summe   := Summe   + Zahl[i]
         END;

   Writeln;
   Writeln ('Liste der eingegebenen Werte: ');
                                     {Ausgabe einer Liste aller}
   FOR i := 1 TO n DO                    {eingegebenen Werte}
      Writeln (Zahl[i]);                 {->3. For Anweisung}

   Writeln;
   Writeln ('Das Produkt daraus beträgt : ',Produkt);
   Writeln ('Die Summe                  : ',Summe)
END.
```

Die Verwendung der For-Schleife ist nur dann sinnvoll, wenn die Anzahl der Schleifendurchläufe von vornherein festgelegt ist oder wenn der Benutzer vor dem ersten Schleifendurchlauf angeben kann, auf wieviele Elemente des Arrays er zugreifen möchte:

```
PROGRAM Verwaltung;
VAR   Namensliste: ARRAY [1..50] OF STRING[20];
      anzahl, i : integer;
BEGIN
   REPEAT
      WriteLn ('Wieviele Personen soll ihre Namensliste ',
                                      'enthalten? Max. 50');
      ReadLn (anzahl)
   UNTIL anzahl <= 50;

   FOR i := 1 TO anzahl DO
      BEGIN

         Write ('Person Nr. ',i,': ');
         ReadLn (Namensliste[i])
      END;
{....}
END.
```

Bei der Arbeit mit Array-Variablen ist es sehr wichtig **sicherzustellen**, daß die **festgelegte Größe niemals überschritten** wird. Dies passiert im obigen Beispiel durch die Anwendung der Repeat-Anweisung, die dafür sorgt, daß die Anzahl der eingelesenen Elemente höchstens 50 beträgt. Andernfalls kann es während des Programmablaufs passieren, daß ein Komponentenwert an eine im Hauptspeicher dafür nicht vorgesehene Stelle geschrieben und somit die dort vorhandene Information überschrieben wird.

Falls sich die Anzahl der tatsächlich verwendeten Array-Elemente erst während des Programmablaufs ergibt, weil dem Benutzer beispielsweise jederzeit die Möglichkeit zum Abbruch gegeben werden soll, empfiehlt sich die Verwendung der While- oder der Repeat-Anweisung. Dabei ist dann jedoch sehr sorgfältig auf eine **korrekte Schleifensteuerung** zu achten und wiederum darauf, daß die festgelegte **Elementanzahl niemals überschritten** wird:

```
PROGRAM Beliebige_Eingabe;
{Programm liest Scheckbeträge ein, solange bis null eingegeben
wird oder die maximale Elementanzahl im ARRAY erreicht ist.}

USES Crt;
CONST maxanz = 20;
TYPE Reihe = ARRAY[1..maxanz] OF real;
VAR   scheckbuch : Reihe;
      i : integer;
      summe : real;
BEGIN
   ClrScr;
   WriteLn ('Geben Sie Ihre Scheckbeträge ein.');
   WriteLn ('Maximal können Sie ',maxanz,' Schecks eingeben.');
   WriteLn;

   i := 0;
   summe := 0.0;

   REPEAT
      i := i + 1;
      Write ('Scheck ',i,' (Abbruch mit 0): ');
      ReadLn (scheckbuch [i]);
      summe := summe + scheckbuch[i];
   UNTIL (scheckbuch[i] = 0) OR (i >= maxanz);

   IF scheckbuch[i] = 0 THEN i := i-1;
   WriteLn ('Anzahl eingegebener Schecks : ',i);
   WriteLn ('Summe daraus : ',summe:25:2)
END.
```

8.3.2 Array-Konstanten

Wir brauchen uns nicht auf die Verwendung von Array-Variablen zu beschränken, sondern haben außerdem die Möglichkeit, Array-Konstanten zu definieren. Das sind Listen, die von vornherein konstante Werte enthalten. Solche Konstrukte zählen zu den **Typisierten Konstanten**, die sich dadurch auszeichnen, daß bei der Deklaration nicht nur ihr Wert, sondern auch ihr Datentyp angegeben werden muß.

Die Verwendung von Array-Konstanten ist beispielsweise sinnvoll, wenn in einem mathematisch orientierten Programm mit konstanten Vektoren gearbeitet werden soll.

Im folgenden Beispiel enthält eine Array-Konstante die Rabattsätze, welche von einem Unternehmen für verschiedene Auftragswerte gewährt werden. Mit Hilfe dieser Rabattsätze werden die endgültigen Rechnungsbeträge errechnet und tabellarisch ausgegeben.

```
PROGRAM array_konstante;
CONST   rabatt : ARRAY[1..4] OF integer = (0,3,5,10);
VAR     rechnung, auftrag : ARRAY [1..10] OF real;
        i, hilf : integer;
        entfernung : boolean;
BEGIN
   WriteLn ('10 Auftragswerte werden eingelesen.');
   FOR i := 1 TO 10 DO
      BEGIN
         Write ('Auftrag Nr. ',i,': ');
         ReadLn (auftrag[i])
      END;

   WriteLn;
   WriteLn ('Rabattsätze werden berechnet.');
   WriteLn;
   WriteLn ('Nr.':3, 'Auftragswert':20, 'Rabattsatz (%)':20,
                                     'Rechnungsbetrag':20);

   FOR i := 1 TO 10 DO
      BEGIN
       IF auftrag[i] < 0
       THEN WriteLn ('Falsche Eingabe')
       ELSE
         BEGIN
          IF (auftrag[i] > 0) AND (auftrag[i] < 50)
          THEN hilf := rabatt [1]
          ELSE    IF (auftrag[i] >= 50) AND (auftrag[i] < 100)
                  THEN hilf := rabatt[2]
                  ELSE IF (auftrag[i] >= 100) AND
                                          (auftrag[i] < 1000)
                       THEN hilf := rabatt[3]
                       ELSE hilf := rabatt[4];

          rechnung[i] := auftrag[i] * (1 - hilf/100);
          WriteLn (i:3, auftrag[i]:20:2, hilf:20,
                                     rechnung[i]:20:2)
         END
      END
END.
```

Für die Definition einer typisierten Konstante, wird **generell** zunächst der Konstantenname (hier rabatt) und nach einem Doppelpunkt der zugehörige Datentyp (hier ARRAY [1..4] OF integer) angegeben. Es folgt nach einem Gleichheitszeichen, wie allgemein bei der Konstantendeklaration üblich, die Angabe des konstanten Werts bzw. in unserem Fall die Angabe aller Elemente der Array-Konstanten (hier (0,3,5,10)):

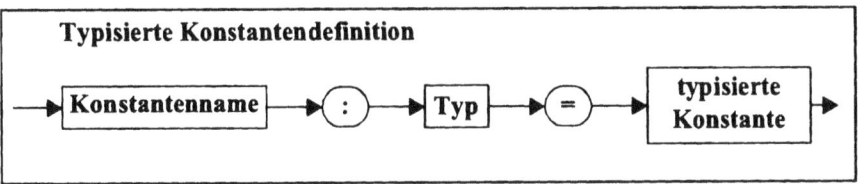

Der Zugriff auf die Komponenten der Array-Konstante im Anweisungsteil erfolgt wie bei der Arbeit mit Array-Variablen mit Hilfe eines Index in eckigen Klammern ([]), welcher die Position des Elements anzeigt, auf das zugegriffen werden soll.

Eine Besonderheit der typisierten Konstanten liegt darin, daß sie genauso wie Variablen verwendet werden können, obwohl sie im Konstantendeklarationsteil angemeldet werden. Die verwendeten Größen dienen als Startwerte für die typisierte Konstante, der im Verlaufe des Programms neue Werte zugewiesen werden können. Das bedeutet, daß eine typisierte Konstante auch auf der linken Seite einer Wertzuweisung auftauchen kann, was bei der Verwendung „echter" Konstanten nicht möglich ist.

8.3.3 Mehrdimensionale Array-Variablen

Das Syntaxdiagramm des Array-Typs zeigt, daß bei der Definition auch mehrere Index-Typen verwendet werden können, welche dann jeweils durch ein Komma zu trennen sind.

Verwenden Sie zwei Index-Typen, definieren Sie ein zweidimensionales Array, erzeugen also eine Tabelle oder Matrix:

```
TYPE    matrix = ARRAY[1..5, 1..10] OF real;
VAR     fuenfmalzehn : matrix;
```

Es gibt noch eine zweite Möglichkeit, eine Tabelle zu definieren. Man definiert ein eindimensionales Array und verwendet dies als Komponente eines zweiten:

```
TYPE    zeile = ARRAY[1..5] OF real;
        matrix = ARRAY[1..10] OF zeile;
VAR     fuenfmalzehn : matrix;
```

Auch die folgende Möglichkeit ist erlaubt:

```
TYPE    matrix = ARRAY[1..10] OF ARRAY[1..5] OF real;
VAR     fuenfmalzehn : matrix;
```

Beim Zugriff auf ein mehrdimensionales Array müssen anschließend analog zur Definition zwei Indexangaben gemacht werden. Hier haben Sie zwei gleichwertige Möglichkeiten:

`fuenfmalzehn[2,7]` oder `fuenfmalzehn[2][7]`.

Der Einsatz mehrdimensionaler Arrays empfiehlt sich für die Arbeit mit Tabellen. Gleichzeitig erfordert er aber auch ein großes Maß an Disziplin bei der Programmierung, um mit der Indizierung nicht völlig durcheinander zu geraten.

Gewöhnen Sie sich an, bei der Verwendung von Schleifen in diesem Zusammenhang mit zwei Laufvariablen zu arbeiten, wobei Sie die eine immer für die Spalten und die andere konsequent für die Zeilen verwenden, wenn Sie auf das Array zugreifen.

Beispiel: Es sollen beliebige Zahlen in eine Tabelle aus 5 Spalten und 7 Zeilen eingelesen und daraus die Zeilen- und Spaltensummen sowie die Gesamtsumme gebildet werden.

Für die Zahlentabelle wird ein zweidimensionales Array `matrix` der Größe 5 mal 7 verwendet. Für die Zeilen- und Spaltensummen jeweils ein eindimensionales Array mit 5 bzw. 7 Elementen (`spaltensumme`, `zeilensumme`).

Dem Programm liegt somit folgendes Schema zugrunde:

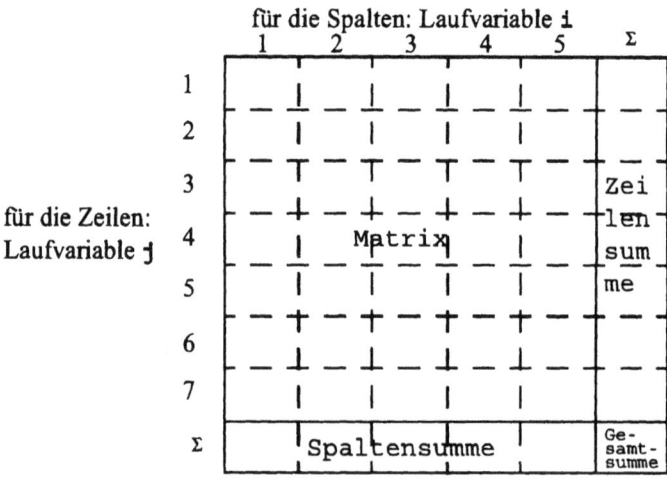

Um die Größe der Tabelle (matrix) bei Bedarf leicht ändern zu können, wird die
Anzahl ihrer Elemente mit Hilfe von Konstanten definiert. Gleiches gilt dementsprechend für die beiden eindimensionalen Arrays spaltensumme und
zeilensumme.

```pascal
PROGRAM Matrix_Beispiel;
USES Crt;
CONST   Max1 = 5;              {Konstante für die Anzahl der Spalten}
        Max2 = 7;              {Konstante für die Anzahl der Zeilen}
VAR   Matrix : ARRAY [1..Max1, 1..Max2] OF real;
      i, j : integer;
      Zeilensumme : ARRAY[1..Max2] OF real;
      Spaltensumme : ARRAY [1..Max1] OF real;
      Gesamtsumme : real;

BEGIN
   ClrScr;
   WriteLn ('Das Programm liest eine Matrix aus ',Max1,' x');
   WriteLn (Max2,' Werten ein und berechnet daraus Zeilen- und ');
   WriteLn ('Spaltensummen sowie die Gesamtsumme');
   WriteLn;

                           {Einlesen der Werte in die Tabelle:}
   FOR i := 1 TO Max1 DO       {i sei der Index für die Spalten}
     BEGIN
         WriteLn ('Spalte ',i);
         FOR j := 1 TO Max2 DO    {j sei der Index für die Zeilen}
            BEGIN
               Write ('Wert in Zeile ',j,':    ');
               ReadLn (Matrix[i,j])
            END
     END;

                                {Berechnen der Spaltensummen:}
   FOR i := 1 TO Max1 DO Spaltensumme[i] := 0;
   FOR i := 1 TO Max1 DO
      FOR j := 1 TO Max2 DO
         Spaltensumme[i] := Spaltensumme[i] + Matrix[i,j];

                                {Berechnen der Zeilensummen:}
   FOR j := 1 TO Max2 DO Zeilensumme[j] := 0;
   FOR j := 1 TO Max2 DO
      FOR i := 1 TO Max1 DO
         Zeilensumme [j] := Zeilensumme[j] + Matrix[i,j];

                                {Berechnen der Gesamtsumme:}
   Gesamtsumme := 0;
   FOR i := 1 TO Max1 DO
      Gesamtsumme := Gesamtsumme + Spaltensumme[i];
                                {Ausgabe der gesamten Matrix:}
   ClrScr;
```

```
    Write ('j \ i':10);                                {Kopfzeile}
    FOR i := 1 TO Max1 DO Write (i:10);
    WriteLn ('Summe':10);
    WriteLn;
    FOR j := 1 TO Max2 DO                              {Tabelleninhalt}
       BEGIN
          Write (j:10);                                {1. Spalte}
          FOR i := 1 TO Max1 DO
             Write (Matrix[i,j]:10:0);                 {Tabellenwerte}
          Write (Zeilensumme[j]:10:0);                 {Zeilensummen}
          WriteLn
       END;
    WriteLn;
    Write ('Summe':10);                                {Spaltensummen}
    FOR i := 1 TO Max1 DO Write (Spaltensumme[i]:10:0);
    Write (Gesamtsumme:10:0)
END.
```

Wir erhalten die folgende Bildschirmausgabe:

j \ i	1	2	3	4	5	Summe
1	1	8	15	22	29	75
2	2	9	16	23	30	80
3	3	10	17	24	31	85
4	4	11	18	25	32	90
5	5	12	19	26	33	95
6	6	13	20	27	34	100
7	7	14	21	28	35	105
Summe	28	77	126	175	224	630

Im nächsten Beispiel wird demonstriert, wie man mit Hilfe eines zweidimensionalen Arrays eine Grafik gestalten kann. Auf dem Bildschirm soll eine Tabelle mit 10 mal 10 Feldern ausgegeben werden: Die Diagonale und alle Felder darunter enthalten ein Sternchen (*), alle anderen Felder einen Punkt (.). Zu Demonstrationszwecken erfolgt die Ausgabe der Tabelle mit Beschriftung der Zeilen und Spalten:

```
PROGRAM Dreieck;
USES Crt;
TYPE tabellentyp = ARRAY [1..10,1..10] OF char;
VAR   i,j : integer;
      tabelle : tabellentyp;
BEGIN
   ClrScr;
   FOR i := 1 TO 10 DO                    {Tabelle mit Zeichen füllen}
      FOR j := 1 TO 10 DO
```

```
          IF i <= j  THEN tabelle [i,j] := '*'
                     ELSE tabelle [i,j] := '.';

                                                {Bildschirmausgabe}
     WriteLn ('Beispiel für eine graphische Ausgabe');
     WriteLn;                                    {Kopfzeile}
     WriteLn ('                     Spalten (i):');
     Write ('Zeilen (j)',' ':5);
     FOR i := 1 TO 10 DO Write (i:3);
     WriteLn;


                                                {Tabelle}
     FOR j := 1 TO 10 DO
       BEGIN
         Write (j:2,' ':13);                     {Spaltenbeschriftung}
         FOR i := 1 TO 10 DO
           Write (tabelle[i,j]:3);               {Tabellenwerte}
         WriteLn
       END
END.
```

Dieses Programm liefert die folgende Bildschirmausgabe:

```
┌─────────────────────────────────────────────────────────────┐
│                                                               │
│   Beispiel für eine graphische Ausgabe                        │
│                                                               │
│                            Spalten (i):                       │
│   Zeilen (j)      1  2  3  4  5  6  7  8  9 10                 │
│      1            *  .  .  .  .  .  .  .  .  .                 │
│      2            *  *  .  .  .  .  .  .  .  .                 │
│      3            *  *  *  .  .  .  .  .  .  .                 │
│      4            *  *  *  *  .  .  .  .  .  .                 │
│      5            *  *  *  *  *  .  .  .  .  .                 │
│      6            *  *  *  *  *  *  .  .  .  .                 │
│      7            *  *  *  *  *  *  *  .  .  .                 │
│      8            *  *  *  *  *  *  *  *  .  .                 │
│      9            *  *  *  *  *  *  *  *  *  .                 │
│     10            *  *  *  *  *  *  *  *  *  *                 │
│                                                               │
└─────────────────────────────────────────────────────────────┘
```

Grundsätzlich kann man auch Arrays mit mehr als zwei Dimensionen verwenden, sollte aber bedenken, daß die Anzahl der Elemente dabei sehr schnell zunimmt und die Verwendung der Indizes immer komplizierter wird.

8.4   Datentyp Record

Ein Array faßt immer nur Elemente vom **gleichen Datentyp** zusammen.

Erinnern wir uns an das Beispiel zur Einführung der Arrays, das dazu diente, eine gewisse Anzahl von Scheckbeträgen aufzusummieren. Angenommen, man möchte nun außer dem Betrag eines Schecks weitere Daten speichern, wie etwa das Datum und den Ort der Ausstellung oder den Ausstellungsgrund. Mit Hilfe von Arrays läßt sich diese Aufgabe nur lösen, indem für jeden Datentyp ein eigenes Array definiert wird, das heißt je ein Array für:

- den Betrag des Schecks (Datentyp `real`),
- das Ausstellungsdatum (Datentyp `STRING`),
- den Ausstellungsort (Datentyp `STRING`),
- den Ausstellungsgrund (Datentyp `STRING`),
- die erfolgte Abbuchung vom Giro-Konto (Datentyp `boolean`).

Die Informationen des kompletten Datensatzes (eines Schecks) erhält man dann erst durch den Zugriff auf alle vier Arrays.

In Pascal gibt es hierfür eine wesentlich elegantere Lösung: den **Record** (engl. für Aufstellung oder auch Datensatz). Innerhalb eines Records können beliebige Datentypen zu einem „Paket" zusammengeschnürt werden, das dann unter einem einheitlichen Namen angesprochen wird.

Ein Record wird in der TYPE-Deklaration nach folgendem Muster **vereinbart** :

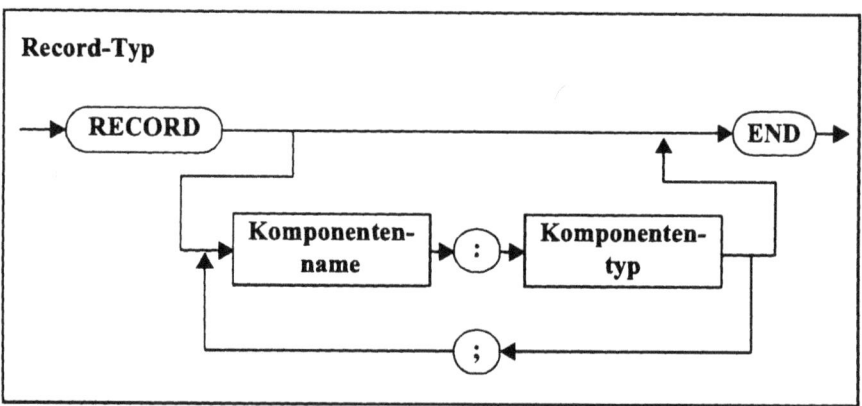

Die einzelnen Komponenten dürfen jeden beliebigen Datentyp erhalten, sie dürfen sogar selbst als Arrays oder Records definiert sein. Ist ein Record-Typ vereinbart, können Variable von diesem Typ deklariert werden.

Beispiel: Vereinbarung einer Variablen als Record-Typ:

```
TYPE Schecktyp = RECORD
                 Betrag    : Real;
                 Datum     : STRING[10];
                 Ort       : STRING[30];
                 Grund     : STRING;
                 Abgebucht : Boolean
                 END;
....
VAR Scheck : Schecktyp;
```

Der **Zugriff** auf eine einzelne Komponente der Record-Variablen im eigentlichen Programm kann auf zwei Arten erfolgen: erstens **direkt** und zweitens über die **With-Anweisung**.

Direkter Zugriff:

Beim direkten Zugriff auf ein Element geben Sie den Namen der Record-Variablen an und nach einem Punkt den Namen der Komponente, die Sie ansprechen möchten:

```
<Variablenname>.<Komponentenname>
```

Beispiel:

```
Write ('Betrag : ');
ReadLn (Scheck.Betrag);
Write ('Datum : ');
ReadLn (Scheck.Datum);
Write ('Grund : ');
ReadLn (Scheck.Grund);
```

Zugriff über die With-Anweisung:

Dadurch, daß bei jedem einzelnen Record-Zugriff der Name der Verbund-Variablen mit Punkt und Komponentenname geschrieben werden muß, ergeben sich möglicherweise unhandliche Ausdrücke. Diese können mit Hilfe der **With-Anweisung** abgekürzt werden.

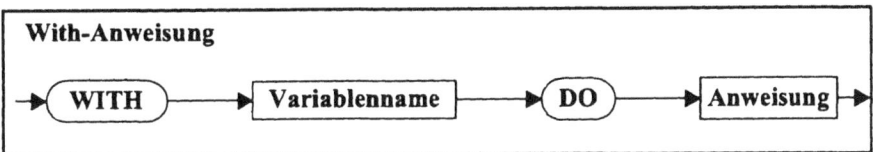

With-Anweisung

→ WITH → Variablenname → DO → Anweisung →

Nach dem reservierten Wort WITH wird der Name der Record-Variablen angegeben. Dies bewirkt, daß innerhalb der Anweisung nach DO alle Record-Komponen-

ten angesprochen werden können, ohne daß der Name der Record-Variablen noch
einmal angegeben werden muß.

Beispiel:

```
WITH Scheck DO
     BEGIN
          Write ('Betrag : ');
          ReadLn (Betrag);
          Write ('Datum : ');
          ReadLn (Datum);
          Write ('Grund : ');
          ReadLn (Grund)
     END;
```

Erweiterung:

In unserem Programm gibt es bisher nur eine Variable, die vom Record-Typ ist, d.h.
wir können **nur einen Datensatz** (mit Betrag, Datum, Ort, Grund, Abge-
bucht) für genau einen Scheck erzeugen.

Das Problem der Verwaltung unseres Scheckhefts ist damit noch nicht gelöst. Hierfür brauchen wir eine **Liste**, deren Elemente die Schecks mit allen mitgelieferten
Informationen sind, d.h. ein **Array**, das alle Scheckvariablen aufnehmen kann:

Dies sieht dann folgendermaßen aus:

```
TYPE Schecktyp = RECORD
                      Betrag    : Real;
                      Datum     : STRING[10];
                      Ort       : STRING[30];
                      Grund     : STRING;
                      Abgebucht : Boolean
                      END;

VAR Scheck : ARRAY [1..10] OF Schecktyp;
```

Jetzt haben wir eine Variable Scheck, die zehn Datensätze enthalten kann, wovon
jeder die gewünschten Informationen zu einem Scheck enthält.

Direkter Zugriff:

```
...
Write ('Betrag : ');
ReadLn (Scheck[i].Betrag);
Write ('Datum : ');
ReadLn (Scheck[i].Datum);
Write ('Grund : ');
ReadLn (Scheck[i].Grund);
```

Zugriff mittels der With-Anweisung:

```
WITH Scheck[i] DO
   BEGIN
      Write ('Betrag : ');
      ReadLn (Betrag);
      Write ('Datum : ');
      ReadLn (Datum);
      Write ('Grund : ');
      ReadLn (Grund);
      Write ('Abgebucht? <j>a>/<n>ein ');
      ReadLn (Antwort);
      IF Antwort IN ['j','J']
         THEN Abgebucht := true
         ELSE Abgebucht := false
   END;
```

Die With-Anweisungen lassen sich auch schachteln, wobei die mögliche Schachtelungstiefe von der Größe des Hauptspeichers abhängt.

Das komplette Beispielprogramm zur Verwaltung des Scheckhefts gestaltet sich wie folgt:

```
PROGRAM Scheck_Record_Demo;
USES Crt;
TYPE  Scechktyp = RECORD              {Vereinbarung eines Record-Typs}
                     Betrag    : real;
                     Datum     : STRING[10];
                     Ort       : STRING[30];
                     Grund     : STRING;
                     Abgebucht : boolean
                  END;
                                      {Scheck als Record-Variable:}
VAR   Scheck : ARRAY[1..10] OF Scheckktyp;
      Summe_alle, Summe_abgebucht : real;
      i : integer;
      Antwort : char;

BEGIN
   ClrScr;
   WriteLn ('Dies ist ein Scheckverwaltungsprogramm: ');
   WriteLn;
   WriteLn ('Bitte geben Sie die Daten ein: ');
   FOR i := 1 TO 10 DO
      BEGIN                           {Zugriff auf die Variable Scheck vom}
         WriteLn ('Scheck ',i,': ');     {Schecktyp mit Hilfe der}
         WITH Scheck[i] DO                {With-Anweisung:}
            BEGIN
               Write ('Betrag : ');
```

```
             ReadLn (Betrag);
             Write ('Datum : ');
             ReadLn (Datum);
             Write ('Ort : ');
             ReadLn (Ort);
             Write ('Grund : ');
             ReadLn (Grund);
             Write ('Abgebucht? <j>a>/<n>ein ');
             ReadLn (Antwort);
             IF Antwort IN ['j','J']
                THEN Abgebucht := true
                ELSE Abgebucht := false
         END
    END;
  Summe_alle := 0.0;
  Summe_abgebucht := 0.0;
  FOR i := 1 TO 10 DO
     BEGIN             {Direkter Zugriff auf die Record-Variable:}
        Summe_alle := Summe_alle + Scheck[i].Betrag;
        IF Scheck[i].Abgebucht THEN
           Summe_abgebucht := Summe_abgebucht + Scheck[i].Betrag
     END;
  WriteLn;
  WriteLn ('Summe aller ausgestellten Schecks: ',
                                        Summe_alle:7:2,' EUR');
  WriteLn ('Davon abgebucht : ',Summe_abgebucht:7:2, 'EUR')
END.
```

8.5   Kontrollfragen und Programmieraufgaben

8.5.1   Kontrollfragen

1. Erläutern Sie die wichtigsten Unterschiede und Gemeinsamkeiten zwischen den Datentypen

   a) char und STRING,
   b) STRING und ARRAY,
   c) ARRAY und RECORD.

2. Welche folgenden Konstantendefinitionen sind zulässig? Welchen Datentyp haben die zulässigen Konstanten?

a)	5	f)	'BEGIN'	k)	'Ì'
b)	'5'	g)	'123.45'	l)	#13
c)	'fünf'	h)	87,66	m)	false
d)	fünf	i)	80000	n)	end
e)	5.0000	j)	89E+10	o)	-9876543.1

3. Wo liegen die Fehler der folgenden Programmfragmente?

a) Das Programm soll prüfen, ob ein eingegebenes Zeichen vom Typ char eine Ziffer ist.

```
...
VAR zeichen : char;
...
ReadLn (zeichen);
IF (zeichen >= 0) AND (zeichen <= 9)
    THEN WriteLn (zeichen,' war eine Ziffer.')

    ELSE WriteLn (zeichen,' war keine Ziffer.');
...
```

b) In ein Array sollen drei Zahlen eingelesen und aus diesen die Summe gebildet werden.

```
...
VAR   Reihe : ARRAY[2..5] OF Real;
      Summe : real; i : integer;
...
Reihe[4] := 0;
FOR i := 1 TO 3 DO
    BEGIN
        ReadLn (Reihe[i]);
        Reihe [4] := Reihe [4] + Reihe[i]
    END;
...
```

c) Der Datensatz eines Mitarbeiters soll eingelesen werden.

```
...
TYPE satz = RECORD Name : STRING;
                   Personalnummer : integer;
                   Verheiratet : boolean
           END;
VAR personal : ARRAY[1..20] OF satz;
...
    WITH personal[3] DO
        BEGIN
            Write ('Name : ');
            ReadLn (Name);
            Write ('Personalnummer: ');
            ReadLn (Personalnummer);
            Write ('Verheiratet <j>a/<n>ein :');
            ReadLn (Verheiratet)
        END;
```

8.5.2 Programmieraufgaben

Datentyp String

1. Der berühmte Literaturwissenschaftler N.-Ten Teich-Lakritzki will die Bedeutung der Vokale in der deutschen Sprache untersuchen. Eine wichtige Maßzahl ist für ihn die durchschnittliche Anzahl der Vokale je Wort.

   Schreiben Sie ein Programm, das einen Text in einen String einliest und die durchschnittliche Anzahl der Vokale je Wort ermittelt und ausgibt.

   Das Programm soll beliebig oft wiederholbar sein.

2. Karl Vereinsmeier ist als aktives Mitglied im Motorradclub Rote Lanze damit beauftragt worden, die Mitgliederkartei auf Vordermann zu bringen und alphabetisch zu sortieren. Er hat herausgefunden, daß die Dudenregeln für die alphabetische Anordnung von Stichwörtern u.a. folgendermaßen lauten:

   • Die Umlaute ä, ö, ü werden wie die nicht umlautenden Vokale (Selbstlaute) a, o, u behandelt.
   • Die Schreibungen ae, oe, ue werden nach ad usw. eingeordnet.
   • Der Buchstabe ß wird wie ss eingeordnet.

   Schreiben Sie ihm ein Programm, das zwei Wörter in zwei Strings einliest und nach diesen Regeln sortiert wieder ausgibt. Das Programm soll beliebig wiederholbar sein.

3. Die Redakteure des Fachschaftsblattes STUDNIX wollen einer anderen Studentenzeitschrift ihren „Studentenspruch des Monats" auf Diskette zuschicken.

   Aus Angst vor der Zensur muß z.B. folgender Text verschlüsselt werden:

   „Wenn die Studenten in den hinteren Bänken so leise wären, wie die, die in den mittleren Bänken Zeitung lesen, dann könnten die Studenten in den vorderen Reihen in Ruhe weiterschlafen."

   Schreiben Sie ein Programm, das diesen oder jeden anderen String einliest und ihn zeichenweise verschlüsselt, indem jedes Zeichen durch das Zeichen mit der um 10 höheren ASCII-Ordnungsnummer ersetzt wird.

   Lassen Sie dem Benutzer die Wahl, ob er einen String auf diese Weise verschlüsseln oder umgekehrt wieder dechiffrieren lassen möchte.

4. Es ist ein Programm zu schreiben, das eine positive ganze Zahl Z_{10} des Dezimalsystems durch Faktorisierung in die entsprechende Zahl Z_b eines beliebigen anderen Zahlensystems zur Basis **b** umwandelt.

   Dazu wird vom Benutzer zunächst die Basis **b** des Zahlensystems und die Menge **X** der verwendeten Zeichen x_i (für $0 \leq i \leq b-1$) definiert:

Beispiel:

```
b  =    16
X  =    {x₀,x₁,...,xᵢ,...,x₁₅₌ᵦ₋₁}
   =    {0,1,2,3,4,5,6,7,8,9,A,B,C,D,E,F}
```

$$b = 16$$
$$X = \{x_0, x_1, \ldots, x_i, \ldots, x_{15=b-1}\}$$
$$= \{0,1,2,3,4,5,6,7,8,9,A,B,C,D,E,F\}$$

Zur Umrechnung wird vom Programm anschließend eine gegebene Dezimalzahl Z_{10} solange ganzzahlig durch **b** dividiert, bis das Ergebnis 0 ist. Die jeweils bei der Division übrigbleibenden Reste **i** bilden nacheinander von unten nach oben die entsprechenden Elemente x_i aus der Grundmenge **X**.

Beispiel:

Die Dezimalzahl 427 soll in die entsprechende Zahl im Hexadezimalsystem (Basis 16) umgewandelt werden.

```
Z₁₀ = 427:16 = 26 Rest  11 -> x₁₁: B = Ziffer f. 16⁰
         26:16 =  1 Rest  10 -> x₁₀: A = Ziffer f. 16¹
          1:16 =  0 Rest   1 -> x ₁: 1 = Ziffer f. 16²
```

Es ergibt sich also $427_{10} = 1AB_{16}$.

Hinweis: Definieren Sie die Menge X der Zeichen x_i sowie das Ergebnis (Z_b) als Variable vom Datentyp STRING.

Es empfiehlt sich, dem Benutzer sowohl die Möglichkeit zu geben, wiederholt Zahlen in einem System umrechnen zu lassen als auch, ihn das gesamte Programm wiederholen zu lassen.

Array - eindimensional

5. Die Elemente eines Zahlen-Arrays von angegebener Länge sollen in aufsteigender Größe sortiert werden.

Beispiel für einen **einfachen Sortieralgorithmus**:

In einem ersten Durchlauf durch die Liste wird das erste Element nacheinander allen anderen Elementen verglichen. Falls eines der Elemente kleiner als das erste ist, wird es mit diesem vertauscht. Nach dem ersten Durchlauf steht das absolut kleinste Element der Liste an erster Stelle.

Im zweiten Durchlauf wird das Element an zweiter Stelle der Liste mit allen folgenden Elementen verglichen und, falls es größer ist, mit diesem vertauscht. Danach steht das zweitkleinste Element an der 2. Stelle.

usw. usw.

Der **Variablentausch** (Dreieckstauschverfahren):

Hat Zahl_1 den Wert 5 und Zahl_2 den Wert 3, so soll dies nach dem Tausch gerade umgekehrt sein. Es ist nicht möglich, einfach die beiden Variablen sich gegenseitig zuzuordnen, da dann beide Variablen denselben Wert haben.

Deshalb „rettet" man den ersten Wert in eine Hilfsvariable, überschreibt die erste Zahl mit dem Wert der zweiten Zahl und transportiert dann den geretteten Wert in die zweite Zahl:

```
Hilfsvar := Zahl_1;
Zahl_1 := Zahl_2;
Zahl_2 := Hilfsvar;
```

6. Zur wirtschaftlichen Beurteilung eines Produktionsprogramms kann die Deckungsbeitragsrechnung herangezogen werden.

    Erstellen Sie ein Programm, das folgendes leistet:

    Für eine beliebige Anzahl von Produkten (vom Benutzer einzugeben) werden jeweils folgende Angaben angefordert:

    - **Preis des Produkts** pro Mengeneinheit (P_i),
    - **Variable Kosten** pro Mengeneinheit (Kv_i),
    - **Maximale Absatzmenge** pro Periode (Mi).

    Ausgegeben werden:

    - der **absolute Deckungsbeitrag** (Db_i) für jedes Produkt i:
      $Db_i = P_i - Kv_i$

    - der **Gesamtdeckungsbeitrag** (GDb) aller Produkte:
      $GDb = \Sigma_i (Db_i * M_i)$ i über alle Produkte

7. Schreiben Sie ein Programm zur Bewertung des Vorratsvermögens eines Unternehmens nach der Methode des gewogenen Durchschnittspreises (sog. Sammelbewertung).

    Zunächst werden abgefragt:

    - der **Anfangsbestand** (z.B. am Anfang des Jahres) in Mengeneinheiten (M_a)
    - der dazugehörige **Durchschnittspreis** (P_a) und
    - der **Endbestand** (M_e) in Mengeneinheiten.

Für jeden Materialzugang (i) soll dann eingegeben werden:

- **Einkaufspreis (P$_i$)** und
- **Menge (M$_i$)**.

Daraus wird der **Wert des Materialzugangs (W$_i$)** berechnet:

$W_i = P_i * M_i$

Der neue **Durchschnittspreis (DP)** ergibt sich (z.B. am Ende des Jahres) als

$$DP = \frac{\sum_i W_i + (M_a \cdot P_a)}{\sum_i M_i + M_a}$$

Mit diesem Preis (DP) wird dann der Endbestand (M$_e$) des Vorrats bewertet.

8. Die Unternehmensleitung der MAX PRO-FIT GmbH plant ihr Produktionsprogramm für die kommende Periode. Die Firma besitzt eine Maschine, auf der verschiedene Produkte hergestellt werden können. Die Kapazität dieser Maschine soll keinen Engpaß darstellen, egal wieviele Produkte in welchen Mengen auch gefertigt werden.

Stellen Sie sich vor, Sie sind in der Firma die/der einzige mit brauchbaren Programmierkenntnissen und sollen nun ein Programm schreiben, das die Unternehmensleitung bei der Produktionsplanung unterstützt.

In diesem Programm werden folgende Benutzereingaben abgefragt:

- **Anzahl der Erzeugnisse (n)**, die in der Periode gefertigt werden sollen (geben Sie hier eine maximale Anzahl vor!).
- **Marktpreis (p$_i$)** für jedes Produkt i in Euro pro Mengeneinheit.
- **Maximale Absatzmenge (m$_i$)** für jedes Produkt i in Mengeneinheiten pro Periode.
- **Variable Kosten der Herstellung (k$_{vi}$)** für jedes Produkt i in Euro pro Mengeneinheit.
- **Fixe Kosten** der Maschine (K$_{fix}$) in Euro pro Periode.

Daraus berechnet das Programm:

- Die **absoluten Deckungsbeiträge (db$_i$)** für jedes Produkt i in Euro pro Mengeneinheit: **db$_i$ = p$_i$ - k$_{vi}$**.
- **Welche Produkte** hergestellt werden (**db$_i$ > 0!!**).
- Wie hoch der **Gesamtgewinn (G)** der Periode sein wird, der sich aus diesem Produktionsprogramm ergibt.

$$G = \sum_{i=1}^{n} m_i \cdot db_i - K_{fix} \qquad \text{für alle } db_i > 0$$

Lassen Sie sich eine Tabelle z.B. in folgender Form ausgeben:

```
Produkt    Menge    Preis    var. Kosten    abs. Db.    gefertigt
----------------------------------------------------------------
    1       1000    20.00       15.50         4.50         ja
    2        500    30.00       32.00        -2.00         nein
    3        200    17.00       15.00         2.00         ja
    4        250    50.00       40.00        10.00         ja
================================================================
Der Gesamtgewinn bei fixen Kosten von 5000.00 EUR beträgt 2400.00
EUR.
```

9. Theo Spekulatius will errechnen, wie die Wertentwicklung seines Aktiendepots innerhalb des letzten Jahres war.

   Schreiben Sie ihm ein Programm, das folgendes leistet:

   - Name, Anzahl, Jahresanfangs- und Jahresschlußkurse sowie die Dividendenzahlung jeder Aktie werden eingelesen.
   - Der Gewinn/Verlust jedes Postens und seine Rendite werden berechnet.
   - Das Gesamtergebnis des Depots und seine Rendite werden berechnet.

   Die Rendite kann wie folgt errechnet werden:

   $$\text{Rendite} = \frac{(\text{Jahresschlusswert} + \text{Dividende}) - \text{Jahresanfangswert}}{\text{Jahresanfangswert}} \cdot 100$$

   Beispiel für die Gestaltung der Ergebnisausgabe:

```
Aktie      Anzahl  Jahresanf.-  Jahresschl.-  Dividende  Dividen-   Ergebnis  Rendite
                   kurs   wert  kurs    wert  pro Aktie  denwert    in EUR    in %
------------------------------------------------------------------------------------
McMotLtd     35    110    3850   145    5075      10        350       1575     40.91
Emma's T      7     42     294    30     210       5         35        -49    -16.67
SchoKoAG     56    123    6888   157    8792      13        728       2632     38.21
------------------------------------------------------------------------------------
Gesamt:                 11032          14077                1113       4158

Der Wert des Depots hat sich incl. Dividenden um EUR 4158 verändert.
Die Rendite des Depots betrug 37.69%.
```

Array - mehrdimensional

10. Rudi Ratlos ist Student und Fußballfan. Zur Finanzierung seiner Eintrittskarten beschließt er, vor dem Stadion einen Verkaufsstand aufzumachen, um dort an andere Fans nützliche Artikel zu verkaufen. Allerdings hat er kein Auto und muß seine Ware in der Straßenbahn transportieren, in der es an Fußballtagen

immer recht eng zugeht. Das bedeutet, er muß sich vorher überlegen, welche Artikel er mit zum Verkaufsstand nimmt.

Er hat mehrere **Alternativen (A_j)**, wie z.B. Mützen, Schals oder Eis, von denen er sich **für eine entscheiden** muß. Dabei hat er das Wetter zu beachten, welches je nach **Zustand (Z_i)** (z.B. Regen, Wind oder Sonne) großen Einfluß auf die Nachfrage und damit auf den Umsatz hat, den er mit dem gewählten Produkt erzielen kann. Um seine Entscheidung zu unterstützen, benötigt er ein Programm, das folgendes leistet:

Eingelesen werden die **Entscheidungsalternativen (A_j)**, die möglichen **Umweltzustände (Z_i)** sowie die **Umsätze (U_{ij})**, die Rudi Ratlos aus jeder Kombination von Zustand und Alternative erwartet.

Das Programm bestimmt daraufhin die **beste Alternative** nach dem **Minimax**- und nach dem **Erwartungswertkriterium**:

Minimax-Kriterium:

- Zunächst wird das Umsatzminimum d.h. das schlechtmöglichste Ergebnis aus jeder Alternative bestimmt.
- Die beste Alternative ist diejenige, die das größte Minimum aufweist.

Erwartungswert-Kriterium:

- Der **Erwartungswert (E_j)** jeder Alternative errechnet sich aus der Summe aller erwarteten Umsätze dieser Alternative geteilt durch die Anzahl (n) der berücksichtigten Zustände:

$$E_j = \frac{\sum_{i=1} U_{ij}}{n}$$

- Die beste Alternative ist diejenige, welche den größten Erwartungswert aufweist.

Beispiel für die Ergebnisausgabe:

```
              Wind      Regen      Sonne       Min   Erw.wert
     --------------------------------------------------------------
     Mützen   10.00     30.00      50.00     10.00      30.00
     Schals   40.00     20.00       5.00      5.00      21.67
        Eis   20.00      7.00      70.00      7.00      32.33

     Beste Alternative nach dem Minimax-Kriterium        : Mützen
     Beste Alternative nach dem Erwartungswert-Kriterium: Eis
```

11. Es soll ein Programm geschrieben werden, das für alle durch 2.000,- Euro teilbaren **Jahreseinkommen (E)** im Bereich von 0,- bis 130.000,- Euro die darauf anfallende Einkommensteuerlast (S) sowie den **Durchschnittssteuersatz (d in %)** nach folgenden Vorgaben berechnet:

x = Jahreseinkommen (E), abgerundet auf den nächsten durch 54,- Euro teilbaren Betrag

$$y = \frac{x - 8100}{10000}$$

S = 0	für $0 \le x \le 5.616$
S = 0,19 · x − 1067	für $5.617 \le x \le 8.153$
S = (151,94 · y + 1900) · y + 472	für $8.154 \le x \le 120.041$
S = 0,53 · x − 22842	für $x > 120.041$

$$d = \frac{S}{E} \cdot 100$$

Die errechneten Kombinationen von Jahreseinkommen und Durchschnittssteuersatz sollen auf dem Bildschirm graphisch in einem Achsenkreuz (mit Beschriftung der Achsen) ausgegeben werden. Betrachten Sie dazu den Bildschirm Ihres Computers als zweidimensionales Array mit maximal 25 Zeilen und 80 Spalten.

Record

12. Karl Vereinsmeier hat dem Wirt seiner Stammkneipe „Zur goldenen Felge" von Ihren Programmierfähigkeiten erzählt. Dieser bittet Sie nun, ihm ein Abrechnungsprogramm zu schreiben.

Eingelesen werden sollen zunächst **Code, Name und Preis** für jedes angebotene Produkt.

Abends soll das Programm vom Bedienungspersonal dann so benutzt werden, daß bei der Aufnahme einer Bestellung jeweils der **Produktcode und die georderte Menge** eingegeben werden. Das Programm zeigt zum eingegebenen Code sofort **Produktbezeichnung und Preis** an.

Nach Feierabend soll der **Gesamtumsatz** ausgegeben werden.

13. Zur Sanierung seines Doppelhauses in der Straße der Einheit braucht Theo W. dringend einen Kredit über 1 Mio. Euro mit einer Mindestlaufzeit von 5 Jahren. Theo W. will die Angebote von verschiedenen Banken vergleichen und den Kredit mit dem niedrigsten Effektivzins auswählen.

Schreiben Sie ein Programm, das folgendes leistet:

- Von jeder Bank werden die Angaben über die Laufzeit, die Höhe des Nominalzinses und des Disagios eingelesen.
- Es werden nur Angebote mit Laufzeiten von min. 5 Jahren akzeptiert.
- Das Programm berechnet den Effektivzins nach folgender Formel:

$$\text{Effektivzins} = \frac{\left(\text{Nominalzins} + \dfrac{\text{Disagio}}{\text{Laufzeit}}\right) \cdot 100}{100 - \text{Disagio}}$$

- Es wird eine Tabelle ausgegeben, die Theo W. einen Überblick über die Angebote gibt.
- Die Bank mit dem besten Angebot wird genannt.
- Das Programm ist beliebig oft wiederholbar.

Beispiel für die Ergebnisausgabe:

```
Ergebnisübersicht:

Bank        Laufzeit   Nominalzins   Disagio    Aufzunehmender  Effektivzins
            (Jahre)    (in %)        (in %)     Kredit (Mio EUR)   (in %)
============================================================================
DoppelFin   1          8.00          3.00       1.031           8.56
Kl.Haie AG  8          6.00          10.00      1.111           8.06
Schwarz     6          10.00         0.00       1.000           10.00

Den niedrigsten Effektivzins hat die Bank Kl.Haie AG.
```

9 Prozeduren und Funktionen

9.1 Unterprogramme

Sie haben bisher gelernt, daß ein Pascal-Programm aus einem **Programmkopf**, einem **Vereinbarungsteil** und einem **Anweisungsteil** besteht.

Sie haben ebenfalls gelernt, daß die Anweisungen im Anweisungsteil solange der Reihenfolge nach ausgeführt werden, bis entweder eine bedingte Anweisung (mit IF oder CASE) oder eine Wiederholungsanweisung (mit FOR, REPEAT oder WHILE) die Reihenfolge ändert.

Mit **Unterprogrammen** können Sie einer Folge von Anweisungen einen Namen geben. Soll diese Anweisungsfolge dann ausgeführt werden, brauchen Sie dazu nur noch ihren Namen anzugeben, das heißt sie aufzurufen.

Es folgt ein einfaches Beispiel für eine Situation, in der ein Unterprogramm sehr hilfreich ist. Die nachstehende Anweisungsfolge fragt den Benutzer nach einer Zahl und prüft dann, ob sie in einem bestimmten Wertebereich liegt. Ist das der Fall, wird sie der Variablen NeueZahl zugeordnet.

```
. . . .
VAR ZwischenZahl, NeueZahl : integer;
. . .
BEGIN
. . .
Write ('Bitte geben Sie eine Zahl zwischen ',Minimum,' und ',
                                    Maximum,' ein: ');
ReadLn (ZwischenZahl);
WHILE (ZwischenZahl < Minimum) OR (ZwischenZahl > Maximum) DO
   BEGIN
      WriteLn ('Ihre Zahl liegt nicht im Wertebereich.');
      Write ('Versuchen Sie es noch einmal: ');
      ReadLn (ZwischenZahl)
   END;
NeueZahl := ZwischenZahl;
. . .
```

Stellen Sie sich vor, daß es verschiedene Stellen in ihrem Programm gibt, an denen diese Aktion ausgeführt werden soll. Sie könnten alle Anweisungen, so wie sie hier angegeben sind, an die entsprechenden Stellen kopieren. Das würde allerdings den Umfang des Quell- und des Objektcodes um einiges vergrößern. Wenn Sie dann etwas verändern wollten, müßten Sie jedes einzelne Vorkommen suchen und immer wieder dieselbe Veränderung machen.

Glücklicherweise stellt Pascal eine bessere Lösung zur Verfügung. Anstatt die Anweisungsfolge zu kopieren, geben Sie ihr einen Namen und veranlassen das Programm, die ganze Folge auszuführen, wenn Sie den Namen nennen. In Pascal heißt eine solche Anweisungsfolge **Prozedur oder Funktion**, in FORTRAN oder BASIC spricht man statt dessen von Subroutinen

9.2 Prozeduren

9.2.1 Prinzip der Prozeduren

Prozeduren sind Unterprogramme, die mehrere Anweisungen unter einem Namen zusammenfassen. Diese werden **innerhalb des Vereinbarungsteils** eines Programms **deklariert** und können dann im Hauptprogramm oder in anderen Prozeduren verwendet werden.

Vorteile der Anwendung von Prozeduren:

* Teile eines Programms lassen sich unter einem eigenen Namen zusammenfassen. Das Programm wird dadurch **übersichtlicher**.
* Mittels einer Prozedur wird es möglich, eine Folge von Anweisungen mehrmals an verschiedenen Stellen eines Programms ausführen zu lassen. Der **Programmieraufwand sinkt**.
* Programme werden längerfristig **weniger Fehler** enthalten, wenn häufig gebrauchte und somit getestete Routinen in einer „Bibliothek" abgelegt und von dort aus in neue Programme eingebaut werden. Damit **verringert** sich der **Wartungsaufwand**.

Einer Prozedur können beliebig viele Eingabegrößen übergeben werden, die von ihr in beliebig viele Ausgabegrößen verarbeitet werden:

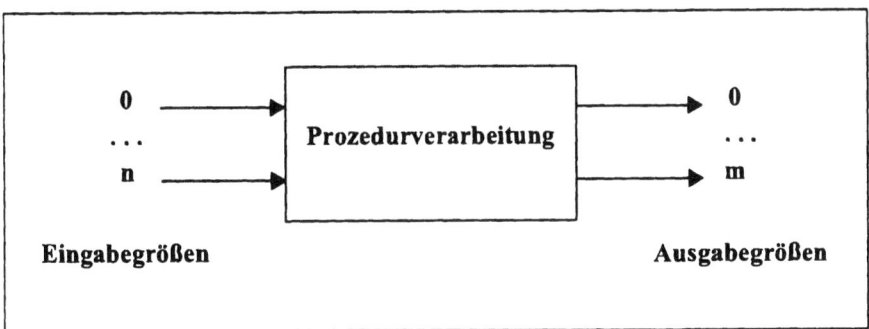

Bei der Arbeit mit Prozeduren geht man in zwei Schritten vor:

1. Schritt: Konstruktion

Stellen Sie sich als Beispiel die Fertigung einer Kaffeemaschine vor. Dazu muß zunächst folgendes festgelegt werden:

- Das Produkt braucht einen Namen - nennen wir es „Kaffeemeister 2000".
- Eventuell wird in einem Zusatzkommentar der Zweck der Maschine beschrieben.
- Außerdem müssen Anzahl und Qualität der Ein- und Ausgänge der Maschine bestimmt werden: In unserem Fall werden wir Eingänge für Wasser, Kaffeefilter, -pulver und elektrischen Strom festlegen. Der Behälter für gebrühten Kaffee wird als Ausgang festgelegt.
- Es folgt die Konstruktion des „Innern" der Maschine: Was später durch die Eingänge an die Maschine übergeben wird, soll korrekt verarbeitet werden und durch den Ausgang an den Benutzer wieder zurückgegeben werden können.
- Ist das Innenleben der Maschine fertig, wird sie mit einem Gehäuse verschlossen.

2. Schritt: Verwendung

Wer jetzt mit der Maschine arbeiten will, braucht sie nur noch von außen zu sehen:

- Er sieht auf dem Gehäuse den Namen und Zweck der Maschine.
- Außerdem erkennt er Anzahl und Art der Ein- und Ausgänge.
- Er wird Wasser, Filter und Pulver in die vorgesehenen Behälter füllen und den Strom einschalten.
- Diese Inputs werden im Innern der Maschine verarbeitet; wie - das interessiert den Benutzer im Normalfall nicht.
- Ihn interessiert nur das Endprodukt, das von der Maschine geliefert wird: Der Kaffee, den er zum Wachwerden braucht.

Ein Beispiel:

In Kapitel 6.2.1 verwendeten wir zur Demonstration der If-Anweisung ein Beispielprogramm, das Fläche und Umfang eines Kreises berechnete, unter der Bedingung, daß keine negativen Eingaben gemacht wurden:

```
PROGRAM Kreis;
CONST    pi = 3.1415;
VAR      radius, flaeche, umfang : real;
BEGIN
   WriteLn ('...');
   ReadLn (radius);                        {-> Eingabe radius}
   flaeche := pi * sqr(radius);            {--> Datenverarbeitung}
   umfang := 2 * pi * radius;
   WriteLn ('....')           {--> Ausgabe von flaeche und umfang}
END.
```

Für die **Berechnungen von flaeche und umfang** können wir eine **Prozedur** schreiben. Das Programm wird dann folgendermaßen aussehen:

```
PROGRAM Kreis_mit_Prozedur;
VAR radius, flaeche, umfang : real;

PROCEDURE kreis (platzh_f_radius : real; VAR platzh_f_flaeche,
                 platzh_f_umfang : real);      {Prozedurkopf}

CONST pi = 3.1415;               {Vereinbarungsteil der Prozedur}

BEGIN                            {Anweisungteil der Prozedur}
  platzh_f_flaeche := pi * sqr(platzh_f_radius);
  platzh_f_umfang  := 2 * pi * platzh_f_radius
END; {of kreis}

BEGIN                                              {Hauptprogramm}
  WriteLn ('Geben Sie den Radius ein (Ende mit 0): ');
  ReadLn (radius);
  WHILE NOT (radius = 0) DO
    BEGIN
      IF radius < 0
      THEN WriteLn ('Fehler!')
      ELSE
        BEGIN
          kreis (radius, flaeche, umfang);{-> Prozeduraufruf}
          WriteLn ('...',flaeche, umfang,'...')
        END;
      WriteLn ('Neueingabe (Ende mit 0): ');
      ReadLn (radius)
    END
END.
```

Schauen wir uns das Programm im einzelnen an: Programmkopf und Variablenvereinbarungsteil erscheinen wie gewohnt. Dann wird die **Prozedur** analog der Konstruktion von Kaffeemeister 2000 **vereinbart**:

*   Sie beginnt mit dem reservierten Wort PROCEDURE.
*   Sie hat einen Namen (kreis).
*   Sie besitzt einen Eingang (platzh_f_radius) vom Typ real und
*   zwei Ausgänge (platzh_f_flaeche und platzh_f_umfang) ebenfalls vom Typ real.
*   Innerhalb der Prozedur soll der Wert, der durch den Eingang übergeben wird, verarbeitet werden. Dazu wird eine Konstante pi = 3.1415 benötigt, die im Vereinbarungsteil der Prozedur deklariert wird.
*   Mit Hilfe der Konstanten pi wird nun der Eingangswert so verarbeitet, daß aus ihm die beiden Ausgangswerte entstehen:
    ```
    platzh_f_flaeche := pi * sqr(platzh_f_radius);
    platzh_f_umfang  := 2 * pi * platzh_f_radius;
    ```

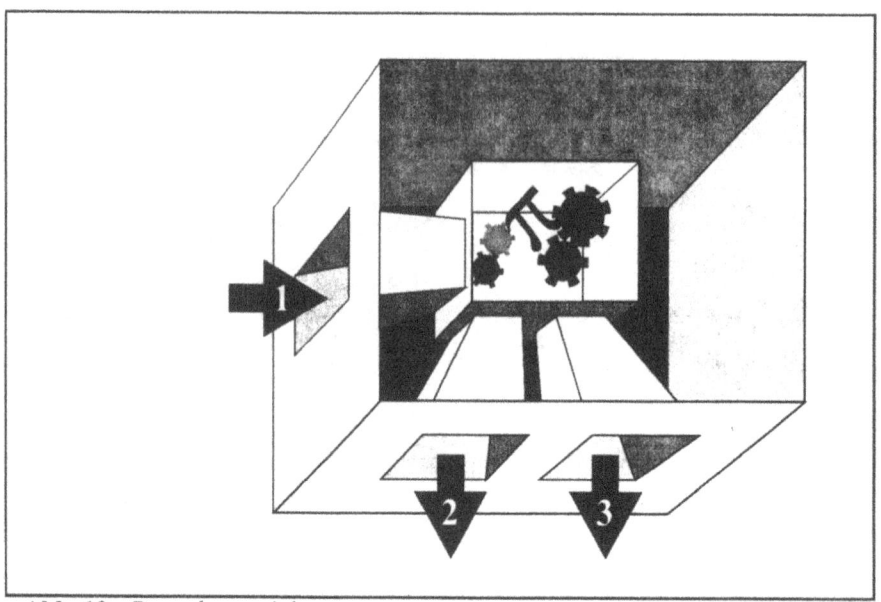

Abb. 10: Prozedurvereinbarung

Der Quelltext des Hauptprogramms kommt uns nun wieder bekannt vor: Der Benutzer wird zur Eingabe aufgefordert, diese Eingabe wird eingelesen und an die Variable radius übergeben. Es folgt eine While-Schleife, innerhalb derer abgefragt wird, ob der eingegebene Radius-Wert positiv ist. Falls radius einen negativen Wert hat, wird eine Fehlermeldung ausgegeben.

Andernfalls wird die **Prozedur aufgerufen**, d.h. analog zur Benutzung der Kaffeemaschine verwendet:

* Der Prozedur wird die im Variablenvereinbarungsteil des Hauptprogramms deklarierte Variable radius als Eingangswert übergeben. Was nach der Verarbeitung in der Prozedur an „Produkten" entstanden ist, soll an die Variablen flaeche und umfang zugewiesen werden.
* Mit diesen Variablen können wir nun weiterarbeiten, das heißt, wir können uns beispielsweise ihre Werte ausgeben lassen:
  ```
  WriteLn('...',flaeche,umfang,'...');
  ```

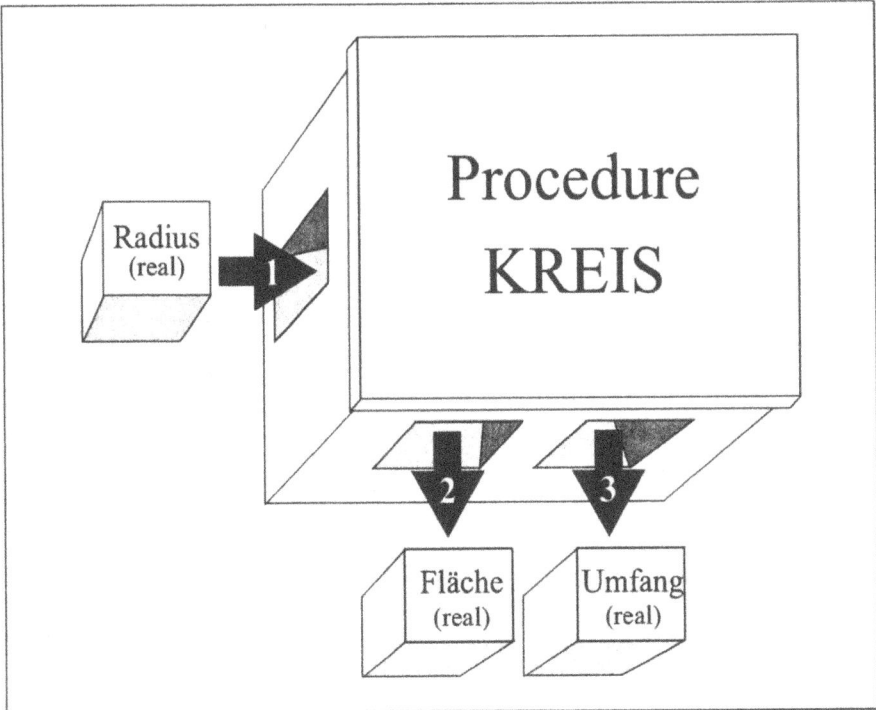

Abb. 11: Prozeduraufruf

9.2.2 Prozedurvereinbarung und -aufruf

Die Struktur einer Prozedur entspricht prinzipiell der eines normalen Programms.

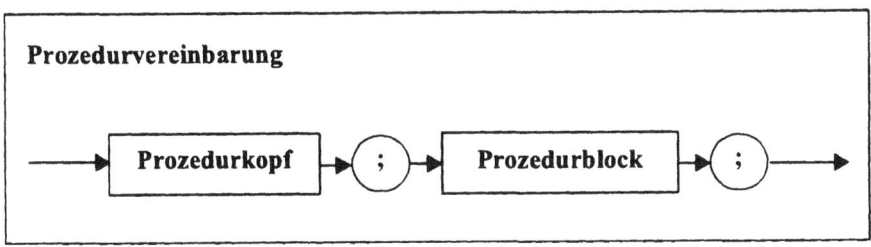

Der **Prozedurkopf** unterscheidet sich von dem uns bisher bekannten Programm-kopf. Der **Prozedurblock** gliedert sich dagegen wie immer in

- einen **Vereinbarungsteil** (dieser kann allerdings auch entfallen) und
- einen **Anweisungsteil.**

Die Anweisungen stehen wie gewohnt zwischen BEGIN und END. Allerdings folgt auf das letzte END der Prozedur ein **Semikolon** (;). Ein Punkt (.) steht nur an einer einzigen Stelle des Programms - an seinem tatsächlichen Ende.

Eine Prozedur ist wie alle Unterprogramme in Wirklichkeit nichts anderes als ein **kleines Programm, das in ein größeres eingebettet** ist.

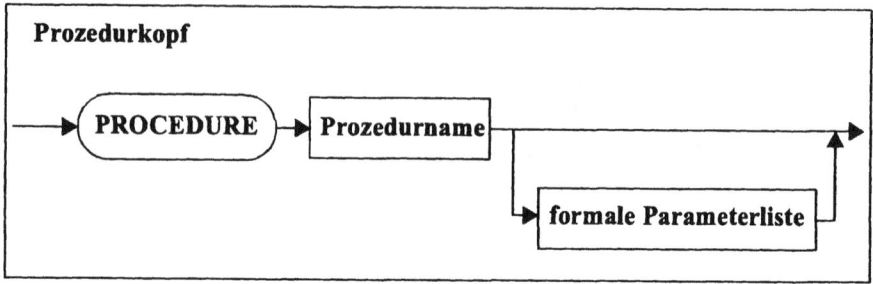

Die **formale Parameterliste** des Prozedurkopfs enthält **Anzahl und Art der Ein- und Ausgänge** der Prozedur. Es wird festgelegt, mit welcher Art und Anzahl von Variablen, die aus dem Hauptprogramm kommen werden, diese Prozedur arbeiten kann (welche Variablen in die Eingänge „passen") und welche Art und Anzahl von Variablen sie wieder ans Hauptprogramm zurückliefern wird.

Wie Sie aus dem Syntaxdiagramm erkennen können, **braucht der Prozedurkopf keine formale Parameterliste** zu enthalten. Wir kennen sogar schon Beispiele für solche Prozeduren: ClrScr ist eine Prozedur, die in der Unit Crt enthalten ist. Sie löscht den Bildschirm und setzt den Cursor in die linke obere Bildschirmecke, ohne daß ihr zusätzliche Informationen mitgeschickt werden müssen.

Meistens enthalten Prozeduren jedoch eine Parameterliste. Diese ist zur effektiven Arbeit mit Prozeduren sehr wichtig und wohl das Komplizierteste am Thema Prozeduren.

Die in der formalen Parameterliste aufgeführten Parameter fungieren als **Platzhalter** für die Werte, die bei der Verwendung der Prozedur im Programm tatsächlich eingesetzt werden.

Prinzipiell ist es erlaubt, innerhalb der Prozedur Variablen des Hauptprogramms direkt anzusprechen und zu verändern. Auf diesen Fall der Verwendung globaler Variablen werden wir in Kapitel 9.3 noch genauer eingehen. Hier sei lediglich schon darauf hingewiesen, daß es nicht empfehlenswert ist, so zu programmieren. Der umgekehrte Fall, daß man von einem Hauptprogramm direkt Variablen, die innerhalb einer Prozedur vereinbart werden, anspricht, ist übrigens nicht möglich.

Der Anweisungsteil der Prozedur arbeitet mit den im Prozedurkopf angegebenen Platzhaltern für Werte aus dem (später) rufenden Programm. Außerdem verwendet er möglicherweise weitere eigene Variablen oder Konstanten, die im Vereinbarungsteil der Prozedur selbst definiert wurden.

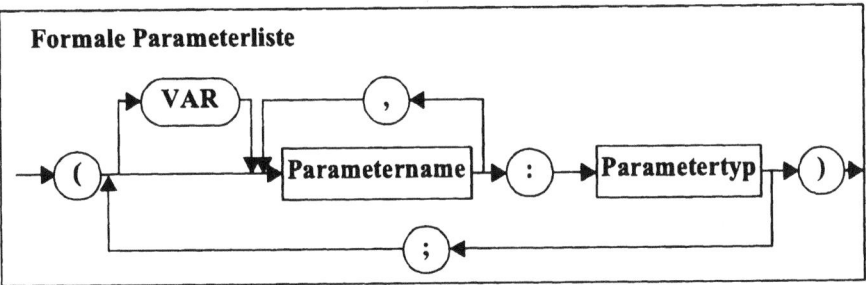

Wir hatten im Beispiel schon gesehen, daß wir zwei verschiedene Arten von formalen Parametern in den Kopf einer Prozedur schreiben können:

- **Eingabe- oder Wertparameter** bilden die Eingabeliste (deklariert ohne VAR).
- **Ausgabe- oder Variablenparameter** bilden die Ausgabeliste (deklariert mit VAR).

Die Variable `radius` wurde im Beispiel nur eingegeben, nicht aber verändert. Dagegen wurden `flaeche` und `umfang` in der Prozedur erst berechnet; diese beiden haben wir mit VAR deklariert.

Unterscheidung zwischen Wertparametern und Variablenparametern:

- **Wertparameter** (Eingabeliste)
  Parameter, die im Prozedurkopf **ohne** VAR angegeben werden, werden als Eingabe- oder Wertparameter bezeichnet. Die Prozedur arbeitet zwar mit diesen Variablen, gibt sie aber in jedem Fall (egal was in der Prozedur damit angestellt wird!) unverändert wieder an das Hauptprogramm zurück. Beim Aufruf der Prozedur wird von den an sie übergebenen Parametern eine lokale Kopie angelegt, mit der dann innerhalb der Prozedur gearbeitet wird. Beim Verlassen der Prozedur arbeitet das Hauptprogramm mit den unveränderten originalen Größen weiter.

- **Variablenparameter** (Ausgabeliste)
  Variablen- oder Ausgabeparameter sind Parameter, die im Prozedurkopf **mit** VAR angegeben werden. Nach dem Aufruf der Prozedur arbeitet diese mit den originalen aktuellen Parametern, verändert sie eventuell und gibt diese veränderten Werte dann wieder an das Hauptprogramm zurück.
  Wenn Sie einen Parameter an eine Prozedur übergeben wollen, der mit Hilfe der Prozedur verändert werden soll, müssen Sie ihn im Prozedurkopf mit VAR vereinbaren! Tun Sie dies nicht, meldet der Compiler zwar keinen Fehler, die Werte

werden aber unverändert an das Hauptprogramm zurückgegeben, welches dann damit weiterarbeitet und möglicherweise ungewollte Ergebnisse liefert.

Die Stellung der Prozedurvereinbarung im Programm

Sie können Prozeduren und Funktionen[1] in Turbo-Pascal an jeder Stelle des Deklarationsteils eines Programms vereinbaren. Unserer Meinung nach - und dies ist auch Pflicht in Standard-Pascal - vereinbaren Sie diese am besten nach allen anderen Vereinbarungen vor dem ersten BEGIN ihres Hauptprogramms. Das gleiche gilt für die Vereinbarung von Funktionen.

```
PROGRAM <Programmname>;
...
VAR ...;

<Prozeduren und Funktionen>

BEGIN
   <Hauptprogramm>
END.
```

Aufruf einer Prozedur innerhalb eines Hauptprogramms

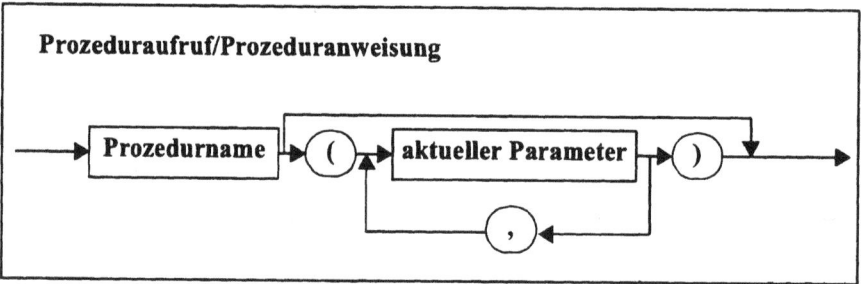

Die formalen Parameter der Prozedurvereinbarung, die Platzhalter, übernehmen die Werte des rufenden Programms, die aktuellen Parameter. Überall, wo wir in der Prozedur z.B. platzh_f_radius gesetzt hatten, wird jetzt mit dem Wert der Variablen radius aus dem Hauptprogramm gearbeitet.

Unterscheidung zwischen Formal- und Aktualparameterliste:

* **Formale Parameter:**
  Formale Parameter werden bei der Vereinbarung einer Prozedur verwandt. Die Parameter sind **Platzhalter**, die die eigentlichen Werte der Variablen oder Kon-

---

[1] Funktionen werden wir in Kapitel 9.4 besprechen.

stanten repräsentieren, die beim späteren Aufruf an ihrer Stelle eingesetzt werden. Diese Werte werden bei jedem Prozeduraufruf neu festgelegt.

- **Aktuelle Parameter:**
  Aktuelle Parameter werden beim Prozeduraufruf im Hauptprogramm verwandt.
  Hier handelt es sich um **Ausdrücke, Konstante** oder **Variablen**, die überall dort
  in der Prozedur eingesetzt werden, wo die jeweiligen Formalparameter stehen.
  ACHTUNG: Aktuelle Parameter, die in der Prozedur Variablenparameter sind
  (vereinbart mit VAR), dürfen nur Variable sein, keine Ausdrücke oder Konstanten.

Wichtig: Formale und aktuelle Parameter müssen in **Anzahl, Typ und Reihenfolge**
übereinstimmen, während die **Namen** verschieden sein dürfen!

Ein weiteres **Beispiel:**

Es ist eine Prozedur zu schreiben und in ein Programm einzubinden, welche aus drei
Zahlen deren Summe und Produkt bildet.

```
PROGRAM Prozedurtest;
USES Crt;
CONST Max = 3;
TYPE Reihe = ARRAY[1..Max] OF integer;
VAR   Zahl : Reihe;
      summe, produkt : real;
      i : integer;

PROCEDURE Rechnung (Eingabe : Reihe; VAR Sum, Prod : real);
                                {Eingabe : Wertparameter,
                      Sum, Prod : Variablenparamter}
VAR i : integer;
BEGIN
   Sum := 0.0;
   Prod := 1.0;
   FOR i := 1 TO Max DO
      BEGIN
         Sum  := Sum + Eingabe[i];
         Prod := Prod * Eingabe[i]
      END
END; {of Rechnung}

BEGIN                                        {Hauptprogramm}
   ClrScr;
   WriteLn ('Gib ',Max,' Zahlen ein : ');
   FOR i := 1 TO Max DO
      BEGIN
         Write (i,': ');
         ReadLn (Zahl[i])
```

```
    END;

    Rechnung (Zahl,summe,produkt);
    {Prozeduraufruf mit den aktuellen Parametern. Von den Werten im
    ARRAY Zahl wird jeweils eine Kopie angelegt und mit dieser dann
    in der Prozedur gearbeitet, während summe und produkt in der
    Prozedur original verarbeitet und verändert werden. Diese ver-
    änderten Werte werden an das Hauptprogramm zurückgegeben.}

    WriteLn ('Summe =',summe:10:2,'   Produkt = ',produkt:10:2)
    END.
```

Wichtig: Im obigen Beispiel wird ein selbstdefinierter Datentyp im Prozedurkopf verwendet. Es ist nicht möglich, folgendes zu programmieren:

```
...
PROCEDURE Rechnung (Eingabe : ARRAY[1..Max] OF integer ;
                                    VAR Sum, Prod : real);
...
```

Werden strukturierte Datentypen in einer Prozedur direkt als Eingabe- bzw. Ausgabeparameter übergeben, erzeugt dies die Fehlermeldung „Type identifier expected". Sie können dieses Problem lösen, indem Sie wie im obigen Beispiel den strukturierten Datentyp im übergeordneten Block als eigenen Typ definieren. Dies gilt für alle strukturierten Datentypen, neben den Arrays also auch für Strings und Records.

Das folgende Beispiel soll Ihnen nochmals den Unterschied zwischen **Wertparametern** und **Variablenparametern** aufzeigen. Lesen Sie das Programm durch und überlegen Sie, welche Werte die Variablen jeweils annehmen.

```
PROGRAM Prozedurdemo;
USES Crt;
VAR i : integer;

PROCEDURE Proz_mit_Wertparameter (Wertparameter : integer);
BEGIN
   WriteLn ('Wir befinden uns in der Prozedur ',
                        '"Proz_mit_Wertparameter"!');
   WriteLn (' Als Wertparameter wurde aus dem Hauptprogramm ',
                        'der Wert ',Wertparameter,' übergeben.');
   Wertparameter := 20;
   WriteLn (' Der Wertparameter hat jetzt den Wert ',
                                       Wertparameter,'.')
END; {of Proz_mit_Wertparameter}
```

```
PROCEDURE Proz_mit_Variablenparameter
                             (VAR Variablenparameter : integer);
BEGIN
   WriteLn ('Wir befinden uns in der Prozedur ',
                          '"Proz_mit_Variablenparameter"!');
   WriteLn (' Als Variablenparameter wurde aus dem ',
                      'Hauptprogramm der Wert ',Variablenparameter,
                                             ' übergeben.');
   Variablenparameter := 50;
   WriteLn (' Der Variablenparameter hat jetzt den Wert ',
                                  Variablenparameter,'.')
END; {of Proz_mit_Variablenparameter}


BEGIN
   ClrScr;
   i := 10;
   WriteLn ('Wir befinden uns im Hauptprogramm!');
   WriteLn (' Der Variablen i wurde der Wert ',i,' zugewiesen.');
   WriteLn; WriteLn;
   Proz_mit_Wertparameter (i);
   WriteLn;
   WriteLn ('Wir sind wieder im Hauptprogramm!');
   WriteLn (' i hat (immer noch) den Wert ',i,'.');
   WriteLn; WriteLn;
   i := 20;
   Proz_mit_Variablenparameter (i);
   WriteLn; WriteLn;
   WriteLn ('Wir sind wieder im Hauptprogramm!');
   WriteLn ('  i hat jetzt den Wert ',i,'.')
END.
```

Es werden nacheinander folgende Werte ausgegeben:

10   10   20   10   20   50   50

Haben Sie das selbe Ergebnis? Geben Sie das Programm zur Kontrolle in Ihren Computer ein. Wenn Sie **Turbo-Pascal** ab Version 4.0 verwenden, können Sie es anschließend schrittweise ausführen lassen. Sie können beobachten, wie sich der Inhalt der Variablen i nach jeder Anweisung verändert:

*   Öffnen Sie dazu mit **F10 - (B)reak/Watch - (A)dd Watch** ein „Watch-Fenster".
*   Geben Sie anschließend den Namen der Variablen ein, die Sie beobachten wollen (engl. to watch): i.
*   Verfolgen Sie das Programm schrittweise mit **F7**: jedesmal wenn F7 gedrückt wird, wird eine Programmzeile ausgeführt. Wird die Anweisung Proz_mit_Wertparameter(i) erreicht, springt das Programm in die Prozedur und führt ihre Anweisungen nacheinander aus. Beobachten Sie jetzt im

Watch-Fenster, daß i sich **nicht** verändert und vergleichen Sie mit dem Aufruf der `Proz_mit_Variablenparameter(i)`.

Sie können den Inhalt des Watch-Fensters wieder löschen, indem Sie eingeben:

* F10 - (B)reak/Watch - (R)emove All Watches.

9.3   Globale und lokale Variablen

Wie Sie wissen, besteht ein Programm aus einem Programmkopf und einem Block. Ein Block wiederum besteht aus Vereinbarungen und Anweisungen.

Zu den Vereinbarungen können Prozeduren und Funktionen[1] gehören, die wiederum aus einem Kopf und einem Block bestehen. Damit können diese ebenfalls Vereinbarungen und weitere Blöcke enthalten.

Über die Prozeduren und Funktionen können Blöcke also geschachtelt auftreten. Mit der Blockstruktur ist gleichzeitig auch der **Gültigkeitsbereich der Bezeichner** verbunden. Hier gibt es folgende Grundregel:

> **Jeder vereinbarte Bezeichner gilt nur für den Block, in dem die Vereinbarung steht.**

Damit erstreckt sich diese Gültigkeit immer auch auf die untergeordneten Blöcke.

Wegen der Blockschachtelung kann es in einem Block **Bezeichner verschiedener Qualität** geben, nämlich Bezeichner, die in diesem Block vereinbart wurden und Bezeichner, die in einem diesen Block umfassenden Block vereinbart wurden. Erstere heißen für diesen Block **lokal**, die zweiten **global**.

---

[1] Funktionen werden wir im nächsten Abschnitt Kapitel 9.4 besprechen.

Beispiel:

```
PROGRAM Block1;
  VAR a, b, c : real;
  PROCEDURE Block2 (VAR x, z : real);
    VAR y : real;
    BEGIN
    ...
    z := c-y;
    ...
    x := sqr(z) - a;
    ...
    END;

  BEGIN
  ...
  Block2 (a,b);
  ...
  END.
```

Im Beispielprogramm gibt es zwei **Blöcke**: Zum einen das Programm Block1 selbst, zum anderen die Prozedur Block2, die in Block1 enthalten ist. Jeder Block besitzt einen Vereinbarungsteil und einen Anweisungsteil.

Für die Prozedur Block2 gilt:

* Es wurden drei **lokal gültige Bezeichner** vereinbart; das sind die Variablenparameter x und z, die im Prozedurkopf festgelegt werden sowie die Variable y aus dem Variablenvereinbarungsteil der Prozedur.
* **Globale Bezeichner** für die Prozedur sind die Variablen a, b und c, da diese im übergeordneten Block (Program Block1) vereinbart wurden.

Für das Programm Block1 gilt:

* Die Variablen a, b und c sind **lokale Bezeichner**. Da kein übergeordneter Block existiert, gibt es für Block1 auch keine globalen Bezeichner. Die im untergeordneten Block2 vereinbarten Bezeichner, wie beispielsweise die Variable y, sind nicht bekannt, solange die Prozedur nicht aufgerufen wird.

Wichtig ist die Regelung für den **Kollisionsfall**, wenn eine für einen Block globale Größe denselben Bezeichner wie eine lokale Größe hat. In diesem Fall hat immer **die lokale Größe Vorrang**, d.h. in dem Block wird unter dem entsprechenden Bezeichner immer die lokale Größe gemeint. Die gleichnamige globale Größe wird für den Bereich des Blockes außer Kraft gesetzt, die Gültigkeit der globalen Variable hat in diesem Fall eine „Lücke". Dies ist vor allem dann zu beachten, wenn die gleichnamigen Bezeichner verschiedene Typen haben!

Deshalb sollte bei der Programmierung folgende **Regel** beachtet werden:

> Die Wahl der Bezeichner für lokale Größen ist beliebig und unabhängig davon,
> welche Bezeichner globale Größen haben. Innerhalb der Prozedur ist damit
> immer der lokale Bezeichner gemeint und eine etwaige gleichnamige globale
> Größe wird dadurch nicht verändert.

Umgekehrt hat dies zur Folge, daß Sie in einer Prozedur globale Größen verwenden
können, dann deren Bezeichner aber nicht gleichzeitig für lokale Größen benutzen
dürfen. So werden in obigem Beispiel in der Prozedur `Block2` die globalen Variablen c und a benutzt.

Die Verwendung globaler Größen sollte jedoch vermieden werden! Denn dies kann
die Ursache von schwierig zu entdeckenden Fehlern sein. Außerdem verschlechtert
sich dadurch die Lesbarkeit eines Programms.

Zusammenfassung:

1. Alle in einem Block vereinbarten Namen gelten nur in diesem und den untergeordneten Blöcken. Sie sind für diesen Block lokal. Die lokalen Namen sind
   außerhalb des Blocks nicht vorhanden.

2. Alle in einem Block verwendeten Namen, die aber in einem übergeordneten
   Block vereinbart wurden, sind für den untergeordneten Block global.

3. Haben in einem Block eine lokale und eine globale Größe denselben Namen, so
   ist innerhalb des Blocks mit diesem Namen immer die lokale Größe gemeint.
   Der Wert der globalen Größe dieses Namens ist für die Dauer des Blockes „ein-
   gefroren".

Für die Programmierung ergibt sich:

1. Alle Größen aus dem rufenden Programm oder der rufenden Prozedur mit
   denen eine Prozedur arbeitet, sollten in der Parameterliste als Ein- bzw. Ausgabeparameter angegeben werden, damit werden sie für die Prozedur zu lokalen
   Größen.

2. Zusätzliche Größen, die die Prozedur lokal benötigt, sollten im Vereinbarungsteil der Prozedur vereinbart werden.

Vereinbart man eine Prozedur ohne formale Parameterliste, was theoretisch möglich ist und benutzt dann in ihr Größen, die im Variablendeklarationsteil des Hauptprogramms vereinbart wurden, verarbeitet man in der Prozedur automatisch globale
Größen! Diese Prozedur ist nicht universell einsetzbar, sondern nur in Programmen,
die genau diese Variablen (mit den richtigen Datentypen) besitzen. Eine solche Prozedur kann man sich schenken!

9.4 Funktionen

9.4.1 Prinzip der Funktionen

Funktionen können als Unterfälle der Prozeduren bezeichnet werden. Denn hat eine Prozedur **genau eine Ausgangsgröße**, so handelt es sich im mathematischen Sinne um eine Funktion.

Eine **Funktion** ist eine Operation, die aus einem oder mehreren Werten, die ihr übergeben werden, nach einer bestimmten Vorschrift einen neuen Wert ermittelt.

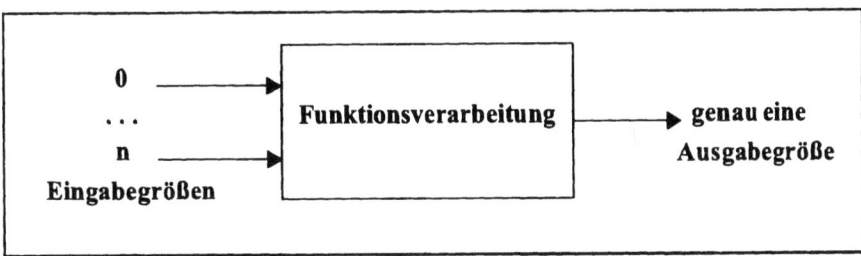

Sie erkennen die Ähnlichkeit mit dem Prinzip einer Prozedur.

Ein Beispiel für eine Ihnen bereits bekannte Funktion ist die Wurzelfunktion. Sie nimmt einen Wert und berechnet daraus eine Zahl, die zu diesem Wert in einer ganz bestimmten Beziehung steht. Auch alle anderen Standardfunktionen in Pascal können so beschrieben werden.

9.4.2 Funktionsvereinbarung und -aufruf

Eine Funktion besteht wie eine Prozedur aus zwei Teilen: Dem Funktionskopf und dem Funktionsblock.

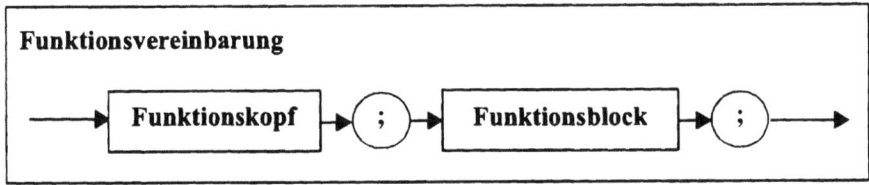

Zwei wesentliche Unterschiede zur Prozedur müssen Sie bei der Programmierung von Funktionen beachten:

1. Im **Funktionskopf** müssen Sie den Typ des zu ermittelnden Wertes, den **Ergebnistyp** angeben, damit Turbo-Pascal weiß, wann die Funktion in einen

Ausdruck eingebaut werden darf. Zugelassen sind hier alle einfachen vordefinierten Datentypen.

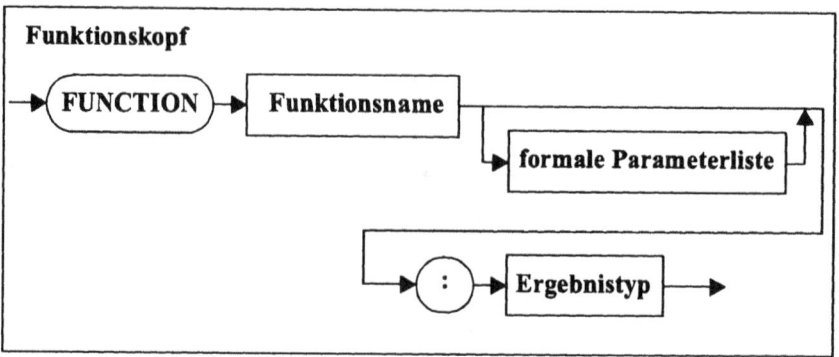

2. Außerdem muß **dem Funktionsnamen** irgendwo im Funktionsblock **ein Wert zugewiesen** werden.

Da bei Funktionen nur eine Ausgabegröße vorkommt, die mit dem Funktionsnamen in Verbindung gesetzt wird, sollen keine Parameter mit VAR in der Parameterliste verwendet werden. Statt dessen gibt der „Ergebnistyp" den Typ der Ausgabegröße - also den Typ des Funktionsergebnisses - an.

Bereits bekannt ist die folgende **Wertzuweisung:**

```
a:= sqr (b);
```

Mit dem Kürzel sqr(b) wird die Funktion sqr (mit dem aktuellen Parameter b) aufgerufen.

Ausgeschrieben sieht diese Funktion folgendermaßen aus:

```
FUNCTION Sqr (Eingangsgroesse : real) :real;
BEGIN
   sqr:= Eingangsgroesse * Eingangsgroesse
END {of Sqr}
```

Das **Funktionsergebnis** wird durch die **Zuweisung eines Wertes an den Funktionsnamen** (hier also sqr := ...) festgelegt, die innerhalb der Funktion stattfinden muß. Das bedeutet, der Funktionsname muß im Anweisungsteil der Funktionsvereinbarung mindestens einmal in einer Wertzuweisung auf der linken Seite auftauchen: Damit wird der Funktion ein eindeutiges Ergebnis zugewiesen.

Der **Aufruf einer Funktion** erfolgt **innerhalb eines Ausdrucks** mit dem Funktionsnamen und der Liste aktueller Parameter.

Beachten Sie hierbei analog zum Aufruf von Prozeduren:

- Der Funktionsname muß in Aufruf und Vereinbarung gleich sein.
- Formale und aktuelle Parameter müssen in Anzahl, Typ und Reihenfolge übereinstimmen, die Namen dürfen unterschiedlich sein (wie bei der Prozedur!).

Regel:

Beim Aufruf im Programm werden
Funktionen wie **Variablen** und
Prozeduren wie **Anweisungen** behandelt.

Eine Funktion kann überall dort eingesetzt werden, wo auch eine Konstante oder ein
Ausdruck des selben Datentyps verwendet werden könnte.

Beispiel:

Es soll eine Funktion geschrieben werden, die zu einer eingegebenen Zahl die Quersumme berechnet.

Zur Lösung des Problems bietet es sich an, die Operatoren MOD und DIV zu verwenden und die Quersumme beginnend mit der rechten Ziffer der Zahl (z.B. 431) zu
berechnen.

- Wenn wir 431 mit MOD durch 10 teilen, erhalten wir den ersten Faktor der
  Quersumme (hier **1**).

  ```
  431 MOD 10 ->  1
  ```

- Als nächstes möchten wir die 2. Stelle der Zahl „extrahieren": Wir teilen die
  Zahl mit DIV durch 10 und erhalten 43.

  ```
  431 DIV 10 -> 43
  ```

  Diese Zahl teilen wir wieder mit MOD durch 10 und erhalten den zweiten Faktor der Quersumme, den wir zum ersten hinzuaddieren müssen.

  ```
  43 MOD 10 -> 3
  ```

- Um aus der übrig gebliebenen Zahl die nächste Ziffer herauszubekommen, führen wir folgende Operationen aus:

  ```
  43 DIV 10 -> 4
  4 MOD 10 -> 4
  ```

  Dies ist der dritte Faktor der Quersumme.

- Wir fahren nach dem selben System fort:

  ```
  4 DIV 10 -> 0
  ```

  Das ist das Abbruchsignal; wir haben die letzte Ziffer erreicht und sind fertig.

Diesen Vorgang werden wir in eine Funktion einbauen, welche dann innerhalb des Hauptprogramms aufgerufen wird.

```
PROGRAM Quersummenbestimmung;
USES Crt;
VAR Zahl : LongInt;

{Funktionsvereinbarung}
FUNCTION Quersumme (platzh_f_zahl : LongInt) : integer;
VAR hilf : integer;                                    {Vereinbarungsteil}
BEGIN                                                   {Anweisungsteil}
   hilf := 0;
   WHILE platzh_f_zahl <> 0 DO
      BEGIN
         hilf := hilf + platzh_f_zahl MOD 10;
         platzh_f_zahl := platzh_f_zahl DIV 10
      END;
   IF hilf < 0
   THEN Quersumme := -hilf
   ELSE Quersumme := hilf
END; {of Quersumme}

BEGIN                                                   {Hauptprogramm}
   ClrScr;
   Write ('Geben Sie eine ganze Zahl ein (0 für ENDE) : ');
   ReadLn (Zahl);
   WHILE NOT (Zahl = 0) DO
      BEGIN
         WriteLn ('Quersumme von ',Zahl,' ist ',Quersumme(Zahl));
                                                        {Funktionsaufruf}
         WriteLn;
         Write ('Neue Zahl (0 für ENDE) : ');
         ReadLn (Zahl)
      END
END.
```

Anmerkung: Es ist hier nicht möglich, innerhalb der Funktion zu schreiben:

```
Quersumme := Quersumme + platzh_f_zahl MOD 10;
```

In diesem Fall würde die Verwendung von Quersumme auf der rechten Seite der Wertzuweisung als erneuter Aufruf der Funktion Quersumme interpretiert werden! Deshalb die Hilfsvariable hilf.

Zur Übung ein weiteres **Beispiel**: Es soll eine Funktion zur Fakultätsberechnung geschrieben und in ein Programm eingebunden werden.

Für die Fakultätsberechnung gilt:

```
n! = n*(n-1)*(n-2)*...*1
1! = 1, 0! = 1
```

```
PROGRAM Fakultaet_mit_Funktion;

VAR Zahl : integer;

FUNCTION fakultaet (n : integer) : real;
VAR  hilf : real;
     i : integer;
BEGIN
   CASE n OF 0,1 : fakultaet := 1
     ELSE
        hilf := 1;
        FOR i := 2 TO n DO hilf := hilf * i;
        fakultaet := hilf
                        {Eindeutige Wertzuweisung an fakultaet.
                  Mit fakultaet darf in der Funktionsvereinbarung
                 z.B. in der For-Schleife nicht gerechnet werden,
                              deshalb die Hilfsvariable hilf}
     END {of CASE}
END; {of fakultaet}

BEGIN                                      {Hauptprogramm}
   Write ('Gib eine Zahl ein: ');
   ReadLn (Zahl);
   IF Zahl < 0
   THEN WriteLn ('Fehler')
   ELSE WriteLn (Zahl,'! = ',fakultaet(Zahl):10:0)
END.
```

In diesem Programm wurde die Funktion innerhalb der Standardprozedur WriteLn aufgerufen - Sie sehen, daß man Funktionen innerhalb von Programmen relativ einfach handhaben kann. Man kann ihr Ergebnis auch formatiert ausgeben.

9.5 Rekursionen

Rekursionen sind **Prozeduren** oder **Funktionen** mit einer ganz bestimmten Eigenschaft: Sie **rufen sich in ihrem Anweisungsteil selbst auf.**

Das Wort Rekursion stammt vom lateinischen currere für laufen/eilen und bezeichnet etwas, das (auf sich selbst) zurückläuft. Allgemein wird etwas dann als rekursiv bezeichnet, wenn es sich teilweise selbst enthält. So ist beispielsweise eine Definition dann rekursiv, wenn das zu Definierende teilweise durch sich selbst definiert wird.

Ein anderes Beispiel wäre ein Fernsehbild, bei dem die Kamera auf den eigenen Monitor gerichtet ist und dadurch eine unendlich tiefe Verschachtelung entsteht.

Jede Rekursion muß irgendwann einmal abgebrochen werden. Bei einer rekursiven Definition bedarf es dazu einer Definition, bei der sich das zu Definierende nicht selbst definiert. Das Rekursionsschema muß demnach so beschaffen sein, daß der Einsetzungsmechanismus zu dieser nichtrekursiven Definition hinstrebt.

Die **Rekursion** ist eine Möglichkeit, um durch einen endlichen Text beliebig viele Objekte zu definieren. Eine andere Möglichkeit bietet die **Iteration**, welche hierzu die Wiederholung verwendet. Auch hier braucht man ein **Abbruchkriterium**, um eine konkrete iterative Definition zu terminieren.

Anhand der folgenden **Beispiele** soll der Unterschied zwischen Iteration und Rekursion verdeutlicht werden:

1. **Fakultät**:
   Iterative Definition: `n! = 1*2*...*n`
   Rekursive Definition: `n! = n*(n-1)! und 0! = 1`

2. **Liste** - iterative Definition:
   „Eine Liste besteht aus beliebig vielen Elementen."

   Liste - rekursive Definition:
   „Eine Liste ist entweder leer oder sie enthält ein Element, dessen Nachfolger eine Liste ist."

3. **Bezeichner** - iterative Definition:
   „Ein Bezeichner ist eine beliebig lange Folge von Buchstaben und/oder Ziffern, die mit einem Buchstaben anfängt."

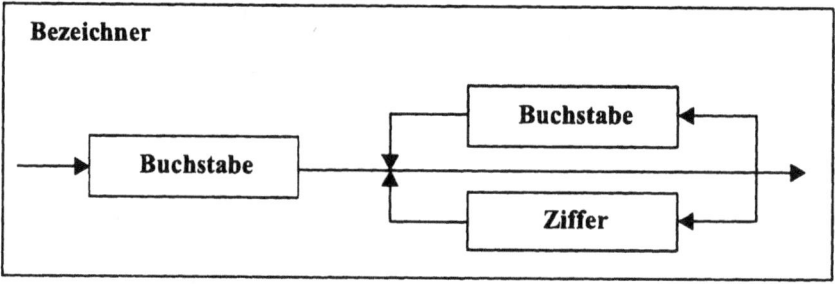

Bezeichner - rekursive Definition:

„Ein Bezeichner ist entweder ein Buchstabe oder ein Bezeichner gefolgt von einem Buchstaben oder einer Ziffer."

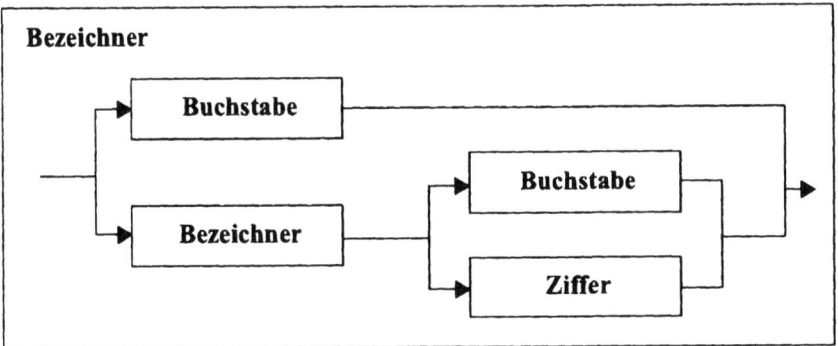

Entscheidender **Unterschied** zwischen Iteration und Rekursion:

Die Beschreibung durch eine **Iteration** erfordert eine **Schleife**; die **Rekursion** kann denselben Tatbestand **ohne Schleife** ausdrücken.

Iterationen werden mit Hilfe der Wiederholungsanweisungen (For-, While-, Repeat-) realisiert, Rekursionen über Prozeduren und Funktionen. Prozeduren und Funktion erlauben es, Anweisungen mit einem Namen zu versehen, durch den sie aufgerufen werden können. Prozeduren und Funktionen können sich also prinzipiell auch selbst aufrufen. Dabei muß man allerdings darauf achten, daß durch geeignete aktuelle Parameter oder ein geeignetes Abbruchkriterium die Rekursion terminiert wird.

Definitionen

Eine **rekursive Prozedur** ist eine Prozedur, in deren Anweisungsteil die Prozedur über eine Prozeduranweisung selbst gerufen wird.

Eine **rekursive Funktion** ist eine Funktion, in deren Anweisungsteil die Funktion selbst (in einem Ausdruck) gerufen wird; dies geschieht i.d.R. über eine Wertzuweisung, d.h. der Funktionsname taucht rechts vom Gleichheitszeichen auf.

Eine Rekursion läuft so ab, daß bei jedem rekursiven Aufruf die Ausführung der aufrufenden Prozedur unterbrochen wird und eine neue Ausführung dieser Prozedur beginnt. Die unterbrochene Ausführung wird später fortgesetzt. Die einzelnen Ausführungen unterscheiden sich durch die Werte der lokalen Variablen.

Durch die konsequente Verwendung lokaler Variablen wird die Rekursion überhaupt erst möglich: Bei jedem Selbstaufruf wird die neue identische Prozedur bzw.

Funktion gegenüber der aufrufenden völlig abgeschottet, deshalb gibt es keine Konflikte.

Wichtig:

Jede rekursive Prozedur/Funktion muß eine Abbruchbedingung beinhalten, die immer sicher erreicht wird, sonst ruft sie sich unendlich oft selbst auf.

Den Abbruch können Sie beispielsweise dadurch erreichen, daß ein Parameter x > 0 abnimmt und die Rekursion bei x = 0 beendet wird.

Beispiele für typische Konstruktionen:

- Bei Prozeduren:

```
PROCEDURE proc (x : integer, ...);
BEGIN
   ....
   IF x > 0 THEN proc (x-1, ...);
   ....
END;
```

- Bei Funktionen:

```
FUNCTION f(x : integer, ...) : integer;
BEGIN
   ....
   IF x > 0 THEN f := {Ausdruck mit f(x-1, ...)}
             ELSE f := {Ausdruck ohne f(...)}
   ....
END;
```

Jetzt ist es an der Zeit, ein kleines Programm mit einer Rekursion kennenzulernen:

Es soll eine Zeichenkette gelesen und umgekehrt wieder ausgegeben werden. Die Enter-Taste soll das Ende der Zeichenkette darstellen und damit auch das Abbruchkriterium für die Rekursion. Gleichzeitig ist dies ein Beispiel für eine **parameterlose Prozedur.**

Spielen Sie das Programm als „Trockenübung" einmal durch, indem Sie z.B. das Wort ROT eingeben und mit der Enter-Taste abschließen.

```
PROGRAM Zeichenkette_mit_Rekursion;

PROCEDURE invers;
VAR c : char;
BEGIN
   Read (c);
   IF c <> #13 THEN invers;         {Die Prozedur ruft sich wieder
                                       selbst auf, wenn nicht #13
```

```
                              eingegeben wurde (das ist der
                              ASCII-Code für die Enter-Taste)}
     Write (c)
END; { of invers }

BEGIN
     WriteLn ('Geben Sie Zeichen ein - Ende mit Enter');
     invers
END.
```

Hat die Trockenübung geklappt? Wenn nicht, helfen vielleicht die folgenden Erläuterungen.

Um die Rekursion zu verstehen, ist zunächst der Begriff des **Stack** (engl. für Stapel/ Keller) nötig. Der Stack ist ein speziell verwalteter Speicherbereich, der nach dem LIFO-Prinzip verwaltet wird (LIFO = Last In First Out). Er hat einen Startpunkt und einen Zeiger, der immer auf das oberste Element des Stack zeigt. Das Lesen in und Schreiben aus dem Stack erfolgt stets oben an der Stelle des Zeigers.

Bei der Verwendung von rekursiven Unterprogrammen muß nämlich sichergestellt werden, daß bei einem erneuten Unterprogrammaufruf die momentan gültigen Variablenwerte nicht verloren gehen. Dies wird dadurch realisiert, daß diese Werte solange im Stack zwischengelagert werden, bis sie wieder gebraucht werden.

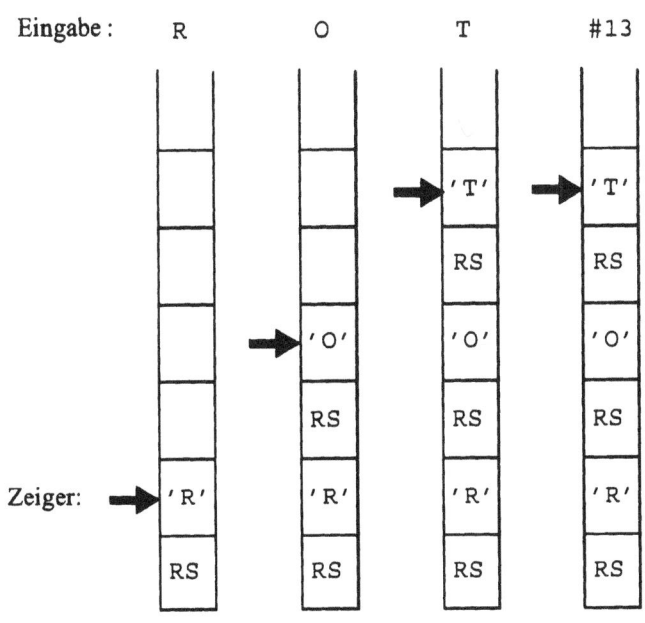

Erster Aufruf:

> Der Rechner wartet auf die Eingabe eines Zeichens - eingegeben wird 'R'.
> Dieses Zeichen wird der lokalen Variable c zugewiesen und mit #13 vergli-
> chen. Da die Bedingung nach THEN zutrifft, soll nun die Prozedur ein zweites
> Mal aufgerufen werden. Dazu muß der Wert der Variablen vorher gespeichert
> werden. Er wird zusammen mit einer Rücksprungadresse (RS) im Stack abge-
> speichert.

Zweiter Aufruf:

> Dieser erfolgt aus dem Unterprogramm heraus. Die rufende Prozedur wird
> dabei zugunsten der aufgerufenen unterbrochen. Wieder erwartet der Rechner
> die Eingabe eines Zeichens - eingegeben wird 'O'. Dieses Zeichen wird an die
> lokale Variable c zugewiesen. Wieder erfolgt ein Vergleich mit #13. Ergebnis:
> Die Prozedur soll ein drittes Mal aufgerufen werden. Vorher muß das 'O'
> allerdings wieder abgespeichert werden (zusammen mit einer Rücksprung-
> adresse) - das 'O' wird oben auf dem Stack abgelegt.

Dritter Aufruf:

> Wie beim zweiten Aufruf. Eingegeben wird 'T'.

Vierter Aufruf:

> Es wird Enter eingegeben. Jetzt ist die **Bedingung der If-Anweisung nicht
> mehr erfüllt**, sie wird übersprungen. Nächste Anweisung: Write(c); Es
> erfolgt ein Zeilenvorschub auf dem Bildschirm. Der vierte Prozeduraufruf ist
> abgearbeitet.

Abarbeitung des dritten Aufrufs:

> Als nächstes muß der noch offene dritte Prozeduraufruf beendet werden. Die
> Rücksprungadresse zeigt der Prozedur, wo sie ihren abgelegten Variablenwert
> wiederfindet. D.h. jetzt wird auf den **Stack** zugegriffen und zwar (nach dem
> Prinzip Last In First Out) auf das **oberste Element**: Hier steht 'T', dieses Zei-
> chen wird nun ausgegeben. Ende des dritten Prozeduraufrufs.

Abarbeitung des zweiten Aufrufs:

> Ausgabe des nächsten Zeichens: 'O'.

Abarbeitung des ersten Aufrufs:

> Ausgabe des letzten Zeichens: 'R'.

Wir können also festhalten:

> **Die Prozedur, die als erstes aufgerufen wurde, muß immer warten, bis alle
> nachfolgenden Prozeduren abgearbeitet wurden, bevor sie selbst beendet
> werden kann.**

Hierin liegt der Unterschied zu einer Wiederholungsanweisung. Die **Schleife wird, während das Programm läuft, zeitlich nacheinander ausgeführt.** Bei der **Rekursion** können dagegen **gleichzeitig mehrere „Unterprogramme" offen** sein.

Vorteil der Rekursion:

Bei manchen Problemen ergibt sich die rekursive Darstellung der Lösung fast von selbst, eventuell ist sie sehr elegant und kurz. Möglicherweise verlangt eine andere Lösung einen deutlich größeren Programmieraufwand.

Beachten Sie jedoch die folgenden Punkte:

1. Bei jedem Selbstaufruf einer Prozedur muß der Compiler neue lokale Variablen erzeugen, Rücksprungadressen merken und Werte speichern. Dies bedeutet einen relativ großen Aufwand; die Programme werden langsamer.

   Mit steigender Verschachtelungstiefe steigt der Speicherplatzbedarf enorm an; eventuell wird der Speicher zu klein, das Programm bricht ab und es erscheint die Meldung „stack overflow error".

   Deshalb sollte man **Rekursionen nur verwenden, wenn die Verschachtelungstiefe nicht zu groß ist.**

2. Formulieren Sie eine sinnvolle **Abbruchbedingung** damit die Rekursion korrekt verlassen wird.

3. Rekursionen sind **relativ schwierig zu verstehen,** wenn man sie nicht selbst programmiert bzw. schon länger nicht mehr angeschaut hat. Verwenden Sie Rekursionen deshalb nur dann, wenn die Vorteile groß sind.

Zum Abschluß noch ein kleines **Beispiel,** bei dem sich die Verwendung von Rekursionen anbietet: Die Fakultät-Funktion wird rekursiv programmiert.

```
PROGRAM FakultaetRekursiv;
VAR EineZahl : integer;

FUNCTION Fakultaet (Zahl : integer) : real;
                    {Rekursive Definition der Fakultät durch:
                     n! = n * (n-1) !
                     0! = 1}
BEGIN
   IF Zahl = 0
   THEN Fakultaet := 1
   ELSE Fakultaet := Zahl * Fakultaet(Zahl - 1)
END; {of Fakultaet}
```

```
BEGIN    {Hauptprogramm}
   Write ('Geben Sie eine positive ganze Zahl ein : ');
   ReadLn (EineZahl);
   WriteLn;
   WriteLn (EineZahl,'! = ',Fakultaet (EineZahl):0:0)
END.
```

Wenn Sie den Quelltext dieses rekursiven Programms mit dem iterativen Fakultät-Programm in Kapitel 9.4.2 vergleichen, werden Sie feststellen, daß eine **Rekursion**

*   **ohne Wiederholungsanweisung** auskommt,
*   **keine Zählvariable** und
*   in diesem Beispiel auch **keine Hilfsvariable** benötigt.

Programmieren Sie die beiden Fakultätsfunktionen mit und ohne Rekursion und testen Sie diese für verschiedene Zahlen. Dann werden Sie noch eine weitere Feststellung machen:

*   Rekursionen machen ein **Programm langsam** und
*   der **Speicherbereich ist wesentlich früher erschöpft** als bei der Verwendung der Iteration.

9.6   Aufbau von Unterprogrammbibliotheken

9.6.1   Einbinden von Unterprogrammen

Im Einführungskapitel dieses Abschnitts (Kapitel 9.1) führten wir als einen Vorteil der Verwendung von Unterprogrammen an, daß

> Programme längerfristig **weniger Fehler** enthalten werden, wenn häufig gebrauchte und somit getestete Routinen in einer „**Bibliothek**" abgelegt werden und von dort aus in neue Programme eingebaut werden.

Bisher sind wir der Frage noch nicht nachgegangen, wie man dies denn bewerkstelligen und häufig gebrauchte Routinen in einer Bibliothek ablegen kann. Hierzu wollen wir im Laufe dieses Abschnitts einige Möglichkeiten vorstellen, die Ihnen bei der Verwendung von Turbo-Pascal ab Version 4.0 zur Verfügung stehen. Bitte beachten Sie, daß diese Möglichkeiten nicht in Standard-Pascal enthalten sind und deshalb in anderen Produkten als Turbo-Pascal auf verschiedene Weise gelöst sein können.

Unter Turbo-Pascal bieten sich uns zwei Möglichkeiten, Unterprogramme in ein übergeordnetes Programm einzubinden:

1. Man kann den Quelltext einer Prozedur oder Funktion direkt in den Programmtext einbinden. Dazu bieten sich entweder die in der Entwicklungsumgebung

vorhandenen Editiermöglichkeiten an oder die Verwendung des Compiler-Befehls Include. Dies wird Gegenstand des folgenden Abschnitts 9.6.2 sein.

2. Die zweite Möglichkeit ist die Verwendung von Units, die wir in Abschnitt 9.6.3 vorstellen.

9.6.2 Editiermöglichkeit und der Compiler-Befehl Include

Manche Prozeduren und Funktionen wird man nur einmal schreiben und dann je nach Bedarf in Programme einbinden wollen.

Grundsätzlich ist es möglich, auch **Unterprogramme,** also Programmfragmente, **als Dateien abzuspeichern.** Damit gibt man ihnen Namen, die auf der Ebene des Betriebssystems erkannt werden. Aber auch wenn man diese Quelltextfragmente abgespeichert hat, kann man sie noch nicht compilieren, da es sich nicht um komplette Programme handelt. Es ist allerdings möglich, diese **Programmstücke in neue Programme einzubinden** (zu kopieren) und sich damit Tippaufwand sowie Fehlerquellen zu ersparen.

Es gibt hierzu **zwei Möglichkeiten zur Auswahl,** welche an einem Beispiel demonstriert werden sollen. Betrachten wir dazu das Programm zur Quersummenbestimmung aus Kapitel 9.5 (Funktionen):

Angenommen wir haben die Funktion, die uns die Quersumme einer Integerzahl berechnen soll, schon geschrieben und als Datei auf Diskette mit dem Namen Quersum.fun abgespeichert:

```
FUNCTION Quersumme (platzh_f_zahl : LongInt) : integer;
VAR hilf : LongInt;
BEGIN
   hilf := 0;
   WHILE platzh_f_zahl <> 0 DO
      BEGIN
         hilf := hilf + platzh_f_zahl MOD 10;
         platzh_f_zahl := platzh_f_zahl DIV 10
      END;
   IF hilf < 0
   THEN Quersumme := -hilf
   ELSE Quersumme := hilf
END; {of Quersumme}
```

Jetzt möchten wir ein Programm schreiben, das diese Funktion verwenden soll. Ohne die Funktion sieht es folgendermaßen aus:

```
PROGRAM Quersummenbestimmung;
USES Crt;
VAR Zahl : LongInt;

{ *** }

BEGIN
   ClrScr;
   Write ('Geben Sie eine ganze Zahl ein (0 für ENDE) : ');
   ReadLn (Zahl);
   WHILE NOT (Zahl = 0) DO
      BEGIN
         WriteLn ('Quersumme von ',Zahl,' ist ',Quersumme(Zahl));
                                             {* Funktionsaufruf *}
         WriteLn;
         Write ('Neue Zahl (0 für ENDE) : ');
         ReadLn (Zahl)
      END
END.
```

An der Stelle { *** } soll die Funktion quersumme eingefügt werden.

1. Möglichkeit:

Wenn Sie beim Schreiben eines Programms an die Stelle kommen, an der eine Prozedur oder Funktion definiert werden soll, die schon auf Festplatte oder Diskette abgelegt ist, geben Sie den **Block-Lese-Befehl** Crtl+K, Crtl+R ein und dann den Namen der Datei z.B. a:\quersum.fun. Damit bewirken Sie, daß der Quelltext, der unter a:\quersum.fun abgespeichert ist, sofort an der aktuellen Cursor-Position eingefügt wird. Anschließend kann das Programm fertiggestellt und dann wie gewohnt compiliert werden. Die Funktion quersum.fun liegt nun zweimal vor: Einmal auf Diskette und zum zweiten eingebunden in unser Programm.

2. Möglichkeit:

Es ist auch möglich, die Funktion erst zur Compilierungszeit in das Programm einzubinden. Dies geschieht mit Hilfe des **Include-Befehls**:

{$I a:\quersum.fun}

Das heißt, Sie schreiben ein vollständiges Programm, in dem der Quelltext der Funktion quersum.fun fehlt. Dieser wird aber zur Übersetzungszeit mitcompiliert: Durch den Compiler-Befehl $I (include) veranlassen Sie den Compiler, die Compilierung des Hauptprogramms an dieser Stelle zu unterbrechen und auf die angegebene Datei/Prozedur zuzugreifen, diese zu compilieren und dann mit dem Hauptprogramm weiterzumachen. Für den Compiler erscheinen der Inhalt des Hauptprogramms und `quersum.fun` wie ein großer zusammenhängender Text.

Durch den Include-Befehl $I kann der Text eines Programms in Segmente aufgeteilt werden, womit seine Bearbeitung und Speicherung erleichtert wird.

Vorteil: Entdecken Sie nach einiger Zeit doch einen Fehler in der eingebundenen Datei oder z.B. einen Algorithmus, der die Berechnung der Quersumme einfacher macht, brauchen Sie dies nur an einer Stelle zu ändern. Sie korrigieren damit gleichzeitig **alle** Programme, die diese Datei verwenden.

1. Nachteil: Das Hauptprogramm bleibt unvollständig. Soll es z.B. auf einem anderen Rechner laufen, müssen Sie die eingeschlossenen Dateien immer mit sich führen und möglicherweise den Pfad ändern.

2. Nachteil: Obwohl die eingeschlossenen Dateien (hoffentlich) schon getestet sind, werden sie doch jedesmal, wenn sie eingebunden werden, frisch übersetzt.

Es gibt nun eine Möglichkeit, Unterprogramme getrennt (einmal) zu übersetzen und dann in weitere Programme einzubinden: die Units. Ihre Verwendung ist vor allem dann von Vorteil, wenn Sie sehr große Programme schreiben und ändern wollen. Die zur Übersetzung benötigte Zeit wird nämlich erheblich verkürzt.

9.6.3 Units

Units geben einem Programmierer die Möglichkeit, große Programme in Einheiten oder Module (engl. Units) zu zerlegen, die **getrennt editiert und compiliert** werden.

Das Prinzip der Modularisierung

Eine Unit ist wie auch eine Prozedur oder Funktion ein **Programmbaustein**, der dem rufenden (Haupt-)Programm ausschließlich über eine Schnittstelle (engl. Interface) bekannt ist. Die konkrete Verarbeitung im Innern dieses Bausteins (engl. Implementation) ist dem rufenden Programm dagegen unbekannt. Das Modul stellt sozusagen eine „black box" dar. Diese Trennung von **Interface** (Schnittstelle als Ein-/Ausgang) und **Implementation** (konkrete Vereinbarung) bietet generell vier Vorteile:

1. **Keine Seiteneffekte:** Da die Einzelheiten der Implementation für das rufende Programm unbekannt sind, können sie von dort aus auch nicht unter Umgehung der Schnittstelle verändert werden. Damit sind unbeabsichtigte Seiteneffekte ausgeschlossen.

2. **Änderbarkeit des Moduls**: Die Implementation des Moduls kann geändert werden, ohne daß die Programme, die das Modul rufen, anzupassen sind. Das Innenleben der Unit ist unabhängig von der rufenden Umwelt änderbar.

3. **Lokalisierung von Namen**: Es können keine Namenskonflikte entstehen, da die Bezeichner im Modul lokal sind. Durch die Modularisierung wird der Gültigkeitsbereich von Datenstrukturen absichtlich eng gehalten.

4. **Getrennte Übersetzung**: Es ist möglich, eine Unit getrennt vom später rufenden Programm zu compilieren. Ein „**Linker**" wird die Objektcodes zu gegebener Zeit zusammenbinden.

In Turbo-Pascal werden mehrere Standardunits mitgeliefert, von denen wir einige schon kennengelernt haben:

- `Crt` enthält Routinen zur Eingabe über die Tastatur und die Ausgabe auf den Bildschirm. Beispiele sind die Anweisungen `ClrScr`, `KeyPressed`, `Delay` oder `Sound`.
- `Printer` enthält Routinen zur Druckersteuerung.

Daneben gibt es noch einige andere, die etwa die Verwendung von Graphikbefehlen (`Graph`) oder das Einbinden von Betriebssystembefehlen (`Dos`) erlauben.

Die Anweisung `USES <Unitname>` veranlaßt, daß **im aktiven Laufwerk nach einer bereits übersetzten Unit** mit dem angegebenen Namen **gesucht** wird, um diese dann in den übrigen Code einzubinden.

`USES Crt;` beispielsweise bindet die Unit `Crt` in das Programm ein.

Der Aufbau einer Unit

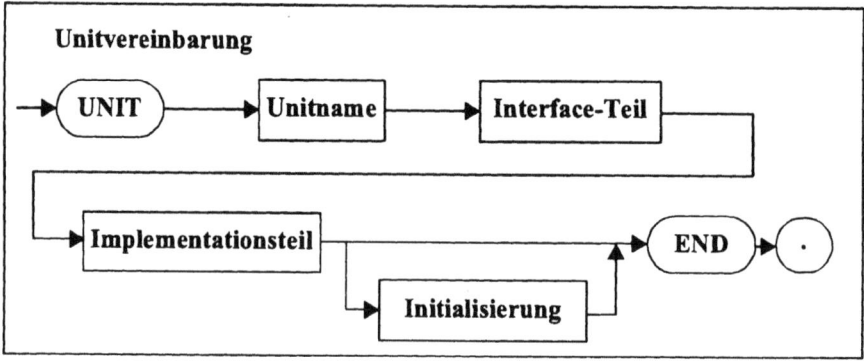

Eine Unit beginnt mit dem reservierten Wort UNIT und setzt sich aus den Teilen
Interface, Implementation und Initialisierung zusammen:

```
UNIT Name;

INTERFACE
...
     {-> Schnittstelle für das rufende Programm}

IMPLEMENTATION
...
     {-> Privatbereich der Unit}

[BEGIN]                    {der optionalen Initialisierung}
...

END.
```

Der Interface-Teil einer Unit

Der Interface-Teil der Unit fungiert als Schnittstelle zum rufenden Programm, dem
die hier getroffenen Vereinbarungen bekannt sind. Dabei handelt es sich um:

- Vereinbarungen von Konstanten, Variablen und Datentypen.
- Kopfzeilen von Prozeduren und Funktionen mit den Listen der formalen Parameter.
- USES-Anweisungen zum Einbinden weiterer Units.

Der Implementation-Teil einer Unit

Der Implementation-Teil ist **der eigentliche „Anweisungsteil"** der Unit. Seinen
Inhalt kennt nur der Programmierer der Unit, nicht aber die rufende Umwelt. Er ist
sozusagen die **Privatsphäre der Unit.**

Neben der Definition von Funktionen und Prozeduren können hier natürlich auch
Konstanten und Variablen vereinbart werden, diese bleiben jedoch auf die Unit
lokalisiert.

Auch Parameterlisten können angegeben werden, vorausgesetzt, sie stimmen mit
den Listen im Interface-Teil exakt überein. Bei umfangreichem Quelltext brauchen
Sie somit nicht lange zurückzublättern.

Der Initialisierungsteil einer Unit

Dieser Teil fängt mit BEGIN an. Er kann auch weggelassen werden. Die hier angegebenen Anweisungen werden bereits dann ausgeführt, wenn die Unit in der USES-Klausel des rufenden Programms angemeldet wird.

Beispiel: Im Initialisierungsteil einer Unit namens Drucker werden die Anweisungen angegeben, die nötig sind, um den Drucker vor dem Start des Hauptprogramms anzupassen.

Eine Unit entwickeln und einbinden

Als Beispiel soll eine Unit entwickelt werden, die die **Prozedur** Kreis und **die Funktion** Quersumme enthält.

Prozedur und Funktion sollen von anderen Programmen aus aufgerufen werden und müssen deshalb beide im Interface-Teil der Unit vereinbart sein. Dies geschieht, indem Sie die Köpfe der Unterprogramme mit den formalen Parametern angeben. Die eigentlichen Unterprogramme befinden sich dann im Implementation-Teil. Dort wird allerdings nur noch der Prozedurname ohne die formalen Parameter angegeben.

Zur Programmierung einer Unit gehen Sie in drei Schritten vor:

1. Die Unit wird **editiert** und **als Quelltext abgelegt**:

    Unsere Beispiel-Unit soll den Namen TestUnit bekommen. Sie wird wie ein normales Programm editiert und ihr Quelltext wird mit (F)ile - (S)ave TestUnit.pas auf der Festplatte abgespeichert.

```
UNIT TestUnit;                              {Kopf der Unit}

INTERFACE                         {Interface-Teil -> Schnitt-
                                   stelle zum rufenden Programm}

   USES Crt;   {Auch die Einbindung anderer Units ist möglich.}

   PROCEDURE kreis (platzh_f_radius : real;
                    VAR platzh_f_flaeche,
                    platzh_f_umfang : real);

   FUNCTION Quersumme (platzh_f_zahl : LongInt) : integer;

IMPLEMENTATION{Implementations-Teil -> Privatbereich der Unit}

   PROCEDURE kreis;                   {Formale Parameter brauchen}
   CONST pi = 3.1415;                 {hier nicht mehr angegeben}
   BEGIN                                          {zu werden}
```

```
        platzh_f_flaeche := pi * sqr(platzh_f_radius);
        platzh_f_umfang  := 2 * pi * platzh_f_radius
    END; {of kreis}

    FUNCTION Quersumme;
    VAR hilf : LongInt;
    BEGIN
        hilf := 0;
        WHILE platzh_f_zahl <> 0 DO
            BEGIN
                hilf := hilf + platzh_f_zahl MOD 10;
                platzh_f_zahl := platzh_f_zahl DIV 10
            END;
        IF hilf < 0
        THEN Quersumme := -hilf
        ELSE Quersumme := hilf
    END; {of Quersumme}

BEGIN                       {Initialisierungsteil der Unit}
    ClrScr;
    WriteLn ('Als allererstes wird der Initialisierungsteil ',
             ' der Unit TestUnit ausgeführt! ');
    WriteLn
END.
```

Wenn Sie versuchen, diesen Quelltext zu übersetzen, werden Sie die Fehlermeldung Cannot run a unit erhalten. Eine Unit ist eine nicht selbständig ausführbare Einheit, sie muß stets von einem anderen Programm aus aufgerufen werden.

2. Die Unit wird **compiliert** und **als Objektcode abgelegt**:

Der Quelltext soll nun **übersetzt** und so **auf Festplatte abgelegt** werden: Dazu gehen Sie im Untermenü (C)ompile auf (D)estination und stellen den Schalter von Memory um auf Disk. Damit bewirken Sie, daß der **Objektcode** der zu übersetzenden Unit (wie auch der eines zu übersetzenden Programms) nicht im Speicher, sondern **auf Diskette oder Festplatte** abgelegt wird. Der Objektcode befindet sich anschließend im gleichen Verzeichnis wie der Quelltext, aus dem er generiert wurde.

Nun können Sie den Quelltext der Unit TestUnit.pas durch Auswahl des Menüpunktes (C)ompile - (C)ompile im Edit-Fenster übersetzen. Damit bewirken Sie, daß der Objektcode unter dem Namen TestUnit.tpu auf Festplatte abgelegt wird, wobei tpu für Turbo-Pascal-Unit steht.

Die compilierte Unit `TestUnit.tpu` ist allerdings immer noch kein ausführbares Programm, sondern sie kann nur mit der Uses-Anweisung aus einem anderen (kompletten) Programm aus aufgerufen werden.

3. Die Unit wird **aufgerufen**:

Das Programm `UnitDemo.pas` ruft die zwei in der Unit `TestUnit.tpu` bereitgestellten Unterprogramme auf:

```
PROGRAM Testprogramm_fuer_TestUnit;

USES TestUnit;

VAR radius, flaeche, umfang : real;
    Zahl : LongInt;

BEGIN
   WriteLn ('Zuerst die Kreisberechnung: ');
   WriteLn;
   Write ('Geben Sie den Radius ein (Ende mit 0): ');
   ReadLn (radius);
   WHILE NOT (radius = 0) DO
      BEGIN
         IF radius < 0
         THEN WriteLn ('Fehler!')
         ELSE
           BEGIN
              kreis (radius, flaeche, umfang);
                            {-> ruft die Prozedur kreis aus
                                 der Unit TestUnit auf!}
              WriteLn ('Radius: ',radius:0:4);
              WriteLn ('      Fläche: ',flaeche:0:4);
              WriteLn ('      Umfang: ',umfang:0:4)
           END;
         WriteLn;
         Write ('Neueingabe (Ende mit 0): ');
         ReadLn (radius)
      END;

   WriteLn;
   WriteLn;
   WriteLn ('Jetzt berechnen wir die Quersumme einer ',
            'ganzen Zahl :');
   WriteLn;
   Write ('Geben Sie eine ganze Zahl ein (0 für ENDE) : ');
   ReadLn (Zahl);
   WHILE NOT (Zahl = 0) DO
      BEGIN
         WriteLn ('Quersumme von ',Zahl,' ist ',
                                       Quersumme(Zahl));
```

```
                                  {-> ruft die Funktion quersumme
                                      aus der Unit TestUnit auf!}
            WriteLn;
            Write ('Neue Zahl (0 für ENDE) : ');
            ReadLn (Zahl)
      END
END.
```

Es ist ersichtlich, daß der Initialisierungsteil der Unit TestUnit.tpu vor dem Anweisungsteil des rufenden Programms ausgeführt wird. Man erkennt dies an der Meldung Als allererstes wird der Initialisierungsteil der Unit TestUnit ausgeführt!, die zuallererst auf dem Bildschirm ausgegeben wird.

9.7 Kontrollfragen und Programmieraufgaben

9.7.1 Kontrollfragen

1. Was ist eine Prozedur?

2. Wodurch unterscheidet sich eine Funktion von einer Prozedur?

3. Welche Vorteile bringt die Verwendung von Prozeduren und Funktionen?

4. Jedes der folgenden Programmfragmente enthält einen Fehler. Bestimmen Sie diesen:

   a) Die Prozedur Hallo soll in das Programm Gruezi eingebunden werden:

   ```
   PROGRAM Gruezi;

   PROCEDURE Hallo;
   BEGIN
      WriteLn ('Hallo')
   END;

   BEGIN
      WriteLn (Hallo)
   END.
   ```

   b) Die Funktion sqr soll das Quadrat einer Zahl berechnen:

   ```
   FUNCTION sqr (zahl : real) : real;
   BEGIN
      sqr := zahl + sqr(sqrt(zahl))
   ```

```
END;
```

c) Die Funktion summe soll aus den Elementen der eingegebenen Reihe die Summe berechnen:

```
FUNCTION summe (eingabe : ARRAY[1..50] OF real) : real;
VAR i : integer;
BEGIN
    summe := 0;
    FOR i := 1 TO 50 DO summe := summe + eingabe[i]
END;
```

5. Wie lautet der Bildschirmausdruck des folgenden Programms?

```
PROGRAM mit_Prozeduren;
VAR a,b,c: integer;

PROCEDURE eins (x,y: integer);
VAR a,b : integer;
BEGIN
    a:= 3;
    b:= 2;
    x:= a*b;
    y:= -x
END;

PROCEDURE zwei (c: integer; VAR a,b: integer);
BEGIN
    c:= a+b;
    a:= b
END;

BEGIN
    a:=1; b:=2; c:=3;
    eins(a,b); writeln(a,b,c);

    a:=1; b:=2; c:=3;
    zwei(a,b,c); writeln (a,b,c)
END.
```

9.7.2 Programmieraufgaben

1. Schreiben Sie eine Prozedur, die eine Eingabe (z.B. vom Typ integer) daraufhin überprüft, ob sie unterhalb einer eingegebenen Grenze liegt.

   Wenn nicht, soll solange eine neue Eingabe angefordert werden, bis sie korrekt ist. Die Eingabe wird dann an das rufende Programm übergeben.

Binden Sie die Prozedur zur Kontrolle in ein kleines Programm ein.

2. Erstellen Sie ein Statistikprogramm, das Ihnen folgendes ermöglicht:

   - Sie geben eine Zahlenreihe ein.
   - Das Programm berechnet Ihnen den Mittelwert aller Zahlen
   - sowie die Varianz und die Standardabweichung.

Mittelwert:
$$\bar{x} = \frac{\sum_{i=1} x_i}{n}$$

Varianz:
$$V = \frac{\sum_{i=1} (x_i - \bar{x})^2}{n-1}$$

Standardabweichung: $\quad S = \sqrt{V}$

Verwenden Sie Funktionen für die einzelnen Berechnungen.

3. Erstellen Sie ein Programm, das Ihnen die Berechnung der Preis- und Mengenindizes nach Paasche und Laspeyres abnimmt. Der Benutzer gibt für jedes Gut i die folgenden Daten ein, solange bis eine Abbruchbedingung erfüllt ist.

   - Preis zum Zeitpunkt 0 (p_{i0})
   - Preis zum Zeitpunkt 1 (p_{i1})
   - umgesetzte Menge zum Zeitpunkt 0 (q_{i0})
   - umgesetzte Menge zum Zeitpunkt 1 (q_{i1})

Die Indizes werden daraus folgendermaßen berechnet:

	Preisindex	**Mengenindex**
nach **Laspeyres**	$L_{01}^{P} = \dfrac{\sum p_{i1} \cdot q_{i0}}{\sum p_{i0} \cdot q_{i0}}$	$L_{01}^{Q} = \dfrac{\sum p_{i0} \cdot q_{i1}}{\sum p_{i0} \cdot q_{i0}}$
nach **Paasche**	$P_{01}^{P} = \dfrac{\sum p_{i1} \cdot q_{i1}}{\sum p_{i0} \cdot q_{i1}}$	$P_{01}^{Q} = \dfrac{\sum p_{i1} \cdot q_{i1}}{\sum p_{i1} \cdot q_{i0}}$

Die Summen laufen jeweils über alle i.

Verwenden Sie den Datentyp ARRAY und schreiben Sie eines oder mehrere Unterprogramme.

4. Der Kapitalwert (C_0) einer Investition errechnet sich nach folgender Formel:

$$C_0 = \frac{L_n}{(1+i)^n} - A_0 + \sum_{j=1}^{n} \frac{b_j - c_j}{(1+i)^j}$$

Dabei bedeuten:

n : **Laufzeit** der Investition (in Jahren)
L_n : **Liquidationserlös** nach n Jahren
i : **Kalkulationszinsfuß**
A_0 : **Anschaffungsausgabe** zum Zeitpunkt 0
b_j : **Einzahlung** im Jahre j
c_j : **Auszahlung** im Jahre j

Zur Erinnerung: Eine Investition ist dann vorteilhaft, wenn ihr Kapitalwert größer oder gleich 0 ist.

Schreiben Sie ein Programm zur Bestimmung der Vorteilhaftigkeit einer Investition, in das Sie die Berechnung von C_0 als Funktion einbinden.

Verwenden Sie außerdem weitere Unterprogramme, wie zum Beispiel
- zur Überprüfung der Eingaben (positiv?, innerhalb bestimmter Grenzen?) und
- zum Einlesen der Werte von Ein- bzw. Auszahlungsreihe.

5. Morrice Macintosh, ein schottischer Unternehmer, hat Filialen in Glasgow und Edinburgh, deren Umsatzentwicklung in den letzten Jahren sehr unterschiedlich war. Aus den ihm vorliegenden Zeitreihen ist auf den ersten Blick nicht zu erkennen, in welcher Filiale höhere Umsatzsteigerungen erzielt wurden.

Entwickeln Sie ein Programm, das die beiden Zeitreihen in **Indexreihen zu einem vom Benutzer angegebenen Basisjahr** umwandelt und somit einen Vergleich möglich macht.

Dazu wird der Wert des Basisjahres auf 100 gesetzt und alle anderen Werte der Zeitreihe auf dieses Jahr bezogen. Damit werden die Ursprungswerte der Zeitreihe relativiert.

Beispiel:

Jahr	Umsätze Glasgow	Umsätze Edinburgh
1	11.2	1.3
2	11.9	1.5
3	12.4	1.4
4	13.7	1.6

Basisjahr: 3

```
                    INDEXREIHEN

Jahr    Umsätze Glasgow    Umsätze Edinburgh
=============================================
  1          90.3                92.9
  2          96.0               107.1
  3         100.0               100.0
  4         110.5               114.3
```

Das Programm soll Unterprogramme zur Eingabe der Zeitreihenwerte sowie zur Berechnung der Indexreihen enthalten.

6. In der Vorlesung zur Makroökonomie wurde der Multiplikatoreffekt einer dauerhaften absoluten Erhöhung der Staatsausgaben besprochen. Student Skeptikus will das Ganze zuhause nochmals am PC nachvollziehen. Hierzu benötigt er ein Programm, das zunächst die folgenden Größen einliest:

- Die Höhe des **autonomen Konsums C_0** in Periode 0.
- Die Höhe der **Nettoinvestitionen I_0** in Periode 0.
- Die Höhe der **Staatsausgaben A_{st}** in Periode 0.
- Die geplante dauerhafte **Erhöhung der Staatsausgaben** ΔA_{st}.
- Die Höhe der marginalen **Konsumneigung c**.

Das Programm ermittelt daraus zunächst das **Gleichgewichtsbruttosozialprodukt Y_0** der Periode 0:

$$Y_0 = \frac{C_0 + I_0 + A_{st}}{1-c}$$

Die andauernde gleichbleibende Erhöhung der Staatsausgaben führt dazu, daß sich das Bruttosozialprodukt von Periode zu Periode mit einer abnehmenden Rate erhöht, bis ein neues Gleichgewichtsbruttosozialprodukt erreicht wird.

Die Entwicklung des Bruttosozialproduktes von Periode t-1 zu Periode t vollzieht sich nach der Formel:

$$Y_t = C_0 + I_0 + A_{st} + c \cdot Y_{t-1}$$

Das neue **Gleichgewichtsbruttosozialprodukt Y_g**, an das sich diese Folge annähert, läßt sich wie folgt bestimmen:

$$Y_g = Y_0 + \frac{\Delta A_{st}}{1-c}$$

Schreiben Sie ein Programm, das eine Tabelle auf dem Bildschirm erzeugt, in der der Multiplikatoreffekt solch einer andauernden Staatsausgabenerhöhung dargestellt wird.

Berechnen Sie außerdem das neue Gleichgewichtsbruttosozialprodukt Y_g.

Verwenden Sie für die Eingabe, Berechnung und Ausgabe separate Prozeduren.

7. Rudi Ratlos, Student und rastloser Fußballfan finanzierte sich seine Eintrittskarten im Sommer mit Hilfe eines Verkaufsstands für Fanartikel vor dem Stadion (vgl. Programmieraufgabe 11 zu Kapitel 8). Da ihm diese Art von Unternehmertum für den Winter nun zu frostig erscheint, überlegt er sich eine Alternative: Er beschließt, sein Geld im Lotto zu vermehren.

Da es hier verschiedene Möglichkeiten gibt („6 aus 49", „7 aus 38" usw.), möchte er vorab etwas über seine Chancen erfahren, jeweils k „Richtige" zu erreichen. Also braucht er ein Programm, das folgende Formel implementiert:

$$f(k|N, K, n) = \frac{\binom{K}{k}\binom{N-K}{n-k}}{\binom{N}{n}} \qquad \text{allgemein:} \qquad \binom{x}{y} = \frac{x!}{y!\,(x-y)!}$$

f(...):   Wahrscheinlichkeit, daß sich in einer Stichprobe aus n Elementen k „Richtige" befinden.

N: Anzahl der Elemente der Grundgesamtheit.

n: Anzahl der Elemente in der Stichprobe.

k :   Anzahl der „richtigen" Elemente in der Stichprobe.

K :   Anzahl der „richtigen" Elemente in der Grundgesamtheit (für die vorliegende Aufgabe gilt K = n).

Beispiel: Gesucht ist die Wahrscheinlichkeit, im Lotto „6 aus 49" 4 Richtige zu haben.

Dann gilt: N = 49, n = 6, k = 4, K = n = 6.

$$f(4|49, 6, 6) = \frac{\binom{6}{4}\binom{49-6}{6-4}}{\binom{49}{6}} = \frac{13545}{13983816} = 0,0009686 .$$

Schreiben Sie ein entsprechendes Programm unter der Verwendung von Unterprogrammen. Dem Benutzer soll es ermöglicht werden, innerhalb derselben Lottoart beliebig viele Berechnungen für verschiedene k vorzunehmen. Außerdem soll der gesamte Programmablauf wiederholbar sein.

Hinweis zur Arbeit mit Turbo-Pascal:

Da bei der Berechnung von Fakultäten in der Regel sehr hohe Werte vorkommen, sollte an dieser Stelle nicht mit integer-, sondern mit real-Variablen vom Typ **extended** gearbeitet werden.

Dabei sind dann zwei Dinge zu beachten:

- Das Programm muß **vor** dem reservierten Wort PROGRAM den Compiler-Befehl { $N+, E+ } zur Aktivierung des Coprozessor-Emulators enthalten.
- Um bei den Fakultätsberechnungen keine Nachkommastellen zu erhalten, sollte die Funktion INT (<Reelle Zahl>) eingesetzt werden, die von einer reellen Zahl die Nachkommastellen abschneidet. Das Ergebnis ist wiederum eine reelle Zahl (im Unterschied zu trunc).

  Eine reelle Zahl kann also mit Hilfe folgender Wertzuweisung auf die nächste ganze Zahl gerundet werden:

  Zahl := INT (Zahl + 0.5);

8. Schreiben Sie das Abrechnungsprogramm aus Kapitel 8 (Aufgabe 12) so um, daß es modular aufgebaut ist. Erweitern Sie das Programm dabei so, daß auch die Umsätze der einzelnen Produkte ausgegeben werden.

9. Der größte gemeinsame Teiler (ggT) zweier Zahlen läßt sich rekursiv definieren. Die Idee dabei ist,

- daß der ggT zweier Zahlen nicht nur in den beiden Zahlen, sondern auch in der Differenz der beiden Zahlen (und die ist kleiner!) steckt und
- daß der ggT zweier gleicher Zahlen gleich diesen Zahlen ist (Abbruchbedingung).

Also: ggT (a,a) = a,
       ggT (a,b) = ggT (a-b,b),   falls a>b ist und
                 = ggT (b-a,a),   falls a<b ist.

Schreiben Sie damit eine rekursive ggT-Funktion, indem Sie solange die Differenz zwischen den Zahlen bilden, bis diese so groß wie die kleinere Zahl ist.

10 Lösungen

10.1 Lösungen zu Kapitel 4

1. a) Ungültig, da ein Bezeichner keinen Bindestrich enthalten darf.
   b) Gültig.
   c) Ungültig, da ein Bezeichner keine Umlaute (und auch kein ß) enthalten darf.
   d) Ungültig, da es sich hier um ein Schlüsselwort handelt.
   e) Gültig.
   f) Gültig. WRITE ist kein Schlüsselwort, sondern der Bezeichner für eine Standardprozedur.
   g) Ungültig, da ein Bezeichner mit einem Buchstaben beginnen muß.
   h) Ungültig, da es sich hier um ein Schlüsselwort handelt.
   i) Gültig.
   j) Ungültig, da ein Bezeichner mit einem Buchstaben beginnen muß.

2. a) Typ: STRING.
   b) Typ: boolean.
   c) Typ: real.
   d) Ungültig. Wenn das a in Hochkommata geschrieben wird, ist es eine Konstante vom Typ char.
   e) Typ: real.
   f) Typ: byte oder shortint.
   g) Ungültig. Wenn diese Zeichenfolge in Hochkommata geschrieben wird, ist es eine Konstante vom Typ STRING.
   h) Ungültig. Wenn das Komma weggelassen wird, ist es eine Konstante vom Typ longint; wird das Komma in einen Punkt umgeändert, handelt es sich um eine real-Konstante.
   i) Typ: integer
   j) Typ: STRING

3. a) true c) 0   e) 2   g) 36
   b) 5   d) false   f) 3   h) true

4. Siehe Abbildung Seite 34.

5. Schlüsselwörter sind Wörter, die in Pascal eine festgelegte Bedeutung haben. Sie dürfen daher jeweils nur zu einem bestimmten Zweck und in einer bestimmten Weise verwendet werden. Insbesondere dürfen sie nicht als

Bezeichner verwendet werden. Eine Übersicht über die Schlüsselwörter in Turbo-Pascal befindet sich auf Seite 31.

10.2 Lösungen zu Kapitel 5

10.2.1 Lösungen zu den Kontrollfragen

1. Im Beispiel sind die Wertzuweisungen zu den folgenden Variablen **nicht** zugelassen:

   j : Der integer-Wertebereich wird überschritten.

   y : Einer real-Variablen darf kein boolean-Wert zugewiesen werden.

   a : Eine Variable vom Typ char kann nur ein Zeichen aufnehmen.

   b : Die 6 wird als Zahl interpretiert, wenn sie nicht zwischen Hochkommata steht.

   q : trunc (z) ist ein integer-Wert.

   r : Da true in Hochkommata eingeschlossen ist, wird es als Zeichenkette interpretiert.

2. Real-Größen werden standardmäßig in Fließkommaschreibweise ausgegeben. Zu ihrer Formatierung wird nach einem ersten Doppelpunkt hinter der Real-Zahl die Größe des Feldes angegeben, das für die Zahl auf dem Bildschirm reserviert werden soll. Hinter einem zweiten Doppelpunkt kann die Anzahl der Nachkommastellen angegeben werden.

3. Bei der Verwendung von Write für die Datenausgabe bleibt der Cursor direkt nach dem ausgegebenen Text stehen, bei WriteLn springt er nach der Ausgabe an den Anfang der nächsten Bildschirmzeile.

10.2.2 Lösungen zu den Programmieraufgaben

Aufgabe 1:

```
PROGRAM Rechnungserstellung;
  {Programm zur Rechnungserstellung: Zum eingegebenen
   Nettowarenwert wird die Mehrwertsteuer berechnet und
   hinzuaddiert}
                                          {Vereinbarungteil}
USES Crt;
CONST mwstsatz = 16;
VAR nettowarenwert, mwsteuer, bruttowarenwert : real;

                                          {Anweisungsteil}
BEGIN
```

```
   ClrScr;
                                                      {Benutzerinformation}
   WriteLn ('Dieses Programm berechnet den Bruttowarenwert');
   WriteLn ('zu einem eingegebenen Nettowarenwert.');
   WriteLn ('Verwendeter Mehrwertsteuersatz : ',mwstsatz,' %');
   WriteLn;
   Write ('Nettowarenwert : ');                      {Anforderung,}
   ReadLn (nettowarenwert);          {Eingabe der benötigten Daten}

   mwsteuer := nettowarenwert * mwstsatz;            {Verarbeitung}
   bruttowarenwert := nettowarenwert + mwsteuer;

   WriteLn;
                                                 {Ausgabe der Lösung}
   WriteLn ('   Nettowarenwert    : ',nettowarenwert:15:2,'
EUR');
   WriteLn ('+ Mehrwertsteuer    : ',mwsteuer:15:2,' EUR');
   WriteLn ('=======================================');
   WriteLn ('= Bruttowarenwert   :    ',bruttowarenwert:15:2,'
EUR')
END.
```

Aufgabe 2:

```
PROGRAM Kostenberechnung;
   {Das Programm berechnet für ein Produkt aus Herstellmenge
   und fixen Herstellungskosten die variablen Kosten und die
   Gesamtkosten sowie die durchschnittlichen Gesamtkosten}
                                              {Vereinbarungsteil}
USES Crt;
VAR   Menge, Fixkosten, Varkosten, Gesamtkosten, Durchschnkosten,
      VarStueckkosten : real;

                                                {Anweisungsteil}
BEGIN
   ClrScr;
   WriteLn ('Dies ist ein Programm zur Berechnung der');
   WriteLn ('Herstellungskosten eines Produktes.');
   WriteLn ('Die Variablen Kosten der Herstellung sind ');
   WriteLn ('abhängig von der herzustellenden Menge (m).');
   WrtieLn ('Sie berechnen sich nach der Formel:');
   Writeln;
   WriteLn ('Kv (m) = 18m - 6m² + m³');
   WriteLn;
   WriteLn ('Bitte geben Sie ein : ');

                                                {Dateneingabe}

   Write ('- die Menge, die Sie herstellen werden : ');
   ReadLn (Menge);
```

```
Write ('- die fixen Kosten der Produktion      : ');
ReadLn (Fixkosten);
                                                {Datenverarbeitung}


Varkosten := 18*Menge - 6*sqr(Menge) + Menge*sqr(Menge);
VarStueckkosten:= Varkosten / Menge;
Gesamtkosten := Varkosten + Fixkosten;
Durchschnkosten := Gesamtkosten/Menge;


                                                {Ausgabe der Ergebnisse}


WriteLn; WriteLn;
Writeln ('Variable Kosten pro Stück      : ',
                                VarStueckkosten:15:2,' EUR');
WriteLn ('Variable Kosten der Herstellung : ',
                                Varkosten:15:2,' EUR');
WriteLn ('Gesamte Kosten der Herstellung  : ',
                                Gesamtkosten:15:2,' EUR');
WriteLn ('Durchschnittliche Gesamtkosten ');
WriteLn ('(pro Stück)                    : ',
                                Durchschnkosten:15:2,' EUR')
END.
```

Aufgabe 3:

```
PROGRAM Gewinnberechnung;
  {Das Programm berechnet für ein Produkt aus Absatz- bzw. Her-
  stellungsmenge, fixen Herstellungskosten und dem Marktpreis:
  - die variablen Kosten,
  - die Gesamtkosten,
  - die durchschnittlichen Gesamtkosten,
  - den Gesamtgewinn sowie
  - den Stückgewinn}


                                                {Vereinbarungsteil}

USES Crt;
VAR  Menge, Fixkosten, Varkosten, Gesamtkosten, Durchschnkosten,
     VarStueckkosten, Preis, Gesamtgewinn, Stueckgewinn : real;


                                                {Anweisungsteil}

BEGIN
  ClrScr;
  WriteLn ('Dies ist ein Programm zur Kosten- und ');
  WriteLn ('Gewinnberechnung für ein Produkt.');
  WriteLn ('Die Variablen Kosten der Herstellung sind ');
  WriteLn ('abhängig von der herzustellenden Menge (m).');
  WriteLn ('Sie berechnen sich nach der Formel:');
  WriteLn;
  WriteLn ('Kv (m) = 18m - 6m² + m³');
```

```
WriteLn;
WriteLn ('Bitte geben Sie ein : ');
                                                     {Dateneingabe}
Write ('- die Menge, die Sie herstellen bzw. absetzen ',
                                           'werden: ');
ReadLn (Menge);
Write ('- den geforderten Marktpreis: ');
ReadLn (Preis);
Write ('- die fixen Kosten der Produktion: ');
ReadLn (Fixkosten);


                                                {Datenverarbeitung}
Varkosten := 18*Menge - 6*sqr(Menge) + Menge*sqr(Menge);
VarStueckkosten := Varkosten/Menge;
Gesamtkosten := Varkosten + Fixkosten;
Durchschnkosten := Gesamtkosten/Menge;


Gesamtgewinn := Preis*Menge - Gesamtkosten;
Stueckgewinn := Gesamtgewinn/Menge;


                                             {Ausgabe der Ergebnisse}
WriteLn; WriteLn;
WriteLn ('Variable Kosten pro Stück : ',VarStueckkosten:15:2,
                                           ' EUR');
WriteLn ('Variable Kosten der Herstellung : ',Varkosten:15:2,
                                           ' EUR');
WriteLn ('Gesamte Kosten der Herstellung : ',
                                 Gesamtkosten:15:2,' EUR');
WriteLn ('Durchschnittliche Gesamtkosten ');
WriteLn ('(pro Stück) : ',Durchschnkosten:15:2,' EUR');
WriteLn;
WriteLn ('Gesamtgewinn : ',Gesamtgewinn:15:2,' EUR');
WriteLn ('Stückgewinn : ',Stueckgewinn:15:2,' EUR')
END.
```


Aufgabe 4:

```
PROGRAM Bestellmenge;
   {Das Programm berechnet die optimale Bestellmenge mit Hilfe der
   Andler'schen Formel}
                                             {Vereinbarungsteil}
USES Crt;
VAR   fixKosten, menge, preis, lagersatz, optmenge,
      bestellanzahl : real;
                                             {Anweisungsteil}
BEGIN
   ClrScr;
   WriteLn ('Dieses Programm berechnet die optimale ');
   WriteLn ('Bestellmenge mit Hilfe der Andler''schen Formel.');
```

```
WriteLn;

                                           {Dateneingabe}
WriteLn ('Geben Sie ein');
Write ('- die fixen Kosten je Bestellung (in EUR)      : ');
ReadLn (fixKosten);
Write ('- die jährliche Beschaffungsmenge             : ');
ReadLn (menge);
Write ('- den Einstandspreis je Mengeneinheit (in EUR): ');
ReadLn (preis);
Write ('- den Lagerhaltungskostensatz (in %)          : ');
ReadLn (lagersatz);

                                       {Datenverarbeitung}
optmenge := sqrt((200*fixkosten*menge)/(preis*lagersatz));
bestellanzahl := trunc ((menge / optmenge) + 0.5);
WriteLn; WriteLn;

                                   {Ausgabe der Lösung}
WriteLn ('Optimale Bestellmenge      : ',optmenge:15:0);
WriteLn ('Anzahl Bestellungen pro Jahr : ',
                           bestellanzahl:15:0)
END.
```

10.3 Lösungen zu Kapitel 6

10.3.1 Lösungen zu den Kontrollfragen

1. **If-Anweisung**: Es wird ein logischer Vergleich durchgeführt, der bewirkt, daß entweder die eine oder die andere Anweisung ausgeführt wird.

   Case-Anweisung: Ein Ausdruck wird mit den Elementen einer beliebig langen Konstantenliste verglichen.

   Die Case-Anweisung sollte dann verwendet werden, wenn bei vielen abzuprüfenden Möglichkeiten die Verschachtelungstiefe der If-Anweisung groß und damit unübersichtlich wird.

   Die Case-Anweisung kann aber nicht verwendet werden, wenn ein Vergleich mit Variablen oder nicht ordinalen Werten (Real-Zahlen) durchgeführt wird.

2. **For-Anweisung**: Wiederhole eine oder mehrere Anweisungen n mal. Abweisende Schleife.

   While-Anweisung: Wiederhole eine oder mehrere Anweisungen, solange die folgende Bedingung gilt. Abweisende Schleife.

Repeat-Anweisung: Wiederhole eine oder mehrere Anweisungen, bis die folgende Bedingung wahr ist. Annehmende Schleife.

While- und Repeat-Anweisungen sind korrekt zu initialisieren, zu steuern, und die Abbruchbedingung ist korrekt zu setzen. Bei der For-Anweisung erfolgen die Initialisierung, die Steuerung und das Verlassen der Schleife automatisch.

Bei der For- und der While-Anweisung müssen mehrere zu wiederholende Anweisungen mit BEGIN und END geklammert werden, bei der Repeat-Anweisung nicht.

Bei der For-Anweisung ist darauf zu achten, daß die Zählvariable von ordinalem Datentyp ist und daß ihr zulässiger Wertebereich während der Programmausführung nicht überschritten wird. Außerdem ist ihre Schrittweite vorgegeben.

3. a) Die Variable zaehler wird nicht initialisiert. Die Schleife wird daher nur zufällig zehnmal durchlaufen.

b) Random (6) würfelt nur Zufallszahlen von 0..5. Richtig müßte es heißen: zahl := random(6) + 1;

c) Werden sehr viele Rechenoperationen mit real-Zahlen durchgeführt, können sich Rundungsfehler ergeben. Die Abbruchbedingung wird in diesem Fall daher nicht genau erreicht, eine Endlosschleife ist die Folge.

d) Vor ELSE darf in der If-Anweisung kein Semikolon stehen.

10.3.2 Lösungen zu den Programmieraufgaben

Aufgabe 1:

```
PROGRAM moebel;
USES Crt;
CONST min = 35;  max = 95;
      satz = 0.1;
      aufschlag1 = 25; aufschlag2 = 45;
VAR   warenwert, entfernung, transport : real;

BEGIN
   ClrScr;
   Write ('Warenwert : ');
   ReadLn (warenwert);
   Write ('Entfernung : ');
   ReadLn (entfernung);

   IF warenwert <= 350
      THEN transport := min;
```

```
IF (warenwert > 350) AND (warenwert <= 950)
   THEN transport := warenwert * satz;
IF warenwert > 950
   THEN transport := max;

IF (entfernung > 50) AND (entfernung <= 75)
   THEN transport :=  transport + aufschlag1;
IF (entfernung > 75) AND (entfernung <= 100)
   THEN transport := transport + aufschlag2;

IF entfernung > 100 THEN transport := 0;
IF transport <> 0
   THEN WriteLn ('Transportkosten: ',transport:10:2,' EUR')
   ELSE WriteLn ('Außerhalb des Liefergebiets')
END.
```

Aufgabe 2:

```
PROGRAM Automat;
USES Crt;
VAR Preis, Betrag, Fuenfeuro, Zweieuro, Eineuro : integer;


BEGIN
   ClrScr;
   WriteLn ('Geben Sie ein (in ganzen EUR!): ');
   Write ('        Zu bezahlender Preis : ');
   ReadLn (Preis);
   Write ('        Eingeworfener Betrag : ');
   ReadLn (Betrag);
   WriteLn;

   {Initialisierung:}
   Fuenfeuro := 0;
   Zweieuro := 0;
   Eineuro := 0;

   IF (Preis < 0) OR (Betrag < 0)
      THEN writeln ('Positive Zahlen eingeben!')
      ELSE IF Preis < Betrag
              THEN BEGIN
                  {Berechnung des Wechselgelds nur, wenn mehr als
                      der zu zahlende Betrag eingeworfen wurde}
                      Betrag := Betrag - Preis;
                      Fuenfeuro := Betrag DIV 5;
                      Betrag := Betrag MOD 5;
                      Zweieuro := Betrag DIV 2;
                      Betrag := Betrag MOD 2;
                      Eineuro := Betrag;

                      {---> Ausgabe des Wechselgelds (nur wenn
```

```
                entsprechende Wechselgeld zurückgegeben werden)}
                    Write ('Wechselgeld: ');
                    IF Fuenfeuro <> 0 THEN
                        WriteLn(Fuenfeuro:4,' Fünfeuroschein(e)');
                    IF Zweieuro <> 0 THEN
                        WriteLn (Zweieuro:4,' Zweieurostück(e)');
                    IF Eineuro <> 0 THEN
                            WriteLn (Eineuro:4,' Eineurostück(e)')
                END

            ELSE IF Betrag = Preis THEN
                    WriteLn ('Stimmt genau! Vielen Dank!')

    ELSE WriteLn ('Der Betrag reicht zur Bezahlung nicht aus!')
END.
```

Aufgabe 3:

```
PROGRAM Preispolitik;
USES  Crt;
VAR   Menge, Preis1, Fixkosten, Umsatz, Gesamtkosten,
      Preis2, Gesamtgewinn, Stueckgewinn : real;

BEGIN
   ClrScr;
   WriteLn('Bitte geben Sie ein : ');
   WriteLn;
   Write ('- geschätzte Absatzmenge : ');
   ReadLn (Menge);
   Write ('- geforderter Marktpreis : ');
   ReadLn (Preis1);
   Write ('- Höhe der fixen Kosten  : ');
   ReadLn (Fixkosten);
   WriteLn; WriteLn;

   Gesamtkosten := -0.25*sqr(Menge) + Menge + Fixkosten;
   Umsatz := Preis1 * Menge;

   IF Umsatz < Gesamtkosten
      THEN
       BEGIN
         Preis2 := -0.25*Menge + 1 + Fixkosten/Menge;
         WriteLn('Der geforderte Preis deckt die Kosten nicht.');
         WriteLn;
         WriteLn('Der kostendeckende Marktpreis beträgt : ',
                                          Preis2:14:2,' EUR')
       END
      ELSE
       BEGIN
         Gesamtgewinn := Umsatz - Gesamtkosten;
```

```
            Stueckgewinn := Gesamtgewinn/Menge;
            WriteLn('Gratuliere - mit dieser Preispolitik machen ',
                                                'Sie Gewinn!');

            WriteLn;
            WriteLn('Gesamtgewinn : ',Gesamtgewinn:14:2,' EUR');
            WriteLn('Stückgewinn  : ',Stueckgewinn:14:2,' EUR')
        END
END.
```

Aufgabe 4:

```
PROGRAM Waehrung;
USES  Crt;
CONST Schw_Franken_Satz = 0.6;      {Vereinbarung der Umtauschkurse}
      US_Dollar_Satz = 0.8;         {als Konstanten, um bei Wechsel-}
      Englische_Pfund_Satz = 1.4;         {kursschwankungen nur hier
                                     Änderungen vornehmen zu müssen}


VAR   Devisenbetrag, EURbetrag : real;
      hilfsvar : char;


BEGIN
   ClrScr;
   WriteLn ('Sie wollen Ihre Devisen in EUR umtauschen?');
   WriteLn;
   WriteLn ('Wieviel Devisen haben Sie denn? ');
   ReadLn (Devisenbetrag);
   WriteLn ('... und welche Währung?');
   WriteLn;
   WriteLn ('Geben Sie ein:');
   WriteLn ('<1> für Schweizer Franken');
   WriteLn ('<2> für US-Dollar');
   WriteLn ('<3> für Englische Pfund');
   WriteLn ('Andere Währungen führen wir nicht!');
   WriteLn; WriteLn;

   hilfsvar := ReadKey;
   EURbetrag := 0;
   CASE hilfsvar OF    '1' : EURbetrag := Devisenbetrag *
                                            Schw_Franken_Satz;
                       '2' : EURbetrag := Devisenbetrag *
                                            US_Dollar_Satz;
                       '3' : EURbetrag := Devisenbetrag *
                                            Englisches_Pfund_Satz
                  ELSE WriteLn ('Können Sie nicht lesen?')
   END; {of CASE}

   IF EURbetrag <> 0 THEN
      WriteLn ('Für den angegebenen Devisenbetrag erhalten Sie',
                                     EURbetrag:10:2,' EUR')
```

END.

Aufgabe 5:

```
PROGRAM Kredit;
USES  Crt;
VAR   Kredit, Zinssatz, Zins, Tilgung, Annuitaet1, Restschuld,
      Summe, Annuitaet2, q, qhochn : real;
      Laufzeit, i : integer;

BEGIN
  ClrScr;
  WriteLn ('Sie möchten einen Tilgungsplan für Ihren Kredit?');
  WriteLn ('Dann sind Sie hier genau richtig!');
  WriteLn;
  WriteLn ('Geben Sie ein:');
  Write ('           Höhe des Kredits     : ');
  ReadLn (Kredit);
  Write ('           Laufzeit (in Jahren) : ');
  ReadLn (Laufzeit);
  Write ('           Zinssatz (in %)      : ');
  ReadLn (Zinssatz);
  WriteLn;

{Berechnung der Annuität bei Annuitätentilgung (nach der Formel)}
  q := Zinssatz/100 + 1;
  qhochn := q;
  FOR i := 2 TO Laufzeit DO qhochn := qhochn*q;

  Annuitaet2 := Kredit*qhochn*(q-1)/(qhochn-1);

{Berechnungen für den Tilgungsplan bei Ratentilgung und Ausgabe
der Tabelle}
  Tilgung := Kredit/Laufzeit;
  Restschuld := Kredit; {Initialisierungen - nicht vergessen!}
  Summe := 0.0;

  ClrScr;
  WriteLn ('T I L G U N G S P L A N   bei Ratentilgung');
  WriteLn;
  FOR i := 1 TO 55 DO Write ('=');
  WriteLn;
  WriteLn ('Jahr  Restschuld     Zins       Tilgung Annuität');
  FOR i := 1 TO 55 DO Write ('=');
  WriteLn;

  FOR i := 1 TO Laufzeit DO
    BEGIN
       Zins := Restschuld * Zinssatz/100;
```

```
        Annuitaet1 := Zins + Tilgung;
        Summe := Summe + Annuitaet1;
        WriteLn (i:3,Restschuld:13:2,Zins:13:2,
        Tilgung:13:2,Annuitaet1:13:2);
        Restschuld := Restschuld - Tilgung
     END;
   FOR i := 1 TO 55 DO Write ('=');
   WriteLn;
   WriteLn ('Summe                                    ',Summe:13:2);
   WriteLn;
   WriteLn;
   WriteLn ('Bei Annuitätentilgung würde sich eine jährliche ');
   WriteLn ('Belastung von ',Annuitaet2:0:2,' EUR ergeben.')
END.
```

Aufgabe 6:

```
PROGRAM Schotter_Knete_Kies;
USES  crt;
VAR   rate, einzahlung, zinssatz, zinsen, guthaben,
      gesamtzinsen, bonus :real;
      laufzeit, i : integer;
      antwort : char;


BEGIN
REPEAT
   ClrScr;
   WriteLn ('Ihre Bank bietet einen Sparplan zu folgenden ',
                                   'Konditionen an:');
   WriteLn ('- Gleichbleibende monatliche Einzahlung von ',
                                   'min. EUR 100.');
   WriteLn ('- Mindestlaufzeit:  6 Jahre.');
   WriteLn ('- Höchstlaufzeit : 25 Jahre.');
   WriteLn ('- Es wird der bei Abschluß des Sparplans gültige ',
                                   'Zinssatz zugrunde gelegt.');
   WriteLn ('- Auf den eingezahlten Betrag gibt es am Ende ',
                                   'der Laufzeit einen Bonus :');
   WriteLn ('   Laufzeit bis 10 Jahre: 5 %');
   WriteLn ('                  20 Jahre: 15 %');
   WriteLn ('                  25 Jahre: 25 %');
   WriteLn;
   WriteLn ('Zur Berechnung Ihres Guthabens am Ende der ');
   WriteLn ('Laufzeit werden noch folgende Angaben benötigt: ');
   Writeln;
   Write ('Monatliche Einzahlung (EUR): '); ReadLn (rate);
   Write ('Laufzeit (Jahre)         : '); ReadLn (laufzeit);
   Write ('Zinssatz  (%)            : '); ReadLn (zinssatz);
   WriteLn; WriteLn;

   guthaben := 0;
```

```
      gesamtzinsen := 0;

   IF (laufzeit >= 6) AND (laufzeit <= 25) AND (rate >= 100) AND
                                                (zinssatz > 0)
      THEN
         BEGIN
            FOR i := 1 TO laufzeit DO
               BEGIN
                 zinsen := (rate * 6 + guthaben) * (zinssatz / 100);
                 guthaben := guthaben + (rate * 12) + zinsen;
                 gesamtzinsen := gesamtzinsen + zinsen
               END;

            einzahlung := rate * 12 * laufzeit;
            IF laufzeit < 11
               THEN bonus := 0.05 * einzahlung
               ELSE IF laufzeit < 21
                       THEN bonus := 0.15 * einzahlung
                       ELSE bonus := 0.25 * einzahlung;
            guthaben := guthaben + bonus;

            WriteLn ('Ihr Guthaben nach ',laufzeit,
                             ' Jahren beträgt: ');
            WriteLn;
            WriteLn ('Einzahlung : ',einzahlung:10:2);
            WriteLn ('Zinsen     : ',gesamtzinsen:10:2);
            WriteLn ('Bonus      : ',bonus:10:2);
            WriteLn ('--------------------');
            WriteLn ('Guthaben   : ',guthaben:10:2)
         END

      ELSE writeln ('Eingaben überprüfen!!!');
   Writeln;
   Write('Möchten Sie weitere Berechnungen durchführen (J/N)? ');
   antwort := readkey
UNTIL antwort IN ['N','n']
END.
```

Aufgabe 7:

```
PROGRAM Einkommensteuerermittlung;
USES Crt;
CONST Stsatz1 = 0.2;
      Stsatz2 = 0.3;
      Stsatz3 = 0.5;
VAR   Einkommen, Steuer : real;
      Kinderzahl : integer;
      Antwort : char;

BEGIN
```

```
REPEAT
   ClrScr;
   WriteLn ('Programm zur Einkommensteuerermittlung');
   WriteLn;
   WriteLn ('Geben Sie ein:');
   Write ('Steuerpflichtiges Einkommen : ');
   ReadLn (Einkommen);
   Write ('Anzahl der Kinder unter 18  : ');
   ReadLn (Kinderzahl);
   WriteLn;

   CASE Kinderzahl OF     0    : Einkommen := Einkommen;
                          1,2  : Einkommen := Einkommen - 6000
                          ELSE Einkommen := Einkommen - 16000
   END;

   IF Einkommen < 10000
      THEN Steuer := 0;

   IF (Einkommen >= 10000) AND (Einkommen <= 40000)
      THEN Steuer := (Einkommen-10000) * Stsatz1;

   IF (Einkommen > 40000) AND (Einkommen <= 80000)
      THEN Steuer := 30000*Stsatz1 + (Einkommen-40000) * Stsatz2;

   IF Einkommen > 80000
      THEN Steuer := 30000*Stsatz1 + 40000*Stsatz2 +
                                     (Einkommen-80000) * Stsatz3;

   WriteLn ('Zu bezahlender Steuerbetrag: ',Steuer:0:2,' EUR');
   WriteLn;
   WriteLn ('Weitere Berechnungen? Abbruch mit <0>');
   ReadLn (Antwort)
UNTIL Antwort = '0'
END.
```

Aufgabe 8:

```
PROGRAM Zahlenserie;
USES  Crt;
VAR   Zahl, Summe, Mittelwert, Max, Min : real;
      Anzahlalle, Anzahlnegative : integer;

BEGIN
   ClrScr;
   WriteLn ('Geben Sie beliebige Zahlen ein (Abbruch mit 0)');
   WriteLn;
   ReadLn (Zahl);

   Summe := 0;
```

```
      Max := Zahl;
      Min := Zahl;
      Anzahlalle := 0;
      Anzahlnegative := 0;
      WHILE Zahl <> 0 DO
         BEGIN
            Anzahlalle := Anzahlalle + 1;
            IF Zahl < 0 THEN Anzahlnegative := Anzahlnegative + 1;
            Summe := Summe + Zahl;
            IF Zahl > Max THEN Max := Zahl;
            IF Zahl < Min THEN Min := Zahl;
            ReadLn (Zahl)
         END;

      Mittelwert := 0;
      IF Anzahlalle <> 0 THEN Mittelwert := Summe/Anzahlalle;

      WriteLn;
      WriteLn ('Anzahl der eingegebenen Werte : ',anzahlalle);
      WriteLn ('davon negative Werte          : ',anzahlnegative);
      WriteLn ('Summe aller Werte             : ',Summe:10:2);
      WriteLn ('Mittelwert                    : ',Mittelwert:10:2);
      WriteLn ('Größter eingegebener Wert     : ',Max:10:2);
      WriteLn ('Kleinster eingegebener Wert   : ',Min:10:2)
END.
```

Aufgabe 9:

```
PROGRAM Folge;
USES  Crt;
VAR   i, zahl, anzahl, max, zahlmitmaxanz : integer;

BEGIN
   ClrScr;
   Write ('Geben Sie eine beliebige natürliche Zahl ein: ');
   ReadLn (zahl);
   Write (zahl,' ');

   max := zahl;
   anzahl := 1;

   WHILE zahl > 1 DO
      BEGIN
      IF odd(Zahl) THEN zahl := 3*zahl+1
                   ELSE zahl := zahl div 2;
      Write (zahl,' ');
      IF zahl > max THEN max := zahl;
      anzahl := anzahl + 1
      END;
```

```
WriteLn; WriteLn;
WriteLn ('Maximum der Folge : ',max);
WriteLn ('Anzahl der Glieder : ',anzahl)
END.
```

10.4 Lösungen zu Kapitel 7

10.4.1 Lösungen zu den Kontrollfragen

1. Datentypen legen Wertebereiche fest, aus denen Variablen und Konstanten Werte zugewiesen werden können. Einfache Datentypen bestehen aus Elementen, die **nicht** wiederum aus anderen Datentypen **zusammengesetzt** sind.

   Ordinale Datentypen haben eine abzählbare endliche Wertemenge, die linear geordnet ist. Jedes Element hat höchstens einen Vorgänger bzw. Nachfolger.

   Es gibt vordefinierte einfache ordinale Datentypen wie z.B. die integer-Typen (shortint, byte, integer, longint, word), char oder boolean und selbstdefinierte wie die Aufzählungstypen und die Teilbereichstypen.

2. Aufzählungstypen bestehen aus einer endlichen Menge genau festgelegter und einzeln anzugebender Konstanten. Sie werden in der Type-Deklaration vereinbart. Bei ihrer Behandlung im Programm muß beachtet werden, daß der Benutzer ihnen nicht über Readln direkt einen Wert zuweisen beziehungsweise, daß dieser Wert nicht über Writeln direkt ausgegeben werden kann. Hier sind Zwischenvariablen zu verwenden.

   Teilbereichstypen bestehen aus Teilmengen bereits vorliegender Datentypen, die vordefiniert oder selbstdefiniert sein können. Die Vereinbarung kann in der Type-Deklaration oder direkt im Variablenvereinbarungsteil erfolgen. Die Behandlung richtet sich nach den Regeln für den zugehörigen Basistyp.

3. a) Fehler in der If-Anweisung: Statt des selbstdefinierten Datentpys verkehrsmittel müßte die Variable transport verwendet werden.

   b) Eine direkte Ausgabe der Variableninhalte von selbstdefinierten Aufzählungstypen mit WriteLn ist nicht möglich. Die Ausgabe müßte für jedes Produkt explizit angegeben werden.

   c) Da die Addition nur auf numerische Variablen definiert ist, ergibt sich hier eine Unverträglichkeit der Datentypen. Es ist statt dessen die Standardfunktion pred zu verwenden.

   d) Der Compiler erwartet in der Case-Anweisung nach OF einen oder mehrere Konstantenwerte bzw. einen von Konstanten eingegrenzten Teilbereich und akzeptiert hier keine Variablennamen. Statt der Variablen eiszeit müßte man die Werte jun..aug direkt angeben.

10.4.2 Lösungen zu den Programmieraufgaben

Aufgabe 1:

```
PROGRAM angebotsentscheidung;
USES Crt;
TYPE palette =  (Milch, Butter, Quark, Joghurt, Eis, Sahne,
                 Schmand);
VAR   produkt, hilfsprod : palette;
      ordnungszahl : integer;


BEGIN
  ClrScr;
  WriteLn ('Willkommen in unserer Molkereiabteilung!');
  REPEAT
    WriteLn; WriteLn;
    WriteLn ('Sie haben die Möglichkeit zwischen den ',
             'folgenden Produkten auszuwählen:');
    REPEAT
      WriteLn ('Tippen Sie zur Produktauswahl bitte die ',
               'entsprechende Zahl ein:');
      WriteLn;
      WriteLn ('Milch   (1) Butter (2)      Quark   (3)');
      WriteLn ('Joghurt (4) Eis    (5)      Sahne   (6)');
      WriteLn ('Schmand (7) Programmabbruch mit 0!');
      ReadLn (ordnungszahl);
    UNTIL ordnungszahl IN [0..7];

    IF ordnungszahl = 0 THEN Exit;     {Aufruf der Prozedur exit
                                        bewirkt einen sofortigen
                                        Programmabbruch}

    Write ('Sie haben sich also für ');
    CASE ordnungszahl OF  1 : BEGIN Produkt := Milch;
                                  Write ('MILCH ') END;
                          2 : BEGIN Produkt := Butter;
                                  Write ('BUTTER ') END;
                          3 : BEGIN Produkt := Quark;
                                  Write ('QUARK ') END;
                          4 : BEGIN Produkt := Joghurt;
                                  Write ('JOGHURT ') END;
                          5 : BEGIN Produkt := Eis;
                                  Write ('EIS ') END;
                          6 : BEGIN Produkt := Sahne;
                                  Write ('SAHNE ') END;
                          7 : BEGIN Produkt := Schmand;
                                  Write ('SCHMAND ') END
    END;
    WriteLn ('entschieden. ');
    WriteLn ('Damit haben Sie eine gute Wahl getroffen.');
    WriteLn;
```

```
          WriteLn ('Bedenken Sie aber, was wir noch alles im ',
                                           'Angebot haben: ');
          WriteLn;


          hilfsprod := produkt;
          IF produkt = Schmand
             THEN produkt := Milch
             ELSE produkt := succ (produkt);


          REPEAT
             CASE produkt OF  milch : WriteLn ('* Unsere Milch ist ',
                                        'ganz besonders frisch! ');
                           butter : WriteLn ('* Wie wär''s mit ',
                                        'einer frischen Brezel mit ',
                                                'guter Butter?');
                           quark : WriteLn ('* Quark macht stark!');
                           joghurt : WriteLn ('* Joghurt für die ',
                                        'feinsten Salatsoßen!!!!');
                           eis : WriteLn ('* Mögen Ihre Kinder Eis?');
                           sahne : WriteLn ('* Wer verachtet ',
                                        'Erdbeerkuchen mit Sahne?');
                           schmand : Writeln ('* Kennen Sie Schmand?',
                                        'Probieren Sie doch mal, damit',
                                                'zu kochen!')
             END;
             IF produkt = Schmand
                THEN produkt := Milch
                ELSE produkt := succ (produkt)

          UNTIL produkt = hilfsprod
       UNTIL Keypressed
                       {Keypressed: Funktion aus der Unit Crt:
       Prüft die Tastatur und liefert den Wert true zurück, wenn der
       Tastaturpuffer noch Zeichen enthält. Ansonsten ist das
       Ergebnis - und an dieser Stelle immer! - false. Abbruch dieses
       Programms erfolgt durch die Prozedur exit (s.o.)}
       END.
```

Aufgabe 2:

```
PROGRAM Datumpruefen;
USES Crt;
CONST   monatmax = 12;
        tagmax = 31;
        min = 1;


TYPE  monatnamen = (Januar, Februar, Maerz, April, Mai, Juni,
                    Juli, August, September, Oktober, November,
                    Dezember);
VAR  tag, monatzahl, tage_im_monat : integer;
```

```
      monat    : monatnamen;
      jahr     : longint;
      antwort  : char;

BEGIN
  REPEAT
  WriteLn ('Geben Sie ein Datum ein; ',
           'wir prüfen, ob es gültig ist:');
  Write ('Tag    : ');
  ReadLn (tag);
  Write ('Monat  : ');
  ReadLn (monatzahl);
  Write ('Jahr   : ');
  ReadLn (jahr);
  WriteLn;

  IF NOT(tag IN [min..tagmax])
  THEN Writeln ('Die Tagzahl war nicht korrekt!')
  ELSE IF NOT(monatzahl IN [min..monatmax])
       THEN WriteLn ('Die Monatszahl war nicht korrekt!')
       ELSE
         BEGIN
           CASE monatzahl OF    1 : monat := Januar;
                                2 : monat := Februar;
                                3 : monat := Maerz;
                                4 : monat := April;
                                5 : monat := Mai;
                                6 : monat := Juni;
                                7 : monat := Juli;
                                8 : monat := August;
                                9 : monat := September;
                               10 : monat := Oktober;
                               11 : monat := November;
                               12 : monat := Dezember
           END;

           CASE monat OF April, Juni, September,
                   November : tage_im_monat := 30;
                 Januar, Maerz, Juli, August,
                 Oktober, Dezember : tage_im_monat := 31;
                 ELSE IF (jahr MOD 4 = 0) AND
                         ((jahr MOD 100 <> 0) XOR
                         (jahr MOD 400 = 0))
                         THEN tage_im_monat := 29
                         ELSE tage_im_monat := 28
           END;

           IF NOT(tag IN [min..tage_im_monat])
           THEN WriteLn ('Der Tag existiert ',
                         'leider nicht!')
           ELSE
```

```
                  BEGIN
                    WriteLn ('Die Eingabe war korrekt!');
                    Write ('Eingegebenes Datum: ',tag,'. ');
                    CASE monat OF Januar  : Write ('Januar ');
                              Februar   : Write ('Februar ');
                              Maerz     : Write ('März ');
                              April     : Write ('April ');
                              Mai       : Write ('Mai ');
                              Juni      : Write ('Juni ');
                              Juli      : Write ('Juli ');
                              August    : Write ('August ');
                              September : Write ('September ');
                              Oktober   : Write ('Oktober ');
                              November  : Write ('November ');
                              Dezember  : Write ('Dezember ')
                    END;
                    WriteLn (jahr)
                  END
          END;
          WriteLn;
          WriteLn ('Wollen Sie die Eingabe wiederholen? ',
                    '<j>a/<n>ein');
          Antwort := ReadKey
    UNTIL Antwort IN ['n','N']
END.
```

Aufgabe 3:

```
PROGRAM fruit_machine;
USES Crt;
CONST prospiel = 5;
      gewinn1 = 20;
      gewinn2 = 10;
TYPE  palette = (gelb, rot, blau, gruen, tuerkis, pink);
VAR   summe : longint;
      hilfsint : byte;
      farbe1, farbe2, farbe3 : palette;
      antwort : char;
      fertig : boolean;

BEGIN
   ClrScr;
   fertig := false;
   Randomize;
   WriteLn ('Welcome in Little Las Vegas');
   WriteLn;
   REPEAT
      WriteLn ('Jedes Spiel kostet ',prospiel,' EUR!');
      WriteLn ('Wieviel EUR wollen Sie als Startkapital ',
```

```
                      'einsetzen?');
     ReadLn (summe);
UNTIL summe >= prospiel;
WriteLn;


REPEAT
   summe := summe - prospiel;
   hilfsint := random(6);
   Write ('erste Farbe : ':20);
   CASE hilfsint OF
           0 : BEGIN farbe1 := gelb; WriteLn ('Gelb') END;
           1 : BEGIN farbe1 := rot; Writeln ('Rot') END;
           2 : BEGIN farbe1 := blau; WriteLn ('Blau') END;
           3 : BEGIN farbe1 := gruen; WriteLn ('Grün') END;
           4 : BEGIN farbe1 := tuerkis;WriteLn ('Türkis') END;
           5 : BEGIN farbe1 := pink; WriteLn ('Pink') END
   END;


   hilfsint := random(6);
   Write ('zweite Farbe : ':20);
   CASE hilfsint OF
           0 : BEGIN farbe2 := gelb; WriteLn ('Gelb') END;
           1 : BEGIN farbe2 := rot; Writeln ('Rot') END;
           2 : BEGIN farbe2 := blau; WriteLn ('Blau') END;
           3 : BEGIN farbe2 := gruen; WriteLn ('Grün') END;
           4 : BEGIN farbe2 := tuerkis; WriteLn('Türkis') END;
           5 : BEGIN farbe2 := pink; WriteLn ('Pink') END
   END;


   hilfsint := random(6);
   Write ('dritte Farbe : ':20);
   CASE hilfsint OF
           0 : BEGIN farbe3 := gelb; WriteLn ('Gelb') END;
           1 : BEGIN farbe3 := rot; Writeln ('Rot') END;
           2 : BEGIN farbe3 := blau; WriteLn ('Blau') END;
           3 : BEGIN farbe3 := gruen; WriteLn ('Grün') END;
           4 : BEGIN farbe3 := tuerkis; WriteLn('Türkis') END;
           5 : BEGIN farbe3 := pink; WriteLn ('Pink') END
   END;


   IF (farbe1 = farbe2) AND (farbe2 = farbe3)
   THEN BEGIN
           WriteLn ('Gratuliere, Sie haben ',gewinn1,
                      ' EUR gewonnen!');
           Summe := Summe + gewinn1
           END
   ELSE IF (farbe1 = farbe2) OR (farbe1 = farbe3) OR
           (farbe2 = farbe3)
          THEN BEGIN
                  WriteLn ('Gratuliere, Sie haben ',gewinn2,
                             ' EUR gewonnen');
```

```
                        Summe := Summe + gewinn2
                    END
            ELSE WriteLn ('Leider nix gewonnen!');
        WriteLn;
        WriteLn ('Ihr Konto beträgt jetzt ':50,summe,' EUR.');
        WriteLn;

        IF summe >= prospiel
        THEN BEGIN
                WriteLn;
                WriteLn ('Nochmal? <j>a/<n>ein');
                FOR hilfsint := 1 TO 80 DO Write ('=');
                antwort := ReadKey;
                IF antwort IN ['n','N'] THEN fertig := true
            END
        ELSE BEGIN
                WriteLn ('Weil Sie pleite sind, müssen Sie jetzt ',
                                     'leider aufhören! Ciao!');
                fertig := true
            END
    UNTIL fertig
END.
```

10.5 Lösungen zu Kapitel 8

10.5.1 Lösungen zu den Kontrollfragen

1. a)

char	STRING
Einfacher Datentyp: Jeweils ein Zeichen aus der Grundmenge der ASCII-Zeichen.	Strukturierter Datentyp: Zeichenkette besteht aus bis zu 255 Elementen vom Typ `char`.
Verwendung in Hochkommata.	
Ordnung durch den ASCII-Zeichensatz definiert.	

b)

STRING	ARRAY
Strukturierter Datentyp.	
Zeichenkette - enthält nur Elemente vom Datentyp `char`.	Enthält Elemente eines beliebigen Datentyps.
Erlaubt sowohl den Zugriff auf die Einzelelemente (mittels Index) als auch auf die Zeichenkette als Ganzes.	Zugriff nur auf die Einzelelemente möglich (mittels Index).

c)

ARRAY	RECORD
Strukturierter Datentyp.	
Nur Elemente eines Datentyps.	Elemente beliebiger und verschiedener Datentypen möglich.
Zugriff immer nur auf Einzelelemente.	
Definition in Typ- oder Variablendeklaration.	
Zugriff auf die Elemente mittels Index.	Zugriff auf die Elemente mittels Index oder über die With-Anweisung.

2. a)	integer	f)	STRING	k)	char
b)	char	g)	STRING	l)	char
c)	STRING	h)	unzulässig	m)	boolean
d)	unzulässig	i)	longint	n)	unzulässig
e)	real	j)	real	o)	real

3. a) Variablen vom Typ char müssen bei ihrer Verwendung in Hochkommata eingeschlossen werden.

   b) Im Kopf der For-Anweisung erfolgt der Zugriff auf eine nicht definierte Array-Komponente.

   c) Eine direkte Benutzereingabe an eine boolean-Variable ist nicht möglich.

10.5.2 Lösungen zu den Programmieraufgaben

Aufgabe 1:

```
PROGRAM Durchnittliche_Vokalzahl;
USES Crt;
VAR   text : STRING;
      i, vokale, woerter : integer;
      schnitt : real;
      antwort : char;

BEGIN
   ClrScr;
   WriteLn ('Dieses Programm liest einen beliebigen Text ein ',
            'und berechnet');
   WriteLn ('die durchschnittliche Vokalanzahl je Wort.');

   REPEAT
      WriteLn;
      WriteLn ('Bitte geben Sie einen Text ein:');
      WriteLn;
      ReadLn (text);

      vokale := 0;
      woerter := 1;

      FOR i := 1 TO length(text) DO
         BEGIN
            IF upcase(text[i]) IN ['A','E','I','O','U']
               THEN vokale := vokale + 1;
            IF text[i] IN [' ']
               THEN woerter := woerter + 1
         END;
```

```
      schnitt := vokale / woerter;
      IF length(text) = 0 THEN woerter := 0;

      WriteLn;
      WriteLn ('Anzahl Vokale: ',vokale);
      WriteLn ('Anzahl Wörter: ',woerter);
      WriteLn ('Vokale/Wörter: ',schnitt:0:2);
      WriteLn;
      Write ('Möchten Sie das Programm wiederholen (J/N)? ');
      antwort := readkey
   UNTIL antwort IN ['N','n']
END.
```

Aufgabe 2:

```
PROGRAM sortiereStrings;
USES Crt;
VAR   string1, string2, hilf1, hilf2 : STRING;
      i : integer;
      buchstabe : char;
      fertig : boolean;

BEGIN
   ClrScr;
   fertig := false;
   WHILE NOT (fertig=true) DO
      BEGIN
         WriteLn ('Geben Sie 2 Wörter ein, das Programm ',
                  'sortiert diese alphabetisch.');

         hilf1 := '';
         hilf2 := '';

         WriteLn;
         Write ('Wort 1: '); ReadLn (string1);
         Write ('Wort 2: '); ReadLn (string2);

         FOR i := 1 to length(string1) DO
           CASE string1[i] OF
              'ä','Ä' : hilf1 := hilf1 + 'A';
              'ö','Ö' : hilf1 := hilf1 + 'O';
              'ü','Ü' : hilf1 := hilf1 + 'U';
              'ß'     : hilf1 := hilf1 + 'SS'
              ELSE hilf1 := hilf1 + upcase(string1[i])
           END;

         FOR i := 1 to length(string2) DO
           CASE string2[i] OF
              'ä','Ä' : hilf2 := hilf2 + 'A';
```

```
                    'ö','Ö' : hilf2 := hilf2 + 'O';
                    'ü','Ü' : hilf2 := hilf2 + 'U';
                    'ß'     : hilf2 := hilf2 + 'SS'
                ELSE hilf2 := hilf2 + upcase(string2[i])
             END;

       WriteLn;
       Write ('Alphabethisch geordnet:  ');
       IF hilf1 <= hilf2
       THEN Write (string1,' ',string2)
       ELSE Write (string2,' ',string1);

       WriteLn; WriteLn;
       WriteLn ('Nochmal? <j>a/<n>ein');
       WriteLn; WriteLn;
       buchstabe := ReadKey;
       IF buchstabe IN ['n','N'] THEN fertig := true
     END
END.
```

Aufgabe 3:

```
PROGRAM Verschluesselung;
USES Crt;
VAR   Original, Verschluesselt : STRING;
      Kennziffer, i : integer;
      Antwort : char;

BEGIN
   ClrScr;
   REPEAT
      WriteLn ('Sie haben 2 Möglichkeiten: ');
      WriteLn ('-- 1 -- Sie möchten einen Text verschlüsseln.');
      WriteLn ('-- 2 -- Sie möchten einen Text dechiffrieren.');
      WriteLn;
      Write ('Geben Sie die Kennziffer ein: ');
      ReadLn (Kennziffer);
      WriteLn;
      WriteLn ('Geben Sie jetzt Ihren Text ein (Enter-Taste für',
                                                  ' Ende):');
      WriteLn;

      CASE Kennziffer OF
         1 : BEGIN
                ReadLn (Original);
                FOR i := 1 TO Length(Original) DO
                   IF Original[i] = ' '
                   THEN Verschluesselt[i] := ' '
                   ELSE
                   Verschluesselt[i] := Chr(Ord(Original[i])+10);
```

```
            WriteLn;
            WriteLn ('Verschlüsselt sieht Ihr Text so aus: ');
            FOR i := 1 TO Length(Original) DO
               Write (Verschluesselt[i]);
            WriteLn
         END;

    2 : BEGIN
           ReadLn (Verschluesselt);
           FOR i := 1 TO Length(Verschluesselt) DO
              IF Verschluesselt[i] = ' '
              THEN Original[i] := ' '
              ELSE
           Original[i] := Chr(Ord(Verschluesselt[i]) - 10);
           WriteLn;
           WriteLn ('Der Text lautet im Original: ');
           FOR i := 1 TO Length(Verschluesselt) DO
              Write (Original[i]);
           WriteLn
        END
     ELSE WriteLn ('Falsche Eingabe')
   END;
   WriteLn;
   Write ('Wollen Sie das Programm wiederholen? (j)a/(n)ein');
   WriteLn; WriteLn;
   Antwort := ReadKey
   UNTIL Antwort IN ['n','N']
END.
```

Aufgabe 4:

```
PROGRAM zahlensysteme;
{Programm zur Umrechnung einer Dezimalzahl in eine Zahl eines
beliebigen anderen Zahlensystems}
USES Crt;
VAR   basis, i : byte;
      zeichen, antwort : char;
      dezimalzahl, hilf : longint;
      divergebnis : integer;
      elemente, ergebnis : STRING;

BEGIN
   ClrScr;
   WriteLn ('Dieses Programm kann eine positive Dezimalzahl in ',
                              'die entsprechende Zahl');
   WriteLn ('eines beliebigen anderen Zahlensystems umrechnen.');
   WriteLn;
   WriteLn ('Dieses Zahlensystem müssen Sie allerdings erst ',
                              'definieren.');
   WriteLn ('Drücken Sie eine Taste.');
```

```
Antwort := ReadKey;

REPEAT                          {Wiederholung des Gesamtprogramms}
   ClrScr;
   Write ('Geben Sie die Basis (= Anzahl der verwendeten ',
                                    'Zeichen) ein: ');
   ReadLn (basis);
   WriteLn ('Geben Sie nun die einzelnen Zeichen ein: ');
   elemente := '';            {Aufbau des „Zeichensatz"-Strings}
   FOR i := 0 TO basis-1 DO
      BEGIN
         Write ('Zeichen ',i,': ');
         ReadLn (elemente[i])
      END;
   WriteLn ('Ok.');
   WriteLn;

   REPEAT   {Wiederholung von Berechnungen im selben System}

      REPEAT
         Write ('Welche Dezimalzahl (nur positive!) soll ',
                             'nun umgerechnet werden? ');
         ReadLn (dezimalzahl)
      UNTIL dezimalzahl >= 0;                {Sicherheitsabfrage}

      hilf := dezimalzahl;        {Verwendung einer Hilfsgröße,
                              um den ursprünglichen Wert von
                                    dezimalzahl zu erhalten}

      divergebnis := -1;         {Zuweisungen von Startwerten
                                          für die Schleife}

      ergebnis := '';

      WHILE divergebnis <> 0 DO
         BEGIN                     {Aufbau des Ergebnisstrings}
            divergebnis := hilf DIV basis;
            i := hilf MOD basis;
            ergebnis := ergebnis + elemente[i];
            hilf := divergebnis          {Schleifensteuerung}
         END;
                                           {Ergebnisausgabe}
      Write (dezimalzahl,' im Dezimalsystem wird zu ');
      FOR i := length(ergebnis) DOWNTO 1 DO
         Write (ergebnis[i]);
      WriteLn (' im ',basis,'-ersystem.');
      WriteLn;

      Write ('Weiter in diesem System? <j>a/<n>ein ');
      Antwort := ReadKey
   UNTIL antwort IN ['n','N'];

   Write ('Nochmal von vorne? <j>a/<n>ein ');
```

```
      Antwort := ReadKey
   UNTIL antwort IN ['n','N']
END.
```

Aufgabe 5:

```
PROGRAM Sortierprogramm;
{Eine Reihe von Zahlen (Länge vom Benutzer festgelegt) wird ein-
gelesen und der Größe nach sortiert wieder ausgegeben (Sortier-
verfahren „Bubble-Sort" und „Dreieckstausch")}

USES Crt;
CONST max = 100;
TYPE Reihe = ARRAY[1..max] OF real;
VAR   Zahlen : Reihe;
      Anzahl, i, j : integer;
      Hilfsreal : real;

BEGIN
   ClrScr;
   WriteLn ('Geben Sie eine Reihe von Zahlen ein, das ',
                                  'Programm sortiert diese');
   WriteLn ('nach der Größe.');
   WriteLn;
   Write ('Wieviele Zahlen werden Sie eingeben (max. ',max,')? ');
   ReadLn (Anzahl);

   FOR i := 1 TO Anzahl DO
      BEGIN
         Write (i:3,'. Zahl : ');
         ReadLn (Zahlen[i])
      END;

   FOR i := 1 TO Anzahl-1 DO
      FOR j := i+1 TO Anzahl DO
         IF Zahlen[j] < Zahlen[i]
            THEN
               BEGIN
                  Hilfsreal := Zahlen[j];
                  Zahlen[j] := Zahlen[i];
                  Zahlen[i] := Hilfsreal
               END;
   ClrScr;
   WriteLn ('Sortiert sehen Ihre eingegebenen Zahlen so aus: ');
   WriteLn;
   FOR i := 1 TO Anzahl DO WriteLn(Zahlen[i]:20:2)
END.
```

Aufgabe 6:

```
PROGRAM Deckungsbeitrag;
USES Crt;
CONST max = 20;
TYPE Reihe = ARRAY[1..max] OF real;

VAR   Preis, VarKosten, Menge, D_Beitrag : Reihe;
      GesamtD_Beitrag : real;
      Anzahl, i : integer;

BEGIN
   ClrScr;
   WriteLn ('Programm zur Deckungsbeitragsrechnung.');
   WriteLn;
   WriteLn ('Geben Sie ein: ');
   WriteLn;
   REPEAT
      Write ('Anzahl der Produkte (max. ',max,'): ');
      ReadLn (Anzahl)
   UNTIL Anzahl IN [1..max];
   WriteLn;

{Einlesen von Preis, variablen Kosten und Menge für alle Pro-
dukte:}

   FOR i := 1 TO Anzahl DO
      BEGIN
         Write ('Produkt ',i:3,' : ');
         Write ('   Preis pro ME                   : ');
         ReadLn (Preis[i]);
         Write ('               variable Kosten pro ME       : ');
         ReadLn (VarKosten[i]);
         Write ('               Max. Absatzmenge pro Periode :');
         ReadLn (Menge[i]);
         WriteLn
      END;

{Berechnen der absoluten Deckungsbeiträge für alle Produkte sowie
des Gesamtdeckungsbeitrags für das gesamte Produktionsprogramm:}

   GesamtD_Beitrag := 0;
   FOR i := 1 TO Anzahl DO
      BEGIN
         D_Beitrag[i] := Preis[i]-VarKosten[i];
         GesamtD_Beitrag := GesamtD_Beitrag + D_Beitrag[i] *
                                                       Menge[i]

      END;

{Ausgabe der Ergebnisse:}
```

```
  ClrScr;
  WriteLn ('Absolute Deckungsbeiträge für die einzelnen ',
          'Produkte : ');
  WriteLn;
  FOR i := 1 TO Anzahl DO
     WriteLn ('Produkt ',i:3,' : ',D_Beitrag[i]:0:2);
  WriteLn;
  WriteLn ('Gesamtdeckungsbeitrag für alle Produkte : ',
                                      GesamtD_Beitrag:0:2)
END.
```

Aufgabe 7:

```
PROGRAM Sammelbewertung;
{Programm zur Bewertung des Vorratsvermögens nach der Methode des
gewogenen Durchschnittspreises}
USES Crt;
CONST max = 40;
TYPE Reihe = ARRAY[1..max] OF real;
VAR   MengeAnfang, PreisAnfang, MengeEnde, Wertsumme,
      Gesamtmenge, Durchschnittspreis, Endbestandswert : real;
      i, Anzahl : integer;
      Preis, Menge, Wert : Reihe;

BEGIN
  ClrScr;
  WriteLn ('Programm zur Berechnung des gewogenen ');
  WriteLn ('Durchschnittswerts des Vorratsvermögens.');
  WriteLn;
  WriteLn ('Geben Sie ein: ');
  Write ('            Anfangsbestand (in ME)    : ');
  ReadLn (MengeAnfang);
  Write ('            Durchschnittspreis pro ME : ');
  ReadLn (PreisAnfang);
  Write ('            Endbestand (in ME)        : ');
  ReadLn (MengeEnde);
  WriteLn;
  REPEAT
     Write (' Anzahl der Materialzugänge (max. ',max,') : ');
     ReadLn (Anzahl)
  UNTIL Anzahl IN [0..max];
  WriteLn;

  Wertsumme := 0;                              {Initialisierungen!!}
  Gesamtmenge := 0;

  FOR i := 1 TO Anzahl DO       {Einlesen von Preis und Menge für
                            jeden Zugang und Berechnung des Werts;
                                Summenbildung für den Wert
                            aller Zugänge und die Gesamtmenge}
```

```
    BEGIN
       Write (i:3,'. Zugang : Preis (pro ME)   : ');
       ReadLn (Preis[i]);
       Write ('              Mengeneinheiten : ');
       ReadLn (Menge[i]);
       WriteLn;
       Wert[i] := Preis[i] * Menge[i];
       Wertsumme := Wertsumme + Wert[i];
       Gesamtmenge := Gesamtmenge + Menge[i]
    END;

  Durchschnittspreis:= (Wertsumme + PreisAnfang*MengeAnfang)/
                                (Gesamtmenge + MengeAnfang);
  Endbestandswert := Durchschnittspreis * MengeEnde;

  WriteLn ('Daraus ergibt sich ein neuer gewogener ',
                              'Durchschnittspreis : ',
                     Durchschnittspreis:0:2,' EUR pro ME');
  WriteLn ('Wert des Endbestands (',MengeEnde:0:0,' ME) : ',
                              Endbestandswert:0:2,' EUR')
END.
```

Aufgabe 8:

```
PROGRAM Produktionsplanung;
{Programm zur Lösung einer Entscheidungsaufgabe zur Produktions-
planung auf der Grundlage absoluter Deckungsbeiträge }
USES Crt;
CONST Max = 10;
TYPE Reihe1 = ARRAY[1..Max] OF real;
     Reihe2 = ARRAY[1..Max] OF boolean;
VAR Anzahl, i : integer;
    Kfix, Gewinn : real;
    Preis, Menge, Kvar, db : Reihe1;
    JaNein : Reihe2;

BEGIN
   ClrScr;
   WriteLn ('Dies ist ein Programm zur Produktionsplanung.');
   WriteLn;
   WriteLn ('Geben Sie ein :');
   WriteLn;
   REPEAT
      Write ('Anzahl der Produkte (Max. 10!!) : ');
      ReadLn (Anzahl);
      WriteLn
   UNTIL Anzahl in [1..10];

   Gewinn := 0.0;
   FOR i := 1 TO Anzahl DO          { Schleife zur Dateneingabe,
```

außerdem Berechnung der abs.
Deckungsbeiträge, Produktions-
entscheidung und Gewinnberechnung}

```
    BEGIN
        WriteLn ('Produkt ',i,':');
        Write ('            Max. Absatzmenge : ');
        ReadLn (Menge[i]);
        Write ('            Preis            : ');
        ReadLn (Preis[i]);
        Write ('            Variable Kosten  : ');
        ReadLn (Kvar[i]);
        WriteLn;

        db[i] := Preis[i] - Kvar[i];
        IF db[i] > 0
            THEN
                BEGIN
                    JaNein[i] := true;
                    Gewinn := Gewinn + db[i]*Menge[i]
                END
            ELSE JaNein[i] := false
    END;

Write ('Fixe Kosten der Herstellung   : ');
ReadLn (Kfix);

Gewinn := Gewinn - Kfix;

ClrScr;                                       { Tabellenausgabe }
FOR i := 1 TO 80 DO Write('=');
Write ('Produkt     Menge     Preis      var. Kosten    ',
                               'abs. Db.      gefertigt');
WriteLn;
FOR i := 1 TO 80 DO Write ('-');
FOR i := 1 TO Anzahl DO
    BEGIN
        Write (i:5, Menge[i]:10:0, Preis[i]:10:2, Kvar[i]:15:2,
                    db[i]:14:2);
        IF JaNein[i]  THEN Write ('ja':10)
                      ELSE Write ('nein':10);
        WriteLn
    END;
FOR i := 1 TO 80 DO Write ('=');
WriteLn;

WriteLn ('Der Gesamtgewinn bei fixen Kosten von ',Kfix:0:2,
                               ' EUR beträgt: ',Gewinn:0:2,'
EUR.')
END.
```

Aufgabe 9:

```
PROGRAM Spekulatius_Aktiendepot;
USES Crt;
CONST max = 10;
VAR   aktie : ARRAY[1..max] OF STRING[8];
      anzahl, anfangskurs, anfangswert, schlusskurs,
         schlusswert, gewinn, rendite, dividende, dividendenwert :
         ARRAY[1..max] OF real;
      depotanfangswert, depotendwert, dividendensumme,
         depotgewinn, depotrendite : real;
      i, zaehler : integer;
      antwort : char;

BEGIN

   ClrScr;
   WriteLn ('Dieses Programm berechnet die Wertentwicklung ');
   WriteLn ('Ihres Aktiendepots innerhalb eines Jahres ');
   WriteLn ('(Max. ',max,' Posten).');
   WriteLn;
   WriteLn ('Von Ihnen werden noch folgende Angaben benötigt:');
   WriteLn;
   i := 0;
   zaehler := 0;
   REPEAT
      i := i + 1;
      zaehler := zaehler + 1;
      Write ('Aktie                    : ');
      ReadLn (aktie[i]);
      Write ('Anzahl                   : ');
      ReadLn (anzahl[i]);
      Write ('Jahresanfangskurs (in EUR) : ');
      ReadLn (anfangskurs[i]);
      Write ('Jahresschlußkurs  (in EUR) : ');
      ReadLn (schlusskurs[i]);
      Write ('Dividende pro Aktie (in EUR): ');
      ReadLn (dividende[i]);
      WriteLn;
      IF zaehler < max
         THEN
            BEGIN
               Write ('Weitere Aktien? (J/N): ');
               ReadLn (antwort)
            END
         ELSE antwort := 'n'
   UNTIL antwort IN ['n','N'];

   depotanfangswert := 0;
```

```
        depotendwert := 0;
        depotgewinn := 0;
        dividendensumme := 0;

        FOR i := 1 TO zaehler DO
            BEGIN
                anfangswert[i] := anzahl[i] * anfangskurs[i];
                depotanfangswert := depotanfangswert + anfangswert[i];
                schlusswert[i] := anzahl[i] * schlusskurs[i];
                dividendenwert[i] := dividende[i] * anzahl[i];
                dividendensumme := dividendensumme + dividendenwert[i];
                depotendwert := depotendwert + schlusswert[i];
                gewinn[i] := schlusswert[i] + dividendenwert[i]
                                                        - anfangswert[i];
                depotgewinn := depotgewinn + gewinn[i];
                rendite[i] := gewinn[i] * 100 / anfangswert[i];
                depotrendite := depotgewinn * 100 / depotanfangswert
            END;
        WriteLn;
        WriteLn ('Aktie Anzahl Jahresanf.- Jahresschl.- Dividende ',
                                        'Dividen- Ergebnis Rendite');
        WriteLn ('            kurs    wert kurs    wert pro Aktie ',
                                        'denwert in EUR    in % ');
        WriteLn ('----------------------------------------------------',
                                        '---------------------');
        FOR i := 1 TO zaehler DO
        WriteLn (aktie[i]:5, anzahl[i]:6:0, anfangskurs[i]:6:0,
                            anfangswert[i]:7:0, schlusskurs[i]:5:0,
                                schlusswert[i]:8:0,dividende[i]:8:0,
                                dividendenwert[i]:10:0, gewinn[i]:11:0,
                                                        rendite[i]:7:2);
        WriteLn ('----------------------------------------------------',
                                        '---------------------');
        WriteLn ('Gesamt:',depotanfangswert:17:0, depotendwert:13:0,
                            dividendensumme:18:0, depotgewinn:11:0);
        WriteLn;
        WriteLn ('Der Wert des Depots hat sich incl. Dividenden um EUR

                                    ,depotgewinn:0:0,' verändert.');
        WriteLn ('Die Rendite des Depots betrug ',depotrendite:6:2,
                                                        '%.')
END.
```

Aufgabe 10:

```
PROGRAM entscheidungsmatrix;
USES Crt;
CONST Max = 10;
TYPE Tabelle = ARRAY[1..Max+2,1..Max] OF real;
     Reihe = ARRAY[1..Max] OF STRING;
```

```
VAR erloes : Tabelle;
    alternative, zustand : Reihe;
    min, summe, erwartwert, minmax, maxerwartwert : real;
    anzahla, anzahlz, i, j, bestalt1, bestalt2 : integer;

BEGIN
  ClrScr;
  Write ('Anzahl Alternativen (max. ',Max,': ');
  ReadLn (anzahla);
  FOR j := 1 TO anzahla DO
     BEGIN
        Write ('       Name Alternative ',j,': ');
        ReadLn (alternative[j])
     END;
  Write ('Anzahl Zustände (max. ',Max,': ');
  ReadLn (anzahlz);
  FOR i := 1 TO anzahlz DO
     BEGIN
        Write ('       Name Zustand ',i,'    : ');
        ReadLn (zustand[i])
     END;

  WriteLn; WriteLn;
  WriteLn ('Geben Sie die erwarteten Erlöse ein:');
  WriteLn;
  Write(' ':10);
  FOR i := 1 TO anzahlz DO Write (zustand[i]:10);
  FOR i := 1 TO anzahlz DO
     BEGIN
        WriteLn;
        FOR j := 1 TO anzahla DO
           BEGIN
              Write (alternative[j]:10);
              GotoXY(20,WhereY);
              FOR i := 1 TO anzahlz DO
                 BEGIN                        {Einlesen der erwarteten}
                    ReadLn(erloes[i,j]);     {Erlöse in die Matrix}
                    GotoXY(10+(i+1)*10,WhereY-1)
                 END;
              GotoXY(1,WhereY+1)
           END;
     END;

  FOR j := 1 TO anzahla DO
     BEGIN                     {Bestimmung des Zeilenminimums jeder}
        min := erloes[1,j]; {Alternative und Zuweisung an eine}
        FOR i := 2 TO anzahlz DO            {zusätzliche Spalte}
           BEGIN
              IF erloes[i,j] < min THEN min := erloes[i,j];
              erloes[anzahlz+1,j] := min
           END
```

```
         END;


     FOR j := 1 TO anzahla DO
        BEGIN                    {Bestimmung des Erwartungswerts jeder}
           summe := 0;           {Alternative und Zuweisung an eine 2.}
           FOR i := 1 TO anzahlz DO              {zusätzliche Spalte}
           summe := summe + erloes[i,j];
           erwartwert := summe/anzahlz;
           erloes[anzahlz+2,j] := erwartwert
        END;


     minmax := erloes[anzahlz+1,1];           {Bestimmung des größten
     FOR j := 2 TO anzahla DO                             {Minimums}
        IF erloes[anzahlz+1,j] >= minmax
        THEN
           BEGIN
              minmax := erloes[anzahlz+1,j];
              bestalt1 := j
           END;


     maxerwartwert := erloes[anzahlz+2,1];     {Bestimmung des max.
     FOR j := 2 TO anzahla DO                         {Erwartungswerts}
     IF erloes[anzahlz+2,j] >= maxerwartwert
     THEN
        BEGIN
           maxerwartwert := erloes[anzahlz+2,j];
           bestalt2 := j
        END;

     ClrScr;                       {Ausgabe der endgültigen Tabelle}
     WriteLn; WriteLn;
     Write (' ':10);
     FOR i := 1 TO anzahlz DO Write (zustand[i]:10);
     Write ('Min':10,'Erw.wert':10);
     WriteLn;
     FOR j := 1 TO anzahla DO
        BEGIN
           Write (alternative[j]:10);
           FOR i := 1 TO anzahlz+2 DO Write (erloes[i,j]:10:2);
           WriteLn
        END;
     WriteLn;
     Write('Beste Alternative nach dem Minimax-Kriterium      : ',
                                      alternative[bestalt1]);
     WriteLn;


     Write('Beste Alternative nach dem Erwartungswert-Kriterium: ',
                                      alternative[bestalt2])
END.
```

Aufgabe 11:

```
PROGRAM einkommensteuer;
{Berechnet Einkommensteuer und Durchschnittssteuersatz auf Jah-
reseinkommen. Grafische Ausgabe im Bereich bis 130.000,- EUR}

USES Crt;
CONST spalten = 65;
      zeilen = 19;
VAR grafik : ARRAY[1..spalten,1..zeilen] of char;
    y, steuer, durchschnitt : real;
    einkommen, x, i, j : longint;

BEGIN
   ClrScr;                                 {grafik „initialisiert"}
   FOR i := 1 TO spalten DO
      FOR j := 1 TO zeilen DO
         grafik[i,j] := ' ';

   FOR i := 1 TO spalten DO        {Berechnen der Durchschnitts-
                                    steuersätze und Übergabe an grafik}
      BEGIN
         einkommen := i * 2000;
         x := (einkommen DIV 54) * 54;
         y := (x - 8100) / 10000;
         IF x <= 5616
         THEN steuer := 0
         ELSE  IF x <= 8153
               THEN steuer := 0.19 * x - 1067
               ELSE IF x <= 120041
                    THEN steuer := (151.94 * y + 1900) * y + 472
                    ELSE steuer := 0.53 * x - 22842;

         durchschnitt := steuer/einkommen*100;
         grafik [i,zeilen-round(durchschnitt/2)] := '*'
      END;

                {Ausgabe der endgültigen Grafik auf dem Bildschirm}
                                            {Überschrift: }
   WriteLn ('--- Kurve der Durchschnittssätze der ',
            'Einkommensteuer ---':70);
   WriteLn ('Durchschnittssteuersatz in %');
   FOR j := 1 TO zeilen DO
      BEGIN
         Write ((zeilen-j)*2:2,'|');      {Beschriftung Vertikale}
         FOR i := 1 TO spalten DO write (grafik[i,j]);
                                          {die Werte}
         WriteLn
      END;

   Write ('   ');
```

```
      FOR i := 1 TO spalten DO              {Beschriftung Horizontale}
         IF (i*2000) MOD 10000 = 0
         THEN Write ('+')
         ELSE Write ('-');
      WriteLn;
      Write ('    ');
      FOR i := 1 TO spalten DO
      IF (i*2000) MOD 10000 = 0 THEN Write (i*2:5);
      WriteLn;
      Write ('Einkommen (in Tausend EUR)':80)
END.
```

Aufgabe 12:

```
PROGRAM kneipenabrechnung;
USES Crt;
CONST max = 50;
TYPE  Produkttyp = ARRAY [1..max] OF
                      RECORD   code : integer;
                               name : STRING[30];
                               preis: real
                      END;
      Bestelltyp = ARRAY [1..max] OF
                      RECORD   code : integer;
                               menge: real;
                               umsatz : real
                      END;

VAR   Produkt : Produkttyp;
      Bestellung : Bestelltyp;
      i, k, anzahlbestellungen : integer;
      fertig, korrekt : boolean;
      antwort : char;
      summe : real;

BEGIN
   ClrScr;
   WriteLn ('Karl''s Abrechnungsprogramm: ');
   FOR i := 1 TO 80 DO Write ('#');
   WriteLn ('1. Schritt PROGRAMMIERUNG der Produktdatenbank: ');

   fertig := false;
   i := 1;                                  {i: Laufvariable für die
                                    Produkte in der Produktdatenbank}
   WHILE (fertig = false) AND (i <= max) DO
      BEGIN
         Write ('Code : ');        ReadLn (produkt[i].code);
         Write ('Bezeichnung: '); ReadLn (produkt[i].name);
         Write ('Preis : ');       ReadLn (produkt[i].preis);
         i := i+1;
```

```
            WriteLn ('weiter? <j>a/<n>ein':80);
            antwort := readkey;
            IF antwort in ['n','N'] THEN fertig := true
         END;


ClrScr;
WriteLn ('2. Schritt BESTELLUNGEN - unter Verwendung der',
                      'zuvor aufgebauten Produktdatenbank');


fertig := false;
k := 1;                                     {k zählt die Bestellungen}
WHILE (fertig = false) AND (k <= max) DO
    BEGIN
       Write ('Codenummer: ');
       ReadLn (bestellung[k].code);
       i := 0;                     {i : Zähler aus Produktdatenbank}
       korrekt := false;              {korrekt stellt sicher, daß vom
                                   Programm nur Produktcodes angenommen
                                      werden, die in der Produktdatenbank
                                            auch vorhanden sind}

       REPEAT
          i := i + 1;
          IF bestellung[k].code = produkt[i].code
              THEN korrekt := true
       UNTIL korrekt OR (i = max);
                                    {Vergleicht den bei der Bestellung
                                       eingegebenen Produktcode mit der
                                       Produktdatenbank, um Namen und Preis
                                            des Produkts zu bestimmen}


       IF korrekt = false
       THEN WriteLn ('Falsche Codenummer')
       ELSE
          BEGIN
            WriteLn (produkt[i].name:20,produkt[i].preis:20:2,
                                                    ' EUR');

            Write (' bestellte Menge: ');
            ReadLn (bestellung[k].menge);
            bestellung[k].umsatz := bestellung[k].menge *
                                            produkt[i].preis;

            k := k + 1
          END;
       WriteLn ('weiter? <j>a/<n>ein':80);
       antwort := readkey;
       IF antwort in ['n','N'] THEN fertig := true
    END;

anzahlbestellungen := k-1;
WriteLn; WriteLn;
summe := 0;
FOR k := 1 TO anzahlbestellungen DO
```

```
     summe := bestellung[k].umsatz + summe;
   WriteLn ('Gesamtumsatz des Abends: ',summe:0:2,' EUR');
   REPEAT UNTIL Keypressed
```

   {Die Funktion **Keypressed** liefert als Funktionsergebnis den
   Wert true, wenn im Tastaturspeicher noch nicht verarbeitete
   Zeichen vorhanden sind, ansonsten den Wert false.
   Die Abbruchbedingung der Repeat-Anweisung ist erfüllt,
   sobald der Benutzer über die Tastatur ein beliebiges Zeichen
   eingibt. Bis dahin „wartet" das Programm.}

```
END.
```

Aufgabe 13:

```
PROGRAM Doppelhauskredit;
USES Crt;
CONST max = 10;
TYPE Kredit = RECORD
        Bankname : STRING;
        Laufzeit : integer;
        Nominalzins, Disagio, Kreditsumme, Effektivzins : real
     END;

VAR anzahl, i, beste : integer;
    Auswahl : ARRAY[1..max] OF Kredit;
    niedrigster : real;
    antwort : char;

BEGIN
   ClrScr;
   WriteLn ('Dieses Programm berechnet den Effektivzins ',
                              'verschiedener Kreditangebote.');
   WriteLn ('Bitte machen Sie noch folgende Angaben: ');
   REPEAT
     WriteLn;
     Write ('Wieviele Angebote haben Sie eingeholt (max. 10)? ');
     ReadLn (anzahl);
     IF anzahl > 10 THEN anzahl := max;

     FOR i := 1 TO anzahl DO      {Dateneingabe für jeden Kredit}
       WITH Auswahl[i] DO
         BEGIN
           Write ('Name der ',i,'. Bank: ');
           ReadLn (Bankname);
           WriteLn;
           REPEAT
             Write ('Laufzeit (Jahre > 5): ');
             ReadLn (Laufzeit);
             IF Laufzeit < 5
```

```
              THEN WriteLn ('Dieses Angebot kann nicht ',
                                 'berücksichtigt werden, ',
                        'da die Laufzeit < 5 Jahre ist.')
           UNTIL Laufzeit >= 5;
           Write ('Nominalzins (%) : ');
           ReadLn (Nominalzins);
           Write ('Disagio (%)    : ');
           Readln (Disagio)
      END;

   FOR i := 1 TO anzahl DO    {Berechnung von Effektivzins und}
      WITH Auswahl[i] DO      {resultierender Kreditsumme für}
         BEGIN                             {jedes Angebot}
            Effektivzins := (Nominalzins+Disagio/Laufzeit)
                                 *100 / (100-Disagio);
            Kreditsumme := 1 / (1-(Disagio/100))
         END;

   niedrigster := Auswahl[1].Effektivzins;    {Entscheidungs-}
   beste := 1;                                    {findung}
   FOR i := 2 TO anzahl DO
      WITH Auswahl[i] DO
         BEGIN
            IF Effektivzins < niedrigster
            THEN
               BEGIN
                  niedrigster := Effektivzins;
                  beste := i
               END
         END;

   WriteLn;                         {Ausgabe der Ergebnistabelle}
   WriteLn ('Ergebnisübersicht:');
   WriteLn;
   Write ('Bank','Laufzeit':16,'Nominalzins':14,'Disagio':14,
                     'Aufzunehmender':18,'Effektivzins':14);
   Write ('(Jahre) ':20,'(in %)':14,'(in %)':14,
                     'Kredit (Mio EUR)':18,'(in
%)':14);
      FOR i := 1 TO 80 DO Write ('=');
      FOR i := 1 TO anzahl DO
         WITH Auswahl[i] DO
            Write (Bankname:8, Laufzeit:12, Nominalzins:14:2,
                         Disagio:14:2, Kreditsumme:18:3,
                                 Effektivzins:14:2);
   WriteLn; WriteLn;
   WriteLn ('Den niedrigsten Effektivzins hat die Bank ',
                     Auswahl[beste].Bankname,'.');
   WriteLn;
   Write ('Möchten Sie das Programm wiederholen? (J/N)  ');
   ReadLn (antwort)
```

```
UNTIL antwort IN ['n','N']
END.
```

10.6 Lösungen zu Kapitel 9

10.6.1 Lösungen zu den Kontrollfragen

1. Eine Prozedur ist ein Unterprogramm. Sie wird im Vereinbarungsteil eines Programms deklariert und kann dann im Hauptprogramm oder in anderen Prozeduren verwendet werden.

2. Eine Funktion ermittelt aus einem oder mehreren Werten genau einen Ausgangswert. Dieser Ausgangswert muß innerhalb des Funktionskörpers dem Funktionsnamen zugewiesen werden.

3. Die Vorteile der Verwendung von Prozeduren und Funktionen sind:

   - Eine Folge von Anweisungen kann mehrmals an verschiedenen Stellen eines Programms ausgeführt werden. Die Anweisungen sind jedoch nur einmal zu programmieren.
   - Das Programm wird übersichtlicher, da Programmteile unter einem eigenen Namen zusammengefasst werden können.
   - Die Fehlerhäufigkeit in den Programmen wird sinken, wenn bereits getestete Prozeduren verwendet werden.

4. a) Der Prozeduraufruf im Anweisungsteil des Hauptprogramms ist falsch.

   Richtig:
   ```
   ....
   BEGIN
      Hallo;
   END.
   ```

   b) Die Funktion ruft sich wieder selbst auf, da innerhalb der Wertzuweisung zu dem Funktionsnamen dieser selbst wieder auftaucht. Das hat in diesem Fall eine „Endlosschleife" zur Folge, bis der Stack überläuft.

   c) Es ist nicht möglich, einer Prozedur eine Array-Größe direkt als Parameter zu übergeben. Das Problem ist dadurch zu lösen, daß das Array im übergeordneten Block als Typ definiert wird.

5. Bildschirmausdruck:
   ```
   123
   133
   ```

10.6.2 Lösungen zu den Programmieraufgaben

Aufgabe 1:

```
PROGRAM Eingabeprozedur;
        {Programm, das eine Prozedur zur Eingabekontrolle enthält}


USES Crt;
VAR Zahl, Untergrenze, Obergrenze : integer;


PROCEDURE Eingabekontrolle (Grenze1, Grenze2 : integer;
                                        VAR Eingabe : integer);
BEGIN
   WHILE NOT (Eingabe IN [Grenze1..Grenze2]) DO
      BEGIN
         WriteLn ('Geben Sie eine ganze Zahl zwischen ',Grenze1,
                                    ' und ',Grenze2, ' ein!!!');
         WriteLn;
         Write ('Versuchen Sie es noch einmal: ');
         ReadLn (Eingabe);
         WriteLn
      END
END; { of Eingabekontrolle}


BEGIN
   WriteLn ('Sie wollen Zahlen eingeben?');
   WriteLn ('In welchem Bereich?');
   REPEAT
      Write ('Untergrenze : ');
      ReadLn (Untergrenze);
      Write ('Obergrenze  : ');
      ReadLn (Obergrenze);
   UNTIL Untergrenze <= Obergrenze;
   WriteLn;
   Write ('Die Zahl    : ');
   ReadLn (Zahl);

   Eingabekontrolle (Untergrenze, Obergrenze, Zahl);

   WriteLn ('Glückwunsch - die Zahl ',Zahl,
                        ' liegt im erlaubten Bereich!')
END.
```

Aufgabe 2:

```
PROGRAM Statistik;
USES    Crt;
CONST   max = 50;
TYPE    Reihe = ARRAY[1..max] OF real;
VAR     Zahlen : Reihe;
        Mit, Vari, Stdabw : real; Anzahl, i : integer
```

```
PROCEDURE ReiheEinlesen (VAR Eingabe : Reihe ;
                                     Elementanzahl : integer);
{Prozedur zum Einlesen der Zeitreihe}

VAR Hilfsi : integer;
BEGIN
  FOR Hilfsi := 1 TO Elementanzahl DO
    BEGIN
      Write (Hilfsi:3,'. : ');
      ReadLn (Eingabe[Hilfsi])
    END
END;


FUNCTION Mittelwert (Eingabe : Reihe;
                                   Elementanzahl : integer): real;
{Funktion zur Berechnung des Mittelwertes}

VAR   Hilfsi : integer;
      Summe : real;
BEGIN
  Summe := 0;
  FOR Hilfsi := 1 TO Elementanzahl DO
    Summe := Summe + Eingabe[Hilfsi];
  Mittelwert := Summe/Elementanzahl
END;


FUNCTION Varianz (Eingabe:Reihe; Elementanzahl:integer;
                                   Mittel:real) : real;
{Funktion zu Berechnung der Varianz}

VAR   Hilfsi : integer;
      Summe : real;
BEGIN
  Summe := 0;
  FOR Hilfsi := 1 TO Elementanzahl DO
    Summe := Summe + sqr(Eingabe[Hilfsi] - Mittel);
  Varianz := Summe/(Elementanzahl-1)
END;


                                          {Hauptprogramm}
BEGIN
  ClrScr;
  WriteLn ('Dies ist ein Statistikprogramm, das Ihnen');
  WriteLn ('zu beliebigen von Ihnen eingegebenen Zahlen');
  WriteLn ('Mittelwert, Varianz und Standardabweichung ');
  WriteLn ('berechnet.');
  WriteLn;
  REPEAT
```

```
        Write ('Wieviele Zahlen wollen Sie eingeben ? ',
                                    '(max. ',max,') ');
        ReadLn (Anzahl)
    UNTIL Anzahl <= max;
    WriteLn; WriteLn;

                                    {Einlesen der Zeitreihe}
    ReiheEinlesen (Zahlen, Anzahl);

        {Berechnung von Mittelwert, Varianz und Standardabweichung}
    Mit := Mittelwert (Zahlen, Anzahl);
    Vari := Varianz(Zahlen, Anzahl, Mit);
    Stdabw := sqrt(Vari);

                                          {Ergebnisausgabe}
    WriteLn ('Mittelwert aller eingegebenen Zahlen : ',Mit:10:2);
    WriteLn ('Varianz : ',Vari:10:2);
    WriteLn ('Standardabweichung : ',Stdabw:10:2)
END.
```

Aufgabe 3:

```
Program Indizes;
USES Crt;
CONST max = 20;
TYPE reihe = ARRAY[1..max] OF real;

VAR  preis0, preis1, menge0, menge1 : reihe;
     l_preisindex, l_mengenindex, p_preisindex,
     p_mengenindex : real;
     i : integer;
     antwort : char;

FUNCTION formel(eingabe1, eingabe2, eingabe3, eingabe4 : reihe;
                              anzahl : integer) : real;
VAR summe1, summe2 : real;
    hilf : integer;
BEGIN
   summe1 := 0;
   summe2 := 0;

   FOR hilf := 1 TO anzahl DO
      BEGIN
         summe1 := eingabe1[hilf] * eingabe2[hilf] + summe1;
         summe2 := eingabe3[hilf] * eingabe4[hilf] + summe2
      END;
   formel := summe1/summe2
END; {of formel}


BEGIN
```

```
ClrScr;
WriteLn ('Dieses Programm berechnet Ihnen die Preis- und ');
WriteLn ('Mengenindizes nach Laspeyres und nach Paasche ');
WriteLn ('für maximal ',max,' Produkte.');
WriteLn;

antwort := 'j';
i := 0;
WriteLn ('Geben Sie ein:');
WriteLn;

WHILE NOT ((antwort IN ['n','N']) OR (i = 20)) DO
   BEGIN
      i := i+1;
      WriteLn ('Produkt ',i,':');
      Write ('    Preis in Periode 0                        : ');
      ReadLn (Preis0[i]);
      Write ('    Umgesetzte Menge in Periode 0             : ');
      ReadLn (Menge0[i]);
      Write ('    Preis in Periode 1                        : ');
      ReadLn (Preis1[i]);
      Write ('    Umgesetzte Menge in Periode 1             : ');
      ReadLn (Menge1[i]);
      WriteLn;
      WriteLn ('               Weitere Eingaben? <j>a/<n>ein ');
      antwort := ReadKey
   END;

l_preisindex   := formel(Preis1, Menge0, Preis0, Menge0, i);
l_mengenindex  := formel(Preis0, Menge1, Preis0, Menge0, i);
p_preisindex   := formel(Preis1, Menge1, Preis0, Menge1, i);
p_mengenindex  := formel(Preis1, Menge1, Preis1, Menge0, i);

WriteLn; WriteLn;

WriteLn ('Preisindex nach Laspeyres : ',l_preisindex:10:2);
WriteLn ('Mengenindex nach Laspeyres: ',l_mengenindex:10:2);
WriteLn ('Preisindex nach Paasche   : ',p_preisindex:10:2);
WriteLn ('Mengenindex nach Paasche  : ',p_mengenindex:10:2)
END.
```

Aufgabe 4:

```
PROGRAM Kapitalwert;
USES     Crt;
CONST    max = 20;
TYPE     Reihe = ARRAY [1..max] OF real;
VAR      Anfausgabe, Liquerloes, Zinsfuss, Ergebnis : real;
         Laufzeit, i : integer;
         Einzreihe, Auszreihe : Reihe;
```

```
                    Antwort : char;
```

{Prozedur "PosEingabeReal" prüft, ob die eingegebene Variable
(Typ: "real") positiv ist, fordert ggf. eine neue Eingabe an und
übergibt diese dann wieder ans rufende Programm}

```
PROCEDURE PosEingabeReal (VAR eingabe : real);
BEGIN
   WHILE (eingabe < 0) DO
      BEGIN
         WriteLn;
         WriteLn ('   Falsche Eingabe!');
         Write ('   Bitte geben Sie einen positiven Wert ein: ');
         ReadLn (eingabe);
         WriteLn
      END
END;
```

{Prozedur "RichtigeEingabeInt" prüft, ob die eingegebene Variable
(Typ : "integer") innerhalb von Grenze1 bis Grenze2 liegt, fordert ggf. eine neue Eingabe an und übergibt diese dann wieder ans
rufende Programm:}

```
PROCEDURE RichtigeEingabeInt (Grenze1, Grenze2 : integer;
                                          VAR eingabe : integer);
BEGIN
   WHILE (eingabe < Grenze1) OR (eingabe > Grenze2) DO
      BEGIN
         WriteLn;
         WriteLn ('   Falsche Eingabe!');
         Write ('   Bitte geben Sie einen Wert zwischen',
                        Grenze1,' und ',Grenze2,' ein: ');
         ReadLn (eingabe);
         WriteLn
      END
END;
```

{Prozedur "ZahlenreiheEinlesen" fordert für eine Variable vom
selbstdefinierten Datentyp "Reihe" die einzelnen Elemente an und
liest sie in das ARRAY ein:}

```
PROCEDURE ZahlenreiheEinlesen (VAR eingabe : Reihe;
                                          Elementanzahl : integer);
VAR Laufvar : integer;
BEGIN
   FOR Laufvar := 1 TO Elementanzahl DO
      BEGIN
         Write (Laufvar:3,'. Wert : ');
         ReadLn (eingabe[Laufvar])
```

```
        END
END;


{Funktion "Kapitalwert" berechnet den Kapitalwert:}

FUNCTION Kapitalwert (l,i,a : real; b,c : reihe; n : integer)
                                                     : real;
VAR   j : integer;
      nenner, summe : real;
BEGIN
   summe := 0;
   nenner := 1;

   FOR j := 1 TO n DO
      BEGIN
         nenner := nenner * (1+i);
         summe := summe + (b[j] - c[j])/nenner
      END;

   Kapitalwert := l/nenner - a + summe
END;


                                                     {Hauptprogramm}
BEGIN
   REPEAT
      ClrScr;
      WriteLn ('Programm zur Berechnung des Kapitalwerts einer ',
                                               'Investition');
      WriteLn;
      WriteLn ('Bitte geben Sie ein: ');
      WriteLn;


                          {Anfordern und Überprüfen der Eingaben}
      Write ('Anschaffungsausgabe zum Zeitpunkt 0          : ');
      ReadLn (Anfausgabe);
      PosEingabeReal (Anfausgabe);
      Write ('Laufzeit der Investition - max. ',max,' Jahre : ');
      ReadLn (Laufzeit);
      RichtigeEingabeInt (1,max,Laufzeit);
      Write ('Liquiditätserlös (nach Ablauf der Laufzeit) : ');
      ReadLn (Liquerloes);
      PosEingabeReal (Liquerloes);
      Write ('Kalkulationszinsfuß (in %) : ');
      ReadLn (Zinsfuss);
      PosEingabeReal (Zinsfuss);
      WriteLn;
      WriteLn ('Welche Einnahmen erwarten Sie?');
      WriteLn;
      ZahlenreiheEinlesen (Einzreihe, Laufzeit);
```

```
      WriteLn;
      WriteLn ('Welche Ausgaben erwarten Sie?');
      WriteLn;
      ZahlenreiheEinlesen (Auszreihe, Laufzeit);

                                      {Berechnung des Kapitalwerts}
      Ergebnis := Kapitalwert (Liquerloes, Zinsfuss/100,
                   Anfausgabe, Einzreihe, Auszreihe, Laufzeit);

                                           { Ergebnisausgabe}
      WriteLn;
      WriteLn;
      WriteLn ('Der Kapitalwert der Investition beträgt : ',
                                           Ergebnis:10:3);
      WriteLn;
      WriteLn;
      Write ('Wollen Sie das Programm wiederholen? (j)a/(n)ein ');
      Antwort := ReadKey
  UNTIL Antwort IN ['n','N']
END.
```

Aufgabe 5:

```
PROGRAM Indexreihe;

USES Crt;
CONST Max = 25;
TYPE Reihe = ARRAY [1..Max] OF real;
     Name = ARRAY [1..2] OF STRING;
VAR Zeitreihe1, Zeitreihe2, Indexreihe1, Indexreihe2 : Reihe;
    i, Anzahl, Basisjahr : integer;
    Bezeichnung : Name;


PROCEDURE Eingabe (Name: STRING; n : integer; VAR Zahl : Reihe);
VAR i : integer;
BEGIN
  WriteLn ('Jahr',Name:25);
  FOR i := 1 TO 40 DO Write ('=');
  WriteLn;
  FOR i := 1 TO n DO
    BEGIN
      Write (i:3,' ':15);
      ReadLn (Zahl[i])
    END;
  WriteLn
END; {of Eingabe}


PROCEDURE Indexbildung (n, Basis : integer; Zahl : Reihe;
                                      VAR Index : Reihe);
VAR i : integer;
```

```
BEGIN
  FOR i := 1 TO n DO
    Index[i] := Zahl[i] / Zahl[Basis] * 100
END; {of Indexbildung}

BEGIN
  ClrScr;
  WriteLn ('Dieses Programm liest 2 Zeitreihen ein und ');
  WriteLn ('bildet über einen Basiswert Indizes, um so einen ');
  WriteLn ('Vergleich der Zeitreihen zu erlauben.');
  WriteLn;
  REPEAT
    Write ('Anzahl der Werte pro Zeitreihe (max. ',Max,'):  ');
    ReadLn (Anzahl);
  UNTIL Anzahl IN [0..Max];
  WriteLn;
  Write ('Bezeichnung der 1. Zeitreihe    : ');
  ReadLn (Bezeichnung[1]);
  WriteLn;
  Eingabe (Bezeichnung[1], Anzahl, Zeitreihe1);

  Write ('Bezeichnung der 2. Zeitreihe    : ');
  ReadLn (Bezeichnung[2]);
  WriteLn;
  Eingabe (Bezeichnung[2], Anzahl, Zeitreihe2);
  Writeln;

  Write ('Basisjahr : ');
  ReadLn (Basisjahr);
  WriteLn; WriteLn;

  Indexbildung (Anzahl, Basisjahr, Zeitreihe1, Indexreihe1);
  Indexbildung (Anzahl, Basisjahr, Zeitreihe2, Indexreihe2);

  WriteLn ('INDEXREIHEN: ');
  WriteLn ('Jahr  ',Bezeichnung[1]:20, Bezeichnung[2]:20);
  FOR i := 1 TO 50 DO Write ('=');
  WriteLn;
  FOR i := 1 TO Anzahl DO
    WriteLn (i:4, Indexreihe1[i]:22:2, Indexreihe2[i]:20:2)
END.
```

Aufgabe 6:

```
PROGRAM Staatsausgabenerhoehung;

USES crt;
CONST max = 10;
TYPE reihe = ARRAY[0..max] OF real;
VAR  Ct, Yt : reihe;
```

```
        Co, Io, Ast, DAst, c, Yo, Yg : real;
        i : integer;
        antwort : char;

PROCEDURE einlesen (VAR Co, Io, Ast, DAst, c : real);
VAR ok : boolean;
BEGIN
   REPEAT
      Write ('Höhe des autonomen Konsums (Mrd. EUR)          : ');
      ReadLn (Co);
      Write ('Höhe der Nettoinvestitionen (Mrd. EUR)         : ');
      ReadLn (Io);
      Write ('Höhe der derzeitigen Staatsausgaben (Mrd. EUR) : ');
      ReadLn (Ast);
      Write ('Geplante Erhöhung der Staatsausgaben (Mrd. EUR): ');
      ReadLn (DAst);
      Write ('Höhe der marginalen Konsumneigung (in %)       : ');
      ReadLn (c);
      IF (Co < 0) OR (Io < 0) OR (Ast < 0) OR (100 <= c) OR (c < 0)
      THEN
          BEGIN
             WriteLn ('Überprüfen Sie Ihre Eingaben!');
             ok := false
          END
      ELSE ok := true
   UNTIL ok = true
END; {of einlesen}



PROCEDURE berechnung (VAR Ct, Yt : reihe; VAR Yo, Yg: real);
VAR i : integer;
BEGIN
   Yo := (Co + Io + Ast) / (1 - c/100);
   Yg := Yo + DAst * 1 / (1 - c/100);
   Yt[0] := Yo;
   FOR i := 1 TO max DO
      BEGIN
         Yt[i] := Co + Io + Ast + DAst + c/100 * Yt[i-1];
         Ct[i] := Co + c/100 * Yt[i-1]
      END
END; {of berechnung}



PROCEDURE ausgabe (Yt, Ct : reihe; Io, Ast, DAst : real);
VAR i : integer;
BEGIN
   WriteLn; WriteLn;
   WriteLn    ('Per.  BSP der   Konsum  Invest. u.    Erhöhung d.',
                              'BSP der     Erhöhung');
   WriteLn    ('       Vorper.             Staatsausg. Staatsausg. ',
                              'Periode   d. BSP  ');
```

```
    WriteLn ('=====================================================',
                           '====================');
    FOR i := 1 TO max DO
       WriteLn (i:3,Yt[i-1]:10:2,Ct[i]:7:2,Io+Ast:11:2, DAst:12:2,
                               Yt[i]:12:2, Yt[i]-Yt[i-1]:9:2);
    WriteLn;
    WriteLn ('Das neue Gleichgewichtsbruttosozialprodukt wird');
    WriteLn ('bei ',Yg:0:2,' Mrd. EUR erreicht.');
    WriteLn
END; {of ausgabe}


BEGIN                                                   {Hauptprogramm}
   REPEAT
      ClrScr;
      WriteLn ('Dieses Programm berechnet die Wirkung einer ');
      WriteLn ('andauernden Erhöhung der Staatsausgaben auf ');
      WriteLn ('das Bruttosozialprodukt in den nächsten ');
      WriteLn (max,' Jahren. Ebenso wird das sich daraus');
      WriteLn ('ergebende neue Gleichgewichtsbruttosozial-');
      WriteLn ('produkt berechnet.');
      WriteLn ('Dazu werden von Ihnen noch einige Angaben ',
                                           'benötigt.');
      WriteLn; WriteLn;

      einlesen(Co, Io, Ast, DAst, c);

      berechnung(Ct, Yt, Yo, Yg);

      ausgabe(Yt, Ct, Io, Ast, DAst);

      Write ('Möchten Sie das Programm wiederholen? (J/N)');
      antwort := readkey
   UNTIL antwort IN ['N','n']
END.
```

Aufgabe 7:

```
{$N+,E+}
PROGRAM lotto;
{Programm berechnet die Wahrscheinlichkeit, im Lotto x Richtige
zu haben}

USES  Crt;
VAR   klein_n, gross_n, klein_k, gross_k : byte;
      ergebnis : extended;
      antwort : char;


FUNCTION fakultaet (n : byte) : extended;
VAR i : integer; hilf : extended;
BEGIN
```

```
   hilf := 1;
   FOR i := 1 TO n DO
      BEGIN
         hilf := hilf * i;
         hilf := INT (hilf + 0.5)
      END;
   fakultaet := hilf
END; {of fakultaet}

FUNCTION n_ueber_k (n, k : byte) : extended;
BEGIN
   n_ueber_k := fakultaet(n) / (fakultaet(k) * fakultaet(n-k))
END; {of n_ueber_k}

FUNCTION wahrscheinlichkeit(klein_k, gross_n, gross_k,
                                     klein_n : byte) : real;
VAR x, y, z : extended;
BEGIN
   x := n_ueber_k (gross_k, klein_k);
   y := n_ueber_k (gross_n - gross_k, klein_n - klein_k);
   z := n_ueber_k (gross_n, klein_n);
   wahrscheinlichkeit := x*y/z
END; {of wahrscheinlichkeit}

BEGIN
   ClrScr;
   WriteLn ('Willkommen und herzlichen Glückwunsch zur ');
   WriteLn ('Entscheidung dieses umwerfende Lotterieprogramm ');
   WriteLn ('zu benutzen!');
   WriteLn;
   WriteLn ('Bevor wir starten, müssen wir uns auf die Daten ',
                                              'einigen:');
   WriteLn ('Drücken Sie die Enter-Taste.');

   REPEAT
      ClrScr;
      Write ('Aus wievielen Elementen besteht die ',
                                     'Grundgesamtheit? ');
      ReadLn (gross_n);
      REPEAT
         Write ('Aus wievielen Elementen besteht die ',
                                        'Stichprobe? ');
         ReadLn (klein_n)
      UNTIL klein_n <= gross_n;
      WriteLn ('Also wird Lotto ',klein_n,' aus ',gross_n,
                                        ' gespielt.');

      REPEAT
         REPEAT
            Write ('Wieviel "richtige" Elemente erwarten ',
                                           'Sie? ');
```

```
              ReadLn (klein_k)
          UNTIL klein_k <= klein_n;

          WriteLn;

          gross_k := klein_n;
          ergebnis := wahrscheinlichkeit (klein_k, gross_n,
                                          gross_k, klein_n);
          WriteLn ('Die Wahrscheinlichkeit, genau ',klein_k,
                                          ' "Richtige" ');
          WriteLn ('im Lotto ',klein_n,' aus ',gross_n,' zu ',
                              'erzielen, betraegt ',ergebnis:0:10);
          WriteLn;
          Write ('Weitere Wahrscheinlichkeiten in derselben ',
                                  'Lotterie? <j>a/<n>ein  ');
          ReadLn (antwort)
      UNTIL antwort IN ['n','N'];
      WriteLn;
      Write ('Das ganze nochmal von vorne? <j>a/<n>ein  ');
      ReadLn (antwort)
   UNTIL antwort IN ['n','N']
END.
```

Aufgabe 8:

```
PROGRAM kneipenabrechnung2_modular;
USES Crt;
CONST max = 50;
TYPE Produkttyp = ARRAY [1..max] of
                    RECORD code : integer;
                           name : STRING[30];
                           preis: real;
                           umsatz : real
                    END;


    Bestelltyp =  ARRAY [1..max] of
                    RECORD code : integer;
                           menge: real;
                           umsatz : real
                    END;


VAR   Produkt : Produkttyp;
      Bestellung : Bestelltyp;
      i, anzahlprodukte, anzahlbestellungen : integer;


PROCEDURE dateneinlesen (maxanzahl :integer;
                         VAR produkt : produkttyp;
                         VAR anzahlbestellungen : integer);
VAR i : integer;
    fertig : boolean;
```

```
        antwort : char;
BEGIN
 fertig := false;
 i := 1;
 WHILE (fertig = false) AND (i<=maxanzahl) DO BEGIN
    Write ('Code        : ');    ReadLn (produkt[i].code);
    Write ('Bezeichnung: ');    ReadLn (produkt[i].name);
    Write ('Preis       : ');    ReadLn (produkt[i].preis);
    i := i+1;
    WriteLn ('weiter? <j>a/<n>ein':80);
    antwort := readkey;
    IF antwort in ['n','N'] THEN fertig := true
 END;
 anzahlbestellungen := i-1
END; {of dateneinlesen}



PROCEDURE abends (maxanzahl : integer; produkt : produkttyp;
                  VAR bestellung : bestelltyp;
                  VAR anzahl : integer);
VAR i,j, k : integer;
    fertig, korrekt : boolean;
    antwort : char;
    menge : real;
BEGIN
  fertig := false;
  k := 1;                             {k zählt die Bestellungen}
  WHILE (fertig = false) AND (k <= maxanzahl) DO BEGIN
    Write ('Codenummer: ');
    ReadLn (bestellung[k].code);

    i := 0;                 {i : Zähler für die Produktdatenbank}
    korrekt := false;           {korrekt stellt sicher, daß vom
                                    Programm nur Produktcodes
                                 angenommen werden, die in der
                                     Produktdatenbank auch
                                           vorhanden sind}


    REPEAT
      i := i + 1;
      IF bestellung[k].code = produkt[i].code
         THEN korrekt := true
    UNTIL korrekt OR (i = maxanzahl);
                                {Vergleicht den bei der Bestel-
                                  lung eingegebenen Produktcode
                                    mit der Produktdatenbank, um
                                 Namen und Preis des Produkts zu
                                                   bestimmen.}


    IF korrekt = false
       THEN WriteLn ('Falsche Codenummer.')
```

```
      ELSE
         BEGIN
            WriteLn ('        ',produkt[i].name:20,
                                    produkt[i].preis:20:2,' EUR');
            Write ('      bestellte Menge: ');
            ReadLn (bestellung[k].menge);
            bestellung[k].umsatz := bestellung[k].menge *
                                              produkt[i].preis;
            k:= k+1
         END;

   WriteLn ('weiter? <j>a/<n>ein':80);
   antwort := readkey;
   IF antwort in ['n','N'] THEN fertig := true
   END;
   anzahl := k-1
END; {of abends}



FUNCTION summe (anzahl: integer; bestellung: bestelltyp): real;
VAR i : integer; hilf : real;
BEGIN
  hilf := 0;
  FOR i := 1 TO anzahl DO hilf := bestellung[i].umsatz + hilf;
  summe := hilf
END; {of summe}

PROCEDURE abrechnung (max, anzahlprodukte, anzahlbestellungen :
                                                          integer;
                      bestellung : bestelltyp;
                      VAR produkt: produkttyp);
VAR i, k : integer;
BEGIN
   WriteLn ('Produkt':20,'Umsatz':27);
   FOR i := 1 TO 80 DO Write ('-');

   FOR i := 1 TO anzahlprodukte DO
      BEGIN
         produkt[i].umsatz := 0;
         FOR k := 1 TO anzahlbestellungen DO
            IF produkt[i].code = bestellung[k].code
            THEN produkt[i].umsatz := produkt[i].umsatz +
                                       bestellung[k].umsatz;
         WriteLn (produkt[i].name:20,pro-
dukt[i].umsatz:24:2,'EUR')
      END;
   FOR i := 1 TO 80 DO Write ('-');
   WriteLn ('Gesamtumsatz des Abends: ',
            summe(anzahlbestellungen, bestellung):19:2,' EUR')
END; {of abrechnung}
```

```
BEGIN                                          {Hauptprogramm}
  ClrScr;
  WriteLn ('Karl''s Abrechnungsprogramm: ');
  FOR i := 1 TO 80 DO Write ('#');
  WriteLn ('1. Schritt PROGRAMMIERUNG: ');
  dateneinlesen (max, produkt, anzahlprodukte);
  ClrScr;
  WriteLn ('2. Schritt BESTELLUNGEN:');
  abends (max, produkt, bestellung, anzahlbestellungen);
  WriteLn; WriteLn;

  WriteLn ('3. Schritt ABRECHNUNG: ');
  abrechnung (max, anzahlprodukte, anzahlbestellungen,
                                    bestellung, produkt);

  REPEAT UNTIL Keypressed
END.
```

Aufgabe 9:

```
PROGRAM ggTBerechnung;
{Berechnet den größten gemeinsamen Teiler zweier Zahlen mittels
Rekursion}

USES Crt;
VAR Zahl1, Zahl2, i : integer;

FUNCTION ggT (GanzeZahl1, GanzeZahl2 : integer) : integer;
{Funktion zur Berechnung des größten gemeinsamen Teilers nach dem
Schema: ggT(a,b) = ggT(a-b,b)   für a>b mit Rekursionsanfang :
ggT(a,a) = a}

BEGIN
   GanzeZahl1 := abs(GanzeZahl1);
   GanzeZahl2 := abs(GanzeZahl2);

   IF GanzeZahl1 > GanzeZahl2                        {===> a > b}
   THEN ggT := ggT(GanzeZahl1 - GanzeZahl2, GanzeZahl2)
   ELSE IF GanzeZahl1 < GanzeZahl2                   {===> a < b}
           THEN ggT := ggT(GanzeZahl2 - GanzeZahl1, GanzeZahl1)
           ELSE ggT := GanzeZahl1                    {===> a = b}
END; {of ggT}

BEGIN
   ClrScr;
   WriteLn ('Geben Sie zwei ganze positive Zahlen ein :');
   WriteLn;
   Write ('   Erste Zahl  : ');
   ReadLn (Zahl1);
   Write ('   Zweite Zahl : ');
   ReadLn (Zahl2);
```

```
    WriteLn;
    WriteLn;
    WriteLn ('Größter gemeinsamer Teiler : ', ggT(Zahl1, Zahl2))
END.
```

Stichwortverzeichnis